中国主粮

马铃薯简史

陈萌山　孙君茂
郭燕枝　王秀丽　／著

中国农业出版社
CHINA AGRICULTURE PRESS
北京

图书在版编目（CIP）数据

马铃薯简史. 中国主粮 / 陈萌山等著. — 北京：
中国农业出版社，2020.8
ISBN 978-7-109-26997-2

Ⅰ.①马… Ⅱ.①陈… Ⅲ.①马铃薯－产业发展－研
究－中国 ②马铃薯－食品营养－研究 Ⅳ.①F316.11
②R151.3

中国版本图书馆CIP数据核字（2020）第113625号

马铃薯简史 中国主粮
MALINGSHU JIANSHI　ZHONGGUO ZHULIANG

中国农业出版社出版

地址：北京市朝阳区麦子店街18号楼
邮编：100125
出 版 人：陈邦勋
责任编辑：李　梅
版式设计：水长流文化　责任校对：吴丽婷
印刷：北京中科印刷有限公司
版次：2020年8月第1版
印次：2020年8月北京第1次印刷
发行：新华书店北京发行所
开本：710mm×1000mm　1/16
印张：19.75　插页：1
字数：494千字
定价：88.00元

本书有关马铃薯主食产业开发的产品、技术、工艺、设备等来自国家公益性行业（农业）科研专项"马铃薯主粮化关键技术体系研究与示范"项目组的科学家提供的研发成果，他们是王小虎、熊兴耀、张泓、木泰华、庞昭进、胡新元、黄天荣、郑虚、游向荣、赵丽云等，谨致谢忱。

以科技创新引领马铃薯产业开发

余欣荣

　　推进马铃薯主粮化已经五年了，取得了斐然成果：以科技创新带动马铃薯主粮产品产业开发取得新进步，从马铃薯主粮化品种选育、种植技术，到保鲜、储存、加工等领域获得一系列科技成果；以理论创新推动马铃薯产业开发持续发展，在国内对马铃薯主食产品首次开展的健康功效评估，为科学验证马铃薯主食产品对我国特殊人群血压、血糖、血脂均有一定控制作用的健康功效提供了权威依据；以健康为导向的"营养、安全、健康"的主食消费理念不断深入人心，引导广大消费者科学食用马铃薯主食，推动马铃薯主食进入百姓餐桌。这些成绩来之不易，令人鼓舞，催人奋进。

　　实践的每一进步，都期待理论的前行。这次奉献给读者的《马铃薯简史 中国主粮》和《马铃薯简史 全球食物》两本书，就是我国对马铃薯主粮化产业理论研究的最新成果和集大成之作。通过这两本书，我们读者既可以详细学习马铃薯主粮化方面的有关知识，也可以系统了解马铃薯主粮化的前前后后、艰辛历程、背后故事。它们的出版，也将为我们今后继续推进这项工作提供更多的支撑和参考。

一、深入推进马铃薯主粮产品产业化开发，对保障国家粮食安全，促进农业高质量发展有重要作用

马铃薯主粮产品产业化开发，是一项兼具经济、社会、生态和文化特点的发展过程，在全面建成小康社会后，对更好地保障我国未来粮食安全、满足居民膳食结构健康升级，优化农业结构调整，推进农业绿色发展，都是一项创新举措，对促进乡村振兴目标实现，将产生重要而深远的影响。在工作中我们要注意把握马铃薯主粮化发展特点及其规律，正确处理好乡村振兴与推进马铃薯产业化发展的关系，做到因势而谋、应势而动、顺势而为。

（一）因势而谋推进马铃薯产业化开发，有利于改善膳食结构，满足人民群众消费健康升级的需要。全面建成小康社会，最显著的变化不仅是温饱问题的解决，更是经济、文化、社会、生活等方面的全面进步。相应的，随着老百姓生活更加宽裕、殷实，城乡居民的膳食状况将会明显改善，身体素质也将整体提升。但是，由于中国人的饮食习惯，高脂高热等不合理饮食结构，带来居民的超重、肥胖以及高血压、血脂异常、糖尿病等慢性病患病率增加并呈向低龄化蔓延的趋势，即现在老百姓常说的"富贵病"多了的现象。因此，社会对改善食物营养结构的需求增加、愿望迫切。其途径不仅要改进副食，还要下力气优化一日三餐的主食结构。开发马铃薯主食产品，是一种比较理想的选择。**其一，营养丰富全面。**除碳水化合物外，马铃薯还含有蛋白质、矿物质，赖氨酸含量远高过小麦和稻米，还有小麦和稻米中都没有的胡萝卜素。马铃薯块茎中淀粉含量为13.2%～24.3%，具有直链和支链两种结构型，花色马铃薯中还富含花青素、多酚等强抗氧化剂，兼具粮食、蔬菜、水果的营养。**其二，结构有益健康。**马铃薯脂肪含量低，蛋白质品质高，含量一般为1.6%～2.1%，氨基酸构成接近于大豆蛋白，易于消化吸收；富含膳食纤维，有助于预防消化系统某些疾病；热量低，每百克只有77

千卡[①]热量，远低于小麦的每百克317千卡、大米的每百克346千卡。在消费者不断追求膳食多元和营养健康的新时期，积极推进马铃薯由副食消费向主副兼食消费转变，开发并提供适合中国居民一日三餐消费习惯的全营养马铃薯系列产品，是今后不断改善国民身体素质的一条重要途径。

（二）应势而动推进马铃薯产业化开发，有利于挖掘生产潜力，开辟保障国家粮食安全的新途径。 各方面的预测显示，未来较长一个时期，我国粮食消费需求仍将呈刚性增长。但受耕地、水等资源的约束和种植效益的影响，小麦、水稻等主粮品种继续增产的成本提高、空间变小、难度加大，需要开辟粮食增产农民增收的新途径。马铃薯耐寒、耐旱、耐瘠薄，适应性广，从南到北、从高海拔到低海拔的大部分区域都能种植，特别是开发利用南方冬闲田，扩种马铃薯潜力大。同时也应看到，依靠科技提高马铃薯产量潜力的空间很大。研究表明，马铃薯理论亩产[②]可达8吨，2018年全世界马铃薯平均单产1.4吨，我国只有1.2吨多。与南非、巴西、印度等发展中国家相比，我国的马铃薯亩产低一半；更低于新西兰、美国、加拿大、法国、瑞典等发达国家。通过推进马铃薯主粮化，在不挤占三大主粮种植面积的前提下，因地制宜扩大马铃薯种植面积，同时集成推广高产高效、绿色技术模式等，将会显著提高我国马铃薯的单产和总产水平，为不断提高国家粮食安全保障水平开辟了现实有效途径。

（三）顺势而为推进马铃薯产业化，有利于缓解资源环境压力，有力提升我国农业绿色发展水平。 过去，在供求紧张的压力下，加之生产水平低，只能靠加强资源利用强度和不断增加投入来实现产量的增加。这种粗放经营的方式难以持续，需要转变农业发展方式。从节水的角度讲，马铃薯生长需水少，其最低蒸腾系数[③]只有350，而小麦、水稻分别是450和500，这使马铃薯可能成为雨养农业的一种主推作物。在年降水量350毫米左右的西北干旱半干旱地区，谷物类作物生长发育困难，而马铃薯不仅能正常生长，还能减少水土流失。马铃薯主粮化项目组在河北衡水的试验显示，在年降水量500毫米的华北地下水超采区，完全雨养条件下马铃薯亩产可达到2吨以上。农民讲，种马铃薯省水、省肥、省药，还省劲。

二、以实施乡村振兴战略为新动力，不失时机地深入推进马铃薯主粮产品产业化开发进程

马铃薯在我国种植食用已有400多年的历史，经过一代又一代人的不懈努力，到目前全国种植面积已近亿亩，这是一个了不起的成就。但受消费习惯、生产成本、市场需求等因素的影响，马铃薯生产消费总体水平不高，仍基本处于副食消费领域，主食消费还处于起步阶段。其原因主要体现在：**一是缺乏符合中国蒸煮饮食文化的主食产品。**自马铃薯引进中国以来，国内马铃薯消费一直以鲜食为主。改革开放后在西式快餐食品的影响下，增加了薯条薯泥等消费方式，但由于其高热量等健康隐患，发展中充满争议，而符合中国人饮食习惯的马铃薯主食产品一直缺位，仅有地区特色小吃在小范围内流行，没有得到大规模推广。**二是缺少适合加工中国主食产品的专用薯种与加工技术。**适合加工中国大众的主粮化产品，包括马铃薯馒头、面条、米饭等主食产品，馕、米线等地区特色产品，面包、糕点等休闲产品等，其专用薯种、加工技术与装备几乎空白。**三是以健康为导向的主食消费观念还没有形成。**虽然经过多年的宣传普及，群众的健康饮食观念在增强，但是马铃薯主食消费的社会氛围还不浓厚。近代以来，由于多种原因，我国社会多将马铃薯看作饱腹充饥的食物，对其营养价值的关注度不高，主粮化的相关支持政策也不足。**四是生产成本较高，缺乏市场竞争力。**现有马铃薯的品种特性使其种植、加工成本较小麦、水稻等主粮通常要高一倍以上，因为生产成本高，减弱了人们参与生产、消费的热情。

但是应该看到，随着我国工业化、城镇化快速推进，城乡居民生活水平大幅提高，健康意识不断增强，加之农业科技不断进步和调整优化农业结构的驱动，特别是近五年来推进马铃薯主粮化工作取得的成绩，社会对马铃薯主食消费的认知达到了空前的高度。紧紧抓住国家全面实施乡村振兴战略的契机，深入推进马铃薯主粮产品产业化开发，正逢其时，时不我待。

第一，城乡居民改善膳食营养的新需求，为马铃薯主粮产品产业化开发提供了基础动力。 现在我国人均国民收入水平已进入中等收入国家行列，居民食物消费需求也正进入以营养指导膳食的重要转型时期。《中国食物与营养发展纲要（2014—2020年）》《国民营养计划（2017—2030）》等纲领性文件的发布，以及社会各界对营养知识的大力宣传，促进并加深了居民对膳食营养的深刻认知。近些年，经过卫生、农业农村等部门和马铃薯主粮化项目组科学家的不懈努力，社会对马铃薯及其主食的营养价值认知不断加深。顺应城乡居民吃饱、吃好、吃健康的新需求，推进马铃薯主粮化的市场环境正在形成。根据淀粉工业协会马铃薯淀粉专业委员会数据，马铃薯鲜食菜用占比由2015年的75%下降到2019年的65%左右，用于加工食用占比由15%增长到25%。

第二，农业绿色发展和结构调整的新要求，为马铃薯主粮产品产业化开发提供了发展契机。 我国水土资源严重短缺、生态环境压力越来越大。为促进农业可持续发展，在水资源短缺的西北、地下水严重超采的华北和冬闲田资源丰富的南方地区，要转变发展方式、优化种植结构。而马铃薯生产节水、节地、节肥、省药，使之成为农业结构调整的主要替代作物之一。初步统计，2019年马铃薯总产和单产（折粮后[④]）达到355.7亿斤[⑤]和253.8公斤/亩，分别比2015年提高26.6亿斤和24.6公斤/亩。

第三，品种选育与配套技术的新进展，为马铃薯主粮产品产业化开发打下了良好基础。 经过长期努力，我国马铃薯品种选育取得了一系列重要成果。中国农业科学院牵头，于2011年绘制完成马铃薯基因组精细图谱，为实现马铃薯分子育种奠定了理论基础。同时，马铃薯生产配套栽培技术日趋成熟，集成了以农机为载体的双垄、覆膜、滴灌、水肥一体化等关键技术，形成了适宜不同区域的马铃薯高产高效节水技术模式，已在生产中发挥了显著的示范作用。

第四，马铃薯主食产品配方及加工工艺的新突破，为马铃薯主粮产品产业化开发提供了重要支撑。通过近几年的发展，国内已有多项马铃薯及薯类作物加工技术研究成果。目前，国家马铃薯主粮化项目组已经在产品研发与加工技术工艺创新方面，依照中国人消费习惯，设计开发出马铃薯原料占比为35%～60%的马铃薯主食产品300多款，为推进我国马铃薯主粮化工作做了重要的基础性研发。

三、以科学务实的态度，深入推进马铃薯主粮产品产业化开发

在我国即将进入全面建成小康社会后的新的历史时期，全面实施乡村振兴战略是农业领域的中心任务。深入推进马铃薯主粮产品产业化开发，要坚持以习近平新时代中国特色社会主义思想为指导，在认真总结五年来成功经验基础上，注重问题导向，继续围绕农业供给侧结构性改革的任务和乡村振兴的要求，牢固树立"营养指导消费、消费引导生产"的理念，依靠科技创新，积极培育小康社会主食文化，保障国家粮食安全，促进农业提质增效和绿色发展。在马铃薯主粮化推进过程中，要努力做到：

在发展思路上，树立"一个理念"，实现"五化并举"，即树立"营养指导消费、消费引导生产"的理念，实现马铃薯品种专用化、种植区域化、生产机械化、经营产业化、产品主食化，形成马铃薯与谷物协调发展的新格局。

在发展目标上，要坚持实事求是，研究并遵循马铃薯产业发展固有

规律，既不急于求成，又要持之以恒。通过不懈努力，使马铃薯的种植面积、单产水平、总产量和主粮化产品在马铃薯总消费量中的比重均有明显提高，努力使马铃薯主粮化产品成为人民群众主食选择之一。

在推进原则上，做到"一不三坚持"。即不与小麦、水稻、玉米三大主粮抢水争地，坚持主食化与综合利用相兼顾，政府引导与市场决定相结合，整体推进与重点突破相统一。

在工作措施上，重点是"六个强化"。**一是强化规划引导。**要力争出台一部好的规划，明确马铃薯主粮化的目标思路、技术路径、重点任务及保障措施。引导资金、技术、人才等要素向马铃薯产业集中，指导各地有序推进马铃薯主粮化。**二是强化马铃薯主粮化科技攻关。**组织马铃薯育种技术攻关，利用基因组编辑技术克服马铃薯自交不亲和，努力培育出可直接用于播种的马铃薯种子，解决薯块播种用种量大、储运成本高等要害问题，带动马铃薯生产方式革命性改变。加快选育一批优质、高产、抗逆、综合性状优良、适宜主粮的专用品种。结合开展绿色增产模式攻关，在西北、西南、华北及长江中下游地区开展马铃薯主粮化试验示范，集成配套以全程机械化为主的高产高效技术模式，支持形成一批高产高效示范区。**三是强化马铃薯主粮化加工工艺改进和完善。**开展不同马铃薯品种的营养成分比较分析，研究最优的配比，开发最好的产品。重点攻关马铃薯全粉占50%的面条、馒头、米粉等配方及加工工艺流程，开展批量化中试示范。加快研发适宜马铃薯主粮化的加工机械。**四是强化马铃薯主食开发标准体系建设。**进一步完善马铃薯主食产品全粉添加量的检测方法，提高检测精准度，为规范化、标准化的技术体系提供支撑。加快制定相应的质量安全和行业标准，以加强对原料使用环节的有效监管，为主食产品品质评价提供依据。**五是强化马铃薯主粮化政策扶持。**有关部门要研究制定马铃薯主粮化的支持政策，加大投入力度，支持马铃薯主粮化工作有序推进。**六是强化马铃薯主粮消**

费的宣传引导。运用多种形式，宣传马铃薯主粮化的必然趋势、产品的营养价值和良好的经济社会生态效益，引导消费者选择马铃薯主粮化产品，扩大消费市场，让马铃薯逐渐成为百姓餐桌上的主食。

在中国历史上，稻谷、麦子、玉米的主粮化过程，长的经历了数千年，短的也有几百年，今天马铃薯的主粮化不过几年。由于这是一项极具挑战性的新课题，必将受到来自理念、技术、消费习惯等多方面的影响，在其发展过程中难免存在这样或那样的问题，对此我们要有历史的耐心。可喜的是，在实际成效面前，社会对推进马铃薯主粮化的认识越来越趋于一致，这是我们继续推进这项工作的深厚群众基础和巨大市场动力。现在我国即将全面建成小康社会，进入全面实施乡村振兴战略的关键时期，我们相信，在众多科学家的不懈努力和广大人民群众的积极推动下，马铃薯主粮产品的产业开发必将加快发展，在乡村振兴、健康中国建设的进程中，发挥应有的作用。

2020年6月

---

① 千卡，非法定计量单位，1千卡约等于4186千焦。
② 亩，非法定计量单位，1亩约等于667平方米。
③ 蒸腾系数，又称需水量，指植物合成1克干物质所蒸腾消耗的水分克数。蒸腾系数是一个无量纲数，系数值越大说明植物需水量越多，水分利用率越低。
④ 折粮后，指马铃薯总产量与单产均为按照5:1的折粮系数折算后的数据，即5斤鲜马铃薯折合1斤粮食。
⑤ 斤，非法定计量单位，1斤等于500克。

全球食物 中国主粮

马铃薯发展历程的回溯与展望

陈前山

在人类历史的几个关键点上，马铃薯均参与其中，发挥重要作用。若没有南美洲马铃薯八千多年生生不息，催生当地农业发展，保障古印第安人的食物安全，灿烂的印加文明便可能与世界失之交臂；若不是开辟新世界的欧洲航海先驱带回马铃薯，欧洲就无法打破原生大陆人口喂养极限的魔咒，伟大的工业革命的火种或许没有可能燃起；若不是马铃薯在美国与新教伦理资本主义精神和单向度社会文化相遇，便不会有代表人们对现代化想象的、高效标准的西式快餐在全球星火燎原；若没能落脚中华大地，马铃薯只能暗暗羡慕在这片息壤沃土上肆意生长的麦、稷、稻与黍，而无法在正向健康、富足迈进的中国重要历史征程中扮演一个重要角色。

回看人类的历史，若马铃薯缺席，定是另外一番样貌。展望我们的未来，因马铃薯的给养，人类将会更加丰盈健康。本书以世界历史为背景，以健康中国语境下居民饮食健康营养均衡为主旨，穿梭于美洲、欧洲和亚洲，在不同的国家和制度空间里，在对比中互为参照，在论证中相与辨识，回溯马铃薯的发展历程，讨论马铃薯主粮化战略，展望马铃薯主食产业的前景。

因薯而生的南美印加文明

南美安第斯山脉高地，气候恶劣，环境严酷，高寒僻壤，物产匮乏，木薯不能良好生长，玉米很难正常结苞。为躲避猛兽袭击迁徙于此的印第安人，在这里发现了野生马铃薯，开创了人类驯化与食用马铃薯的先河，在世界粮食史上落笔成文。如同稷养活了中华大地上的初民而被奉为五谷之神一样，马铃薯是印第安人的生命之光，被亲切地称为巴巴司（Papas），即"生命的食物"。漫长的驯化与艰辛的培育过程中，印加人发明解龙葵素之毒的食用方法，培育出茄碱含量较低的食用品种，而且摸索出在不良环境中获得高产的马铃薯种植方法。印第安人从此摆脱食物匮乏的困境，并逐渐告别了采集和狩猎为生的游牧生活，开始了农业生产，进入居有定所的农耕社会。

马铃薯在印第安人的生活中扮演着重要角色。印第安人以烧熟一罐马铃薯所需的时间作为计时单位，用马铃薯创造各种艺术形象，绘制在陶器、农具等各种用品上。为了贮藏马铃薯，印第安人发明了食物冻干技术，将马铃薯清洗、冷冻，用脚踩踏挤出水分，再冷冻、晒干，做成丘纽（Chuno）。这种体积只有原来1/5的冻干食品，不但解决了水分多容易变质的问题，也便于长途运输和储存。丘纽可以保存数年甚至数十年不损失营养成分。储存马铃薯的工艺，使得印第安人的食物不但不再受季节的局限，而且可以应对天灾、战争等突发情况。凭借马铃薯强大的食物补给，印第安人厉兵秣马，于公元1000～1200年，在南美建立了强大的印加帝国，极盛时期，帝国版图一度扩大到几乎整个南美洲西部，人口达1000多万。以马铃薯和马铃薯制品丘纽为食的印加人，创造了美洲三大古文明[①]中最为灿烂的印加文明。

马铃薯是支撑起印加文明的主要农作物。在驯化和栽培马铃薯过程中，印第安人为扩大耕地面积，在坡上筑起层层梯田，并建立了灌溉系统，把山涧溪流引进渠道，创造了较高水平的农业文明。遵循自然逻辑，印第安人经过世代努力，创造出异乎寻常的成就——马铃薯的遗传多样性。他们在不同环境下培育出不同的马铃薯品种，安第斯补缀无序的马铃薯田，代表着对错综复杂的自然界秩序的适应，这种创造实际上能够承受大自然的千变万化。印第安人培育的多样化马铃薯品种，是赠予世界的一份无价的礼物，后人称之为"印第安古文明之花"。此外印第安人还培植出包括玉米、花生与藜麦在内的40多种农作物，古印第安人的主粮马铃薯与藜麦，至今仍是世界公认的健康食物。这些作物不仅丰富了印第安人的饮食生活，其中的一些带着舍我其谁的使命感、落土为家生根发芽的自信心和改变社会进程的宏大初心，传入其他大陆，养活了更多的人。印第安人在农业的基础上发展了畜牧业，成为当时美洲唯一饲养大牲畜的部族，创造出农畜互促共养的生产发展模式。他们饲养骆马和羊驼，这些动物的饲养不仅为人们提供了肉食和毛皮，还为农业生产提供了优质肥料和动力，促进了粮食产量的提高。世界上经常会有这样一种现象：一项技术的进步带动另一项技术的突破，进而促进文明的大步跃进。马铃薯种植技术显然就产生了这样的效应。凭借马铃薯的给养，印第安人进入农耕社会，创造了灿烂的文化，缔造了显赫的帝国，建立了伟大的印加文明，神秘的安第斯山区从此生机盎然。供养了伟大印加文明的马铃薯，"为食孤峭澄淡，居南美四千年，未尝入它地"。

因薯而荣的欧洲工业革命

15世纪末期，马铃薯登上哥伦布的商船，开始了艰难的"环球之旅"。西班牙征服者万万没有想到，在安第斯山脉遇见的这种看起来滑稽的块茎，会是他们从新世界带回去的最重要财富，它将改变人口分布,重塑发展格局,引发欧洲工业革命,把英国推向世界中心。

马铃薯漂洋过海来到欧洲后,首先是经历了一段艰难的气候环境适应时期。与原产地相比,欧洲夏季的日照时间很长,令初来乍到的马铃薯无所适从。温暖的夏季不能生长,而短暂的秋天后,又是冰霜肆虐的冬季。马铃薯在欧洲度过的头十年并不顺利,水土不服让它毫无成就。在经历了一段时间的选育和进化之后,才出现适应欧洲本地栽培环境的马铃薯品种。另一个影响马铃薯推广的障碍却极为可笑,马铃薯"畸形"的块茎使人们怀疑它是魔鬼的杰作,认为它会引发战争,带来结核病、梅毒和肥胖。然而,马铃薯以其极强的生命力、易于种植且高产的特性、方便烹煮及营养丰富等优点,最终完胜。在欧洲北部的沙质土壤中,相较于小麦、裸麦和燕麦,每公顷马铃薯能产生2~4倍卡路里[②]的生物量。此外,谷类作物需要10个月左右才能成熟,而马铃薯只需要3~4个月,节省了大量农业资源。

饥荒为马铃薯带来新的契机。1740年农作物歉收使普鲁士元气大伤,政府开始分发手册,指导如何种植马铃薯这种新作物,并免费发放种薯,鼓励百姓广泛种植。普鲁士的做法让邻国纷纷效仿,有的甚至暴力推广马铃薯。环境和时代给马铃薯制造了推广障碍,也赋予了它发展的机遇。1793年和1794年连续两年小麦歉收,饥饿的人们从此不再反对马铃薯。一时间,马铃薯被上流社会推崇,社会名流及官方媒体纷纷颂扬它,并推出马铃薯食谱。战乱是促进马铃薯大面积种植的另一个因素。饱受战乱侵袭的欧洲农民发现了马铃薯的另一个好处,那就是马铃薯"藏"在地下的生长方式可以躲过征税者的目光,口粮得以保存,这使得马铃薯在战争期间显得尤为重要。自1560年后一直到二战,欧洲的每一次战争都促进了马铃薯种植面积的增长。饥荒、战争以及政府的有力举措,为马铃薯登上历史舞台铺平了道路。马铃薯也不负众望,到18世纪末期,便因极高的投入产出回报被誉为土地所能生产的"最大幸福""农业的奇迹"和"最珍贵的根",成为当地的重要食材。19世纪初拿破仑战争爆发时,马铃薯已经成为欧洲的重要粮食储备。

来自异域的马铃薯,提高了引种地的食物供应量,重新定义了当地的饮食结构,取代自中世纪以来在广大欧洲民众中占主导地位的粥食。它帮助欧洲绕过了马尔萨斯预期的生态墙,实现人口倍增,打破了土地产能供养人口的极限。因为就每公顷土地所生产的粮食而言,马铃薯的产量远远高出欧洲本地主食作物小麦和裸麦。粮食的单位产量翻倍,提供充足的食物,增强人们抵抗疾病的能力,死亡率因此下降,出生率上升,人口快速增长。马铃薯易种广收的特点,提高了农业生产力,将更多的劳动者从种植业中解放出来,促使人们转入乡村制造业,并用其收入购买谷粮,推动城市化进程。因为马铃薯可以在小麦不能生长的土地上产出更多的粮食,爱尔兰人在最肥沃的田地上种植英国所需的小麦,只用一小块贫瘠的土地种植马铃薯自给自足。18世纪末,英国开始从爱尔兰进口更多食物,到19世纪40年代初,英格兰1/6的粮食来自爱尔兰的进口产品。马铃薯的存在意味着:即使农民继续种植小麦以供外销,当地仍有足够的粮食养活数倍的人口。爱尔兰人用吃马铃薯节省的小麦,为英国产业工人提供了面包,推动了最初数十年的英国工业革命。马铃薯带来的农业生产力提高,与因马铃薯而有的来自爱尔兰的小麦供应,支撑英国跨越门槛,进入新的工业时代。

欧洲土地上的马铃薯经历了三段历史进程:备受歧视、顽强生长、赠予勋章。一部马铃薯欧洲"安家"史,基本上是这三个进程迭代的过程,从受人歧视的穷人口粮,到支撑工业革命的能量,马铃薯在欧洲的大规模种植,为工业文明的进程提供了农业动力,为工业时代的劳工提供了廉价粮食,奠定了工业革命的基础,通过工业化推动经济发展的大潮,西方工业文明得以崛起,进而在社会转型、地缘竞争、军事冲突和经济扩张过程中重塑世界格局。

因薯而衰的爱尔兰农庄

一种作物，有时候会给不同的地方带来截然相反的命运，如果说马铃薯在欧洲的传播对工业革命来说是上帝的赐福，那么它对爱尔兰农业便是个诅咒。马铃薯初来乍到欧洲时，要找到一个落脚之地并不容易，而爱尔兰的政治、生态环境与人们的生存境况，于它而言再适宜不过了。在这个岛上，小麦几乎不能生长，其他谷类作物也长得不好，仅有的一点适于耕种的土地又被英国圆颅党抢走，马铃薯却能够不可思议地从爱尔兰既干旱少雨又严重水涝的土地上产出丰厚的粮食来，就像是上帝给饥寒交迫的爱尔兰人送来的礼物。爱尔兰人很快拥抱了马铃薯，让这种作物在旧世界里有了一个滩头阵地，在欧洲北部引人注目地蔓延开来。

在爱尔兰，佃户需要租用土地来种植，因此如果地主提高租金，农民就不得不用尽可能少的土地种出尽量多的食物。马铃薯就是这样的作物，因此得到了农民的高度重视。因为"没有哪种作物能比马铃薯的单位面积产量更高、种植起来更容易、而且更耐储存"。而且马铃薯所具有的营养价值是其他作物无法比拟的：除了维生素A和D之外，马铃薯几乎含有人体所需的所有重要维生素和矿物质，只要再加上一些乳制品，就可以构成一份健康的主食。因而对于17、18世纪的爱尔兰佃户来说，只要一英亩③马铃薯田和一头奶牛，便可满足一家6～8口人的营养所需。没有哪种谷物能够做到这一点。鉴于土地的租用制和稀缺性，生存迫使爱尔兰农民在大部分土地上持续数个世纪地种植马铃薯。马铃薯易种、高产、营养全面，结束了欧洲北部长期的营养不良症和周期性饥荒，从前种谷物的耕地如今可以养活更多的人口。再加上马铃薯种植需要的劳动力少，这就允许农村富余人口去支撑英国正在扩大的、工业化城市的建设。

历史如果在此止步，便一个欢喜的结局。可历史却执拗地向世人们证明福祸相依的哲理：被视为奇迹的事物，其背面往往就是万丈深渊。事实上，完全依赖马铃薯使得爱尔兰在面对大自然的不测风云时变得极为脆弱。1845—1848年，马铃薯枯萎病袭击欧洲，给爱尔兰人造成了严重的灾难。3年内，1/8的人口因饥饿而死亡，病疫跟着饥荒，幸存下来的人，由于缺乏原来马铃薯提供的热量与各种维生素，挣扎在饥饿、伤寒、霍乱和紫癜的肆虐中，饥病交加，饿殍遍地。还剩一点力气和余钱的人们移民美国。这场灾难使本就贫弱的爱尔兰元气大伤，10年的时间，爱尔兰人口锐减半数，乡村凋敝。这次饥荒为爱尔兰民族和国家日后的独立埋下了种子，对现代爱尔兰的建设也有着重要的影响。饥荒的冲击导致不同寻常的人口曲线，对灾难的集体记忆培养了现有的历史观与民族力量，生成散居各地的人口却保持密切联系，这一切均使得现代爱尔兰的民族气质不同于其他任何一个欧洲国家。

　　爱尔兰这场灾难的原因是复杂的，涉及到土地分配、英国人野蛮的经济剥夺、糟糕的救援工作、气候地理条件以及一系列偶然因素。但是，所有这些因素构成的那座"灾难大厦"，其根基是马铃薯的单一种植。爱尔兰人摄入的能量中，80%都是由马铃薯提供的，其他作物可谓寥寥无几。爱尔兰的食物品种如此单一，农业和食物对马铃薯依赖到那般程度，而且还几乎完全是依赖于一个马铃薯品种"卢姆伯"。再加上马铃薯的基因多样性也在长期的人工培育和连续种植的过程中逐渐丧失，很容易受病害侵袭。单一栽培是自然界的逻辑与经济的逻辑碰撞的焦点，爱尔兰的这场大灾难，是自然界的逻辑对经济逻辑投出的反对票。那是有史以来人们尝试过的单一栽培最大的试验，也是单一栽培之荒唐愚蠢的最有说服力的证据。因而可以认为，如果说马铃薯有什么黑历史的话，那就是单一化种植。

因薯而兴的美国快餐文化

马铃薯传入美国后，很快就成了美国人的主要食物。1866年美国农业部首次把马铃薯作为作物进行估测统计。在当时美国人的饮食结构里，就单一农产品而言，马铃薯仅次于小麦面粉，地位十分重要；马铃薯对美国的农场主更重要，每年提供几十亿美元的现金收益，占蔬菜总收益的1/5左右。随着科学技术在马铃薯食品加工中的运用，薯条、薯片加工产业兴起，马铃薯在国民经济中的地位进一步彰显，不仅是美国人餐桌上的主要食物，也成为美国重要的经济作物。薯条、薯片给马铃薯消费形式带来巨大改变，最显著的趋势是冷冻产品消费上升和鲜食马铃薯消费下降。薯片、薯条等食品加工业连同它们支撑起来的美国快餐业，每年为美国贡献数十亿美元的税收。

20世纪，美国在二战中的胜利推动了国内经济迅猛发展，人们的工作和生活节奏加快，工作机会大幅增多，双职工家庭迅速增加，对速度和效率的崇尚，为便捷又能快速提供热量的西式快餐提供了发展空间。20世纪50年代，美国现代快餐业步入高速发展的轨道，随着麦当劳等快餐集团海外市场的拓展，油炸薯条、薯片代表着人们对现代化的憧憬，裹挟着美国的生活方式与价值观，迅速成为最时尚、最流行的食物，风靡全球，并影响至深。如今在大众眼里，"薯片与薯条"已经与硅谷的"芯片"、好莱坞的"大片"一样成为美国文化的标志。麦当劳式西方快餐，呈现出一种全球移动的景观，促使油炸薯条和薯片加速成为一种特殊的全球性的消费品，并且开始具有了零食的功能，成为全球各种快餐店与便利店最基本的零食配备，充斥着从繁华商业区的快餐店到浪漫电影院里的专属柜台，也使马铃薯完成了一次华丽的转身，实现了从以往朴素的烤煮土肥圆到如今黄灿灿、细长矩形或圆形薄片的转身。马铃薯作为提供基本营养的食物的形象也随之发生改变，成为西方文化的一部分。

西式快餐最为称道的是它的高效和标准。这种高效与标准化是新教伦理资本主义精神与美国社会单向度文化相遇的结果。资本的逻辑是用最少的成本实现最大收益，在这样的意识体系中，食物与人的关系被异化为设法用最便宜的食物提供尽量多的热能，以便产出更多的劳动，实现资本积累。油炸烹制的西式快餐价格低，热量高，完美地迎合了"食物—能量—生产"的三角关系，消费和生产统一在资本主义的发展中，马铃薯成为资本增值的动力。标准化是通过将复杂事物的个性化和多样性压缩提炼，简化管理，实现控制，提高效率，其底色是单向度文化。标准化指向单一性，为达到标准化，西式快餐的代表——炸薯条必定要仰赖一个标准品种，这就需要标准的单一种植来支撑，为炸薯条而培育出的马铃薯品种——麻皮波尔班克在美国压倒性地普遍种植，是农业环节为资本主义大系统做出的适应、调节和贡献。西式快餐的标准化追求，培养了单一性农业栽培，这两者复杂地缠绕在一起，相互滋养，成为其背后天文数字般商业利润的支撑。有趣的是，商业是一个迷信奇迹的领域，爱尔兰农业曾经遭受的重创，并不足以让这个圈子里的人们开始重新思考因种植单一品种所带来的各种效应。

一种食物要成为传入国家和地区饮食体系的有机组成部分，在饮食文化层面，也要接受一个"文化融合"（culture fusion）过程，进行本土化改造。饮食的文化融合在可观察层面大致包括两方面内容，一是有特色的烹饪技艺，二是商业化的推广。西式快餐是美国的油炸烹饪饮食文化与连锁加盟商业文化相互融合而成的马铃薯饮食模式。在过去短短的几十年间，全球饮食西化趋势相当严重，带来营养与健康方面一系列问题，如肥胖症已经成为影响健康的主要因素之一。西式快餐是否营养健康成为人们讨论的焦点。大量研究结果表明，西式快餐中的营养素含量并不合理，维生素和微量元素等对人体有益的营养素远远不足；而胆固醇、油脂和油炸所产生的对人体有害物质的含量却相当高。西式快餐对健康的冲击，促使人们开始从更广大的视角反思它的营养特征与适应性范围。

因薯而昌的东方神明

马铃薯约在明朝万历年间进入中国，彼时中国的沃土良田上生长着麦、黍、稷、稻等传统作物。"新客"马铃薯没有选择富庶之地，它落脚西北、西南，坡地、沟渠，与干旱贫瘠的土地为伴，在天灾人祸、歉收战乱时成为贫苦百姓的救命粮。没有小麦稻谷的生活是苦难的，而没有马铃薯，生活便难以为继，"及时挖来煮作粮，家人妇子充饥肠"便是写照。

如同在欧洲一样，马铃薯不但救荒于灾年，还促进了中国人口数量的猛增。马铃薯传入后200多年时间里，中国人口从1亿增长到4.3亿。当时正值人口爆炸时期，东南沿海过剩的人口逐渐西移，开发了长江流域腹地的丘陵之后，便集中向湖北西南部山区，自陕甘边境往东以南整个汉水流域的山区，以及四川盆地边缘的山区迁徙。深谷幽地，开山辟壤，生存很大程度上要依赖马铃薯的种植，因为在粮食作物中只有马铃薯才可以征服贫瘠苦寒的高山地带。18～19世纪，这些地区的马铃薯不断替代较低产量的小米、黍子、高粱等本土作物。中华人民共和国成立以后，在灌溉水利设施的助推下，马铃薯的种植面积快速增加，东北和北方边疆的省区甚至几近饱和。马铃薯来华400余年，星火燎原，以顽强的耐力对抗着沙地、瘠壤、灌溉不便的丘陵，甚至高寒山区。山原旷其盈视，川泽纡其骇瞩，栽种遍野，农民之食，全恃此矣。开疆拓土的过程中，智慧勤劳的中国人根据各地不同气候和地理环境，改良驯化出多个从60天左右到130多天不同生育期的早、中、晚熟品种，这不但增加产量，而且因生育期不同而提高了复种与间作指数，弥补谷物淡季的缺口，在有限的耕地上产出更多的粮食，大大缓解了超负荷人口带给土地的压力。

21世纪以来，我国马铃薯播种面积稳定在7000万亩以上，遍布除海南省之外的各个省（自治区、直辖市），形成了北方一季作区、中原二季作区、西南混作区和南方冬作区等马铃薯主产区，鲜薯年产量逼近1亿吨，作为老少皆宜的食物，给予人们鲜食菜用、地方特色食品加工。著名农业史学家何炳棣先生认为，在中国粮食史上曾经有过两个长期的革命，一是较耐旱、较早熟的占城稻在江淮以南逐步推广；其二便是马铃薯的传入传播，它对我国农业生产的积累影响至今仍未停止。马铃薯对中国土地的开发利用、人口增长及社会发展、国民饮食营养的丰富平衡起到了重要作用。

在粮食紧缺年代，马铃薯作为救命粮惠民功大。今天，在全面建成小康社会的新时代，马铃薯将为改善居民的营养健康状况再立新功。马铃薯之所以能发荣滋长，除了容易种植、高产和易于储存之外，更引人注目的是它相当优秀的营养价值。在现代营养科学诞生之前，人们还不知道维生素、蛋白质和矿物质等营养成分，但他们凭借漫长生活中积累的纯朴经验发现，"那些吃马铃薯的人比别人长得高且更健壮，体力也更强"。身体健康、数量众多的人口对一个国家的经济发展和军事力量至关重要，政府需要对人民食物中的营养成分进行管理，这使得引导种植并食用马铃薯成为国家自上而下的制度安排。现代科学揭开了"超级食物"马铃薯的神秘面纱，它详细的营养成分为大众知晓。如今，人们业已知道，新鲜马铃薯水分含量约八成，干物质中淀粉含量占60%～80%，脂肪含量低；含有多种维生素和微量元素以及大量的膳食纤维；200克马铃薯可以提供成人每日所需维生素C推荐量的40%左右。

如果说人类社会的发展，是不断冲破愚昧、披荆斩棘拥抱科学的过程，那么，马铃薯的广泛传播历史，就是人们不断破除偏见，认识其营养价值和种植效益的过程，是马铃薯从杂草中"走出"，屹立在全世界重要农作物之林的过程。如今，人们"安身立命"的温饱问题已经解决，食物营养的谜底也被揭晓，新问题也随着新需求一同涌来——营养均衡、健康膳食正成为粮食安全背景下的新挑战。马铃薯再度焕发生机，勇挑第四大主粮重任，踏上升级中国居民膳食结构的新征程。

因薯而康的中国主粮

随着中国小康社会的全面建成，人们的健康观念也发生了新变化，对营养食物的认识也有了改变，不再追求红油赤酱的高热量，而是更关注营养全面均衡。大鱼大肉的厚油重补膳食模式，与各种快餐的高脂高能饮食在人类健康方面存在着致命的缺陷，造成了能量过剩的肥胖症与营养不平衡导致的隐形饥饿，既惩罚着当事人也威胁着社会人口结构，影响社会发展。食物与健康的关系亟须重新界定，营养应成为思考新时代饮食思维的一个核心关注点，未来的健康主要靠食养和预防，并由此展开对健康膳食模式的重新设计，实现治病到养生的转变，从而提高身体的自愈力、免疫力，提升健康资本。顺应营养转型下中国居民饮食结构变革的需要，政府和科学家开启了探寻食用营养均衡、生产效益显著、种植生态友好的食物，放眼各种作物，多样主粮，马铃薯再度进入政府和科学家的视野。

从营养来看，马铃薯是自然界的高超"炼金术士"，是将水、土和阳光改造为一系列珍贵物质的专家，它那鼓鼓囊囊的腹肚，似乎在向人们展示着它富足的营养。马铃薯营养成分全面，除碳水化合物外，还含有优质蛋白、种类众多的矿物质和传统主粮所缺乏的赖氨酸、色氨酸及丰富的维生素和微量元素。马铃薯块茎中兼有直链和支链两种化学结构的淀粉，包含粮食、蔬菜、水果中的主要营养，花色马铃薯中还富含花青素、多酚等强抗氧化剂。马铃薯的蛋白质含量一般为1.6%~2.1%，蛋白质量与动物蛋白接近，可与鸡蛋媲美，属多糖蛋白混合物，能预防心血管系统的脂肪沉积，阻止动脉粥样硬化，经常食用对高血压、冠心病、动脉硬化和脂肪肝的过早发生起到防治作用；富含18种氨基酸，其中赖氨酸的含量高于小麦和稻米，这些氨基酸易于消化吸收，是一种非常优质的食物。马铃薯还具有低脂低热高膳食纤维的特点，脂肪含量仅0.1%～1.1%，热量仅为大米及小麦面粉的1/5左右。膳食纤维含量高于大米和小麦面粉，可促进肠道蠕动，促进排泄，减少肠道对致癌物质的吸收，从而达到预防肠癌的发生。马铃薯中还含有传统主粮大米和小麦面粉所没有的维生素C以及胡萝卜素，其中维生素C含量是苹果的7倍，具有抗氧化功能，可预防坏血病；与大米、小麦面粉相比，马铃薯还具有微量元素多的特点，其钾含量高于香蕉，能够降低中风患病率。因此，马铃薯被誉为"十全十美的食物""丰富的根"与"地下苹果"。种植效益上，马铃薯不与小麦、稻谷、玉米争地争肥争水，在旱区、地下水漏斗区仍能保证每公顷15000～45000千克的产量，令小麦、玉米、水稻等传统主粮作物望尘莫及，充分显示了应对缺水的抗旱能力和在旱区固土固绿的生态作用。

处仓廪可保障粮食之安全，行田垄能保证民生之效益，居餐钵方利好百姓之健康。从不哗众取宠的马铃薯带给人们更多的是营养健康效益等诸多实惠。2015年1月，在多方证据有力支撑的基础上，农业部提出试点示范实施马铃薯主粮化战略。马铃薯主粮化，是芒鞋踏破岭头云之后的蓦然回首，是百转千回试验和论证之后的坚持。

2015年6月，在国家高度重视下，中国农业科学院统筹谋划，组织数十家科研单位、若干家龙头企业、百余名骨干专家，协同开展"马铃薯主粮化关键技术体系研究与示范"，落地马铃薯主粮化战略，拉开了将马铃薯与"水火相憎，鼎鬲在其间，五味以和"的中国传统蒸煮文化相融合的马铃薯主食产业开发大幕。中式马铃薯主食有别于西方以烤炙和煎炸为主的快餐文化，对食物营养的保持具有更高的兼容并蓄性，也更适合中国人肠胃的消化与吸收。说它怎么香美并不见得，但自有独特的质朴清新之味与营养平衡之本，与油厚热重的西式快餐是相别的一路。客观地说，推进中国马铃薯主食化，可能成为中国居民从人均食物热量逐年攀升转为渐趋平衡的一个有力推手，是饮食升级转型革命的重要象征。

经过5年的联合协作攻关，项目取得了丰硕成果。筛选出30个马铃薯主粮化适宜品种并明确适宜加工主食标签，新育成1个马铃薯主粮化专用品种、3个专用品系，确定基因编辑的靶标基因，敲除了1个氧化褐变的关键基因，获得抗褐变新种质；攻克技术瓶颈研制出3大类60余种300多款35%～60%不同占比的马铃薯主食；确定了25个马铃薯主食产品最佳配方、22个家庭烹饪方法、25套加工工艺；研制出马铃薯馒头专用整型机1台、小型马铃薯面条机1台、一体化仿生擀面机1台；建设批处理3吨马铃薯烘干房20台套；制定20余项马铃薯主食加工技术标准和操作规程；建立马铃薯主食示范生产线16条。

"一只白鸽要飞越过多少片大海，才能在沙滩上得到安眠？"马铃薯经历了几万里的跋涉，在中国大地上觅得生长之息壤；马铃薯主食，经过多少的淬炼，正在成为新时代中国人的健康主食。5年的项目推动和全国9省7市示范，边研究、边转化，得到了全社会的回应，结合以水为介质的蒸煮文化，一方面尊重地方饮食传统，对马铃薯主食进行本土化改造，开发研制出马铃薯面条、马铃薯馒头等传统大众型主食；马铃薯馕、马铃薯米线、马铃薯列巴等适合不同地区人们膳食习惯的地域特色型主食；以及马铃薯面包、马铃薯奶饼、薯条等休闲特色产品。另一方面，马铃薯主粮化项目的推动充分尊重大自然的多样性，为每一个地区，甚至每一种主食均筛选培育出了适宜的品种。没有前人设定的原则框架，仅凭着开拓者的胆识和勇气，遵循自然逻辑的作物多样化原则，践行健康逻辑的食物本土化改造，既有对传统的承袭，也有新变迁的探索。马铃薯这种外来作物在中国人民的健康饮食结构中、在中国农业生态永续发展中，正焕发出新的生命力。人们追求营养健康的纯朴梦想，在这里正处于繁华似锦的实现阶段。

当我们品尝薯香浓郁的马铃薯馒头时，当我们吞咽清热解寒的马铃薯面条时，当我们咀嚼面脆油香的马铃薯馕时，当我们端起那一碗翠色横陈银丝乱的马铃薯米线时，当我们取食织手搓来玉色匀、碧油煎出嫩黄深的马铃薯点心时，应该感谢那些勇于提出马铃薯主粮化、推进马铃薯主食产业发展，研发出异彩纷呈马铃薯主食的英雄们，正是他们的开创之功，为我们掘开了一个丰沛的、健康的营养膳食宝藏，引导新时代人与食物的关系回归"食物—营养—健康"的应然模式。

"九万里风鹏正举。风休住，蓬舟吹取三山去。"一个研究项目终将结束，但对马铃薯主粮化发展之路的探索和对马铃薯主食产业的推进，像乘风展翅的大鹏一样，正高蹈飞翔，康泽后世。

2020年3月

---

① 美洲三大古文明：玛雅文明、印加文明与阿兹特克文明。
② 卡路里，简称卡，非法定计量单位，1卡路里约等于4.186焦耳。
③ 英亩，英美制面积单位，非法定计量单位，1英亩约等于4046.856平方米。

CONTENTS 目录

Potato 1

增产增效新作物
马铃薯的中国本土化过程

Potato 2

饱暖至营养
马铃薯功能的变迁

主食"薯"我佳
马铃薯主粮化的源头活水

主食香从磨砺出
马铃薯主食产品开发

加薯抵万金
揭秘马铃薯主食营养知识

科学引导消费
科普宣传与消费引导

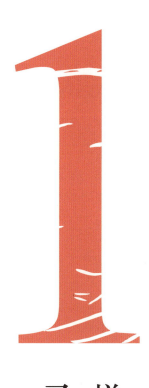

增产增效新作物
马铃薯的中国本土化过程

源自南美洲的马铃薯七千多年生生不息，为平民提供了日常美馔，哺育出欧洲工业革命五个世纪劳动力的存续，经北美日磨月磋成深孕时尚元素的快捷食品后跋涉全球。舶来中国四百多年的马铃薯，如今正成为我们营造健康生活的珍馐。

　　源自南美洲的马铃薯七千多年生生不息，为平民提供了日常美馔，哺育出欧洲工业革命五个世纪劳动力的存续，经北美日磨月磋成深孕时尚元素的快捷食品后跋涉全球。舶来中国四百多年的马铃薯，随时代发展，其角色历经嬗变，曾经是不幸的人们的抚慰，如今正成为营造健康生活的珍馐。顺应中华饮食的蒸煮文化，兼备粮蔬果营养之长，禀赋温凉清莹特质的马铃薯主食产品，将契合大众对营养、健康、简约饮食的追求，蕴含国民对中和、协调、内守精神的崇尚，日臻成熟。

1 从边缘到中心：马铃薯来华四百余年

　　任何国家所能获得的最佳服务，莫过于在其农业文化中添加一种有用的植物，马铃薯正是这样一种有用的植物。作为一种来自南美安第斯山脉的新作物，马铃薯重新定义了传入地的饮食结构，重新安排了自然环境，也重新

广袤的薯田

塑造了社会格局，对欧洲如此，对亚洲最大的国家——中国也如此。来自异域的马铃薯，刚开始只是处于中国生态栖位的边角之地，但它不妄自菲薄，立足贫瘠的土地，尽力绽放生命的华彩，提高了食物供应量，在人口繁衍与经济社会的发展中做出了卓越贡献，凭借实力倔强地拓展自己的地位，改变自己的角色，从边缘逐渐走向中国农业的中心，走向中国居民餐桌的中心。

马铃薯入中国来路考

关于马铃薯传入中国大陆的具体时间和路径，学者们众说纷纭，至今仍有争论。这也印证了马铃薯传入的路径并非单一，因而传入的年代也有差别。一般认为，马铃薯主要从三条路径传入中国：一路为东南路，据西方史料记载，荷兰人在16世纪末期17世纪初期把马铃薯带入中国台湾地区，之后扩散到福建、浙江、江苏等地，所以这一带把马铃薯称为荷兰薯、荷兰豆；第二路为南路，从南洋印度尼西亚（荷属爪哇）引入，传至广东、广西，之

后传播至云南、贵州、四川等地；第三路为西北路，由俄国（今俄罗斯）或哈萨克汗国（今哈萨克斯坦）传入至我国内蒙古、陕西、山西等地。也有研究者通过对《大同县志》《马首农言》等典章中"回回山药"这一名称的考证，认为山西北部、内蒙古等地区早期种植的马铃薯也有可能是当地商人从哈萨克汗国、浩罕国（今吉尔吉斯斯坦）等伊斯兰教国家引进来的，而从俄国漫长的边界线看，伊斯兰教国家的马铃薯很可能是从俄国传入的。另外，一种物种传入后，至少要经过一段时间的种植，才会引起农学家的注意，见于著录中，因而可推知从俄国传入马铃薯的年代应不晚于18世纪中期。

在中国史料中，最早有比较确切记载马铃薯的史籍是李时珍1578年撰写完成的《本草纲目》，书中把马铃薯叫作土卵、蔓生、如芋，"以灰汁煮食之，肉白皮黄，也可蒸食"。之后，徐光启撰写的《农政全书》（付印于1639年）中也有类似记述："土芋，一名土豆，一名黄独。蔓生叶如豆，根圆如鸡卵，肉白皮黄……煮食、亦可蒸食。又煮芋汁，洗腻衣，洁白如玉。"虽然对这种作物的称呼不同，但从所记述的特征来看，这俨然就是马铃薯。在这两部重要典籍中，均把马铃薯与"卵"联系起来，从外形上看，

马铃薯多近似圆或椭圆形，将之喻为"卵"，非常形象。再则马铃薯的口感与营养也可与"卵"媲美，"土卵"不愧为极佳的马铃薯本土化名称。而马铃薯这个名字，最早见于康熙三十九年（1700年）福建省的《松溪县志》："形状大小，略如铃子。"

从上述记载可以推测，中国在明朝万历年间已经有马铃薯种植了。尽管马铃薯在西方曾一度被认为有毒，是平民的餐点，但刚刚跋涉而来东土中华的时候，马铃薯也遵循了"物以稀为贵"的经济学原理，进入中国不久，即成为皇家珍馐。明代晚期刘若愚所写的《酌中志》记载，一般在正月十六之后，宫中灯市最为繁盛热闹，天下珍馐百味云集于此，其中便有"辽东之松子、蓟北之黄花、金针，都中之山药、土豆"。由此可见，这个时候都中之地已种植马铃薯，但时间并不长，仍属于难得一见的稀罕之物。它的异域风情还能给王公贵族们带来新鲜感。

明末清初，马铃薯的种植技术不断精进，产量也不断提高，逐渐失去往日特供王侯将相的光环，成为百姓的食物。清朝初期对明代皇室蔬菜供应系统进行了改制，专门为皇室耕作的菜户成为普通农民，各种作物的种子及培育方法自此解密，马铃薯也借机走出大内，向天津、河北、内蒙古乃至全国各地大规模地传播开来。迄今为止，天津、河北、内蒙古一带仍是马铃薯主栽区域，这也是有传承的。

史不绝薯：救命粮与嗑墙度日

在漫长的历史长河中，马铃薯带着满满的生机与活力"不召自来，何其速也"。进入中国400多年里，马铃薯对中国土地的开发利用、生态的和谐持续、人口增长及社会发展、国民饮食生活的丰富多彩等均起到了重要作用。

明朝之前，中国大地的厚土良田上就已经生长了谷子、小麦、稻谷等作物，哺育着中华民族。马铃薯作为一种外来作物，在开拓中国市场的策略上，采取了从边缘走向中心的路线，起初只是在贫瘠的边角地方安营扎寨。至今，中国边远山区仍传唱着这样的山歌："肥肥沃沃的塬上那是小麦的领地，温温热热的平坝那是稻谷的封地，冷冷峭峭的沟岭呀，只能属于洋芋了。"

但马铃薯并不畏贫瘠与偏远，努力勃发生命的活力，在最艰难的阶段，在最贫困的地方，帮助贫苦人民迈过青黄不接的坎，维持贫苦人民的生计，并因此得以绵延。乾隆时期，户口管理放松，人口急剧增加，急需增加粮食供给，人们开始寻求水稻、小麦等传统作物的替代品，对土壤要求低、不怕战火、产量高、营养好、加工食用方便的马铃薯得以广种，哺育了更多中国人口。中华民族积贫积弱，即使是近代以来，在不短的时间里，粮食短缺一直困扰着人们。1959—1961年三年困难时期，饥荒席卷全国，更凸显了"粮食是宝中之宝"的地位。毛泽东主席语录中有"忙时吃干闲时吃稀，并以瓜菜代"的教导，当时纵有种种困难，粮食最困难，特别是每年青黄不接时，家里粮食吃完了，地里的还没成熟，唯有马铃薯已经长出鸡蛋大小的块茎可以充饥了，从土里抠几个出来，和着野菜撒些许粗面一起煮食，一粒粒连皮吃下去，苦涩中也有香甜。也就是在这个时期，马铃薯被列入主粮，虽然五斤抵一斤，但在很多地方被人们称为救命粮。

史料中记载，从缺衣少食的困难时期过来的人们，创造了"嗑墙度日"抵御灾难的方法，即在丰收之年，把吃剩的马铃薯煮熟捣烂成泥巴状，堆砌在一起，日积月累便砌成一堵堵"墙"，灾年时再把墙上的"泥巴"一点点抠下，状如西北地区二月二节气用爆米花备制的炒面一样，干食或冲水服用，抚慰空空的肠胃，并给身体以能量。经受了严峻的生存考验，在灾难中表现出了充沛而新鲜活力的马铃薯，使自己在中华大地得以普及推广。

在《众神的食物》中，威尔斯谈到，"若是土豆在人类的历史中缺席，新世界的罗马将被饥荒和歉收淹没……"对中国来说，马铃薯也曾拯救民众于饥荒与歉收。

马铃薯之惠民，功莫大焉！

中国自古以来就是农业大国，对农作物异常重视，有着丰富的种植经验。马铃薯进入中华大地后，由于它不与五谷争地，在山坡山坳都可以生长，因此首先在一些苦寒、贫穷和新开垦的地区种植。尤其是到了清朝乾隆年间，随着户口管制的放松，农民有了一定的迁徙自由，于是大量流动的农民携带着马铃薯及其他一些农作物涌向我国西南、西北地区乃至全国各地。

总体来看，马铃薯传入我国后，由于种植简单、耐旱、耐寒、耐瘠薄、适应性广，有助于提高粮食产量，促进经济社会发展和人口的扩张繁衍，因此在荒年时曾一度成为农民的救命粮。有诗人感慨："穷民衣食之计无所长，苞谷之外此为粮，胜彼草根树皮救饥荒。""叶绿花红映夕阳，果结土中子根旁，及时挖来煮作粮，家人妇子充饥肠。既蔬既食饱倘佯，或者有余研粉浆，卖得青钱买衣裳。"诗歌表明，这时的人们已经开发出了多样的马铃薯吃法——既蔬既粮，既可当作主食充饥，又能作为蔬菜补充营养；而且还能卖钱买衣裳，既有民生社会效益，又有经济效益。

到了近现代，随着社会经济的发展以及西方先进农业技术的引进，马铃薯的优势进一步发扬光大。其推广特点主要表现在两个方面：一是种植区域扩大，由气候适宜、海拔1200米左右的马铃薯生长带向高纬度冷凉山区与低海拔气候湿热地区两个方向延展；二是种植面积迅速增加，到了20世纪二三十年代，我国已在沿海城市、西南、西北和华北地区形成了一批比较集中的马铃薯主产区。据资料记载，1932年仅山西省马铃薯的种植面积已有131.7万亩，居全国之首；1936年全国马铃薯种植面积已达540万亩以上。20世纪三四十年代的抗战时期，兵荒马乱，正常的农耕大受影响，加之兵马未动粮草先行，对粮食的需求成为战争的一个重大问题。由于马铃薯适应性强、产量高、粮菜兼用、生长期短，最主要的是埋在地下不怕战火，因此在国民党管辖区、日伪占领区以及抗日根据地都大力发展马铃薯生产，以解决民食军需问题。这个时期，马铃薯的推广由自发阶段进入了有计划、有步骤的阶段。这一阶段的研究工作主要集中在整理我国已有的马铃薯品种，并将我国的马铃薯品种与从欧美和苏联引进的品种进行比较试验。有人曾大书特书地讴歌马铃薯埋在地下不怕战火这一特点，因它曾多次在战火纷飞中与殖民者的铁蹄之下解救了人类，从而自我拯救，也正因此马铃薯被称为埋藏在地下的生命之源。

"美洲来客"发荣滋长

中华人民共和国成立后的20世纪50年代初期，我国各地遭受严重的自然灾害，为度过灾荒，农业部有计划地扩大马铃薯种植面积，并在发展国民经济的第一个五年计划中把"增加薯类等高产量作物的播种面积"列为农业增产的重要措施，马铃薯生产获得较快的发展。根据当时农业部的统计数据，1950年全国马铃薯种植面积骤增至2250万亩以上，而到1960年，全国马铃薯种植面积更是扩大到4605万亩，总产量达2550万吨，均在1950年的基础上翻了一番。

经过30余年的大力发展，特别是许多高产、优质、抗病新品种的推广，以及脱毒微型种薯的生产利用，解决了长期制约马铃薯生产发展过程中品种退化的问题，大大促进了马铃薯生产发展。马铃薯相关研究也受到了国家的高度重视，科研工作有了飞速发展。从单纯引种阶段进入到杂交育种、培育自己的新品种阶段，在短时期内培育出了一大批优良新品种，新品种在产量、品质和抗病性方面都有了很大的提高，并逐渐取代了老品种，马铃薯的生产与科研发展日新月异。加之国际上科学技术在农业方面的转化应用，在防治马铃薯晚疫病和病毒病、种薯生产以及栽培技术等方面均取得了显著的成绩，通过引进上述先进技术，也使我国马铃薯生产再上了一个新台阶。

进入21世纪后，随着马铃薯加工业的发展和社会需求的增加，进一步促进了我国马铃薯产业的发展。据统计，2018年我国马铃薯种植面积为7216.33万亩，总产量达9026万吨，均居世界第一位。

马铃薯，这位"美洲来客"，经过漫漫长路，几经辗转来到中国，又经历了漫长的蛰伏、洗礼与考验，已经深深地扎根在中华大地上，成为我们生产生活中一种不可或缺的作物和食物。经过400多年的本土化发展，终于玉汝于成。如今，马铃薯正为中国全面建成小康社会而贡献力量。

韬光养晦再出发

在马铃薯生产效率等方面，我国与世界发达国家相比还有较大差距，当前我国马铃薯亩产仅1.15吨，还未达到世界平均亩产1.34吨的水平。因此，我国的马铃薯生产还有较大的单产潜力和发展空间。展望未来，在鲜薯产量潜力方面，马铃薯理论亩产可高达8吨左右，欧盟国家现在的平均亩产在2吨以上，随着马铃薯主粮化战略的推进，马铃薯生产技术的集成与推广，到2025年，中国马铃薯亩产有望突破1.5吨。

专家估计，在马铃薯不与三大主粮争水抢地的条件下，通过开发可利用耕地资源，到2025年，我国马铃薯的种植面积在华北地区、西北地区、南方地区和其他地区预计分别可达2000万亩、3000万亩、7800万亩和1800万亩，合计达到1.5亿亩左右，马铃薯总产量有望超过2亿吨。主要增长潜力区域为华北地下水漏斗替代种植区、南方冬闲田利用区和西北旱作潜力增长区、东北原料薯机械化生产区等。

2 中国马铃薯的种植区域布局

受到技术及社会经济等诸多方面因素的影响，马铃薯在中国的发展过程曲折。但由于其营养丰富、产量高、生长快、对水肥要求低、对气候适应性强、易于种植、加工食用简单，随着社会经济的发展和技术条件的逐渐成熟，马铃薯在中国得以广泛种植，除江苏、浙江、河南、广西和海南等省区种植面积较小外，其余各省区均有大面积种植。

中国马铃薯的播种面积和总产量概况

从1960年起到现在的60年中，中国马铃薯的播种面积大致跃升了三个台阶，呈现出每20年增加3000万亩的发展趋势。1978年改革开放之前，马铃薯播种面积长期保持在3000万亩左右；改革开放到20世纪末期，伴随着中国经济的总体快速发展，马铃薯的播种面积也陡然扩大，增至6000万亩；到2018年，马铃薯播种面积再创新高，突破9000万亩，向《关于推进马铃薯产业开发的指导意见》中提出的目标——力争到2020年马铃薯种植面积向1亿亩以上挺进。

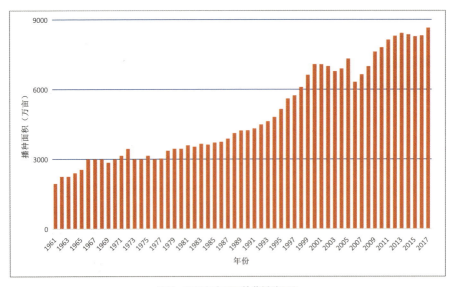

1961—2017年中国马铃薯播种面积

1亿亩到底有多大？从3000万亩到6000万亩再到1亿亩，是什么概念呢？我们用朴素的比较方法来对照一下：在欧洲，斯洛文尼亚国土面积为20300平方公里，约3000万亩，位列37；瑞士国土面积

41300平方公里，约6200亩，位列31；爱尔兰国土面积70200平方公里，约1亿亩，位列22。中国划定基本农田为15.5亿亩，1亿亩的马铃薯种植面积相当于基本农田的1/15。

随着马铃薯播种面积的扩大，马铃薯的总产量也发生了突飞猛进的变化。具体来说，从1961年至1990年的30年间，马铃薯总产量很少突破3000万吨；从1991年至2005年，马铃薯总产量大幅提升，从3000万吨提高到7000万吨以上，年均增产率超过6%；之后马铃薯总产量继续快速增长，到2018年达到9026万吨。

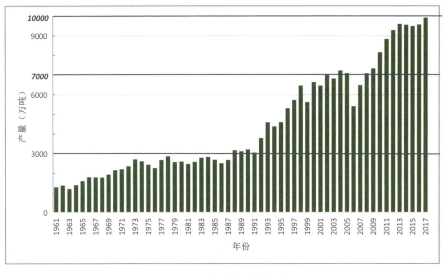

1961—2017年中国马铃薯产量

中国也是世界马铃薯生产大国，2018年，中国马铃薯播种面积为7216.33万亩，约占全世界的30%；总产量为9026万吨，是全世界的1/4。

传统格局：马铃薯四大优势种植区域

我国耕地资源的现状，可大致概括为"一多三少"，即耕地总量多、人均耕地少、高质量的耕地少、耕地后备资源少。

我国国土面积960万平方公里，居世界第三位，可以说幅员辽阔。但由于可利用土地少，加上人口众多，我国土地资源相对贫乏，特别是作为农业生产基础的耕地更为紧缺。国土资源部数据显示，截至2016年末，全国耕地面积为13495.66万公顷（20.24亿亩），人均耕地占有量不及世界平均水平的一半。

而且，我国耕地质量差，退化严重。全国66%的耕地分布在山地、丘陵和高原地区，只有34%的耕地分布在平原、盆地，而且耕地总体质量不高，与发达国家或农业发达国家相比，粮食亩产相差150～200千克。全国还有9100万亩耕地坡度在25°以上，长期耕作不利于水土保持，需逐步退耕。

此外，我国耕地还存在后备资源严重不足、利用率低的问题。我国拥有宜耕荒地资源2.04亿亩，按照60%的垦殖率计，可开垦耕地1.22亿亩。但由于生态保护的要求，耕地后备资源开发受到严格限制，今后能够通过后备资源开发补充的耕地已十分有限。

我国的耕地现状形势十分严峻，而且我国地形、气候多样，马铃薯以其耐寒、耐旱、耐贫瘠的特征，经过多年的作物种植效益比较与耕作选择，逐渐形成了一些优势种植区域。按照各地气候、土壤等自然资源条件的不同，我国马铃薯种植区可划分为四大优势区域，即北方一作区、中原二作区、南方（冬春二作）冬作区和西南混作区。各区域的马铃薯产业在发展中初步形成了各具特色、错季上市、相互补充的局面。

北方一作区

北方一作区包括黑龙江、吉林和辽宁大部、河北北部、山西北部、陕西北部、内蒙古、宁夏、甘肃、青海东部、新疆天山以北的区域。该地区的自然特点是气候较寒冷，无霜期短，夏季雨少，春季干旱，雨热同季。本地区种植的马铃薯一般在4月下旬至5月上旬播种，9月收获，冬季闲田养肥，一年只种一季。

中原二作区

中原二作区位于北方一作区南界以南，大巴山、苗岭以东，南岭、武夷山以北，包括辽宁、河北、山西、陕西四省的南部，湖北、湖南两省的东部，以及河南、山东、江苏、浙江、安徽、江西等省。马铃薯在该区域能够春秋两季栽培，春季生产于2、3月播种，5、6月收获；秋季生产则在8月播种，11月收获。其中，该区域的春季多为商品薯生产，秋季主要是种薯生产，多与其他作物套作。

南方（冬春二作）冬作区

南方（冬春二作）冬作区主要包括广东、广西、海南、台湾全省以及福建大部，主要种植方式为秋季晚稻收获后利用冬闲田种植一季马铃薯，一般10月或11月播种，第二年2、3月收获。该区域马铃薯种植面积仅占全国种植总面积的3%左右，但由于种植精细化程度和栽培技术水平较高，且收获时正处于全国马铃薯鲜薯上市的淡季，因此产品供不应求，在全国四大优势区域中经济效益相对显著。

西南混作区

西南混作区是以贵州威宁为中心的西南马铃薯种植区，包括云南、贵州、四川、西藏四省（区）及湖南、湖北的西部山区。在该地区的高寒山区，气温低、无霜期短、四季分明、夏季凉爽、云雾较多、雨量充沛，马铃薯多为春种秋收、一年一季栽培；而在这个区域的低山、河谷或盆地，气温高、无霜期长、春早、夏长、冬暖、雨量多、湿度大，多实行两季栽培。

马铃薯秧苗

马铃薯种植的这四大优势区域各有特色。北方一作区播种面积最大，占全国总播种面积的53.87%；总产量最高，占全国总产量的49.15%。不过由于气候等原因，该区域的平均单产却是四大区域中最低的，只达到全国平均水平的80.76%。

西南混作区播种面积和总产量列全国第二，但由于当地自然环境良好，土质、墒情优良，因此平均单产排名全国第一，是全国平均水平的133.05%。

中原二作区和南方（冬春二作）冬作区马铃薯播种面积和产量占比都较小，其中南方（冬春二作）冬作区马铃薯播种面积最小，产量也最低。中原二作区单产列全国第二，南方（冬春二作）冬作区单产位列全国第三。

如果按照省份来比较马铃薯数据，四川的播种面积居全国第一，总产量也居全国第一；在单产方面，则是吉林最高。

四川是西南混作区播种面积最大的省份，占全国总播种面积的14.16%；其次是贵州，占12.64%。值得一提的是，新疆播种面积排全国倒数第五位，只占总播种面积的0.60%；总产量排倒数第四位，仅占全国总产量的1.18%；可是得益于当地优越的水热和土壤条件，单产却排名全国第二，是全国平均水平的194.70%。播种面积最小的省份是西藏，只占全国总播种面积的0.02%；产量也最少，只占全国总产量的0.03%。

在中原二作区，湖北播种面积最大、产量最高，但单产水平只达到全国平均水平的78.31%，为该区域最低水平。江西和安徽马铃薯单产水平较高，分别达到了全国平均水平的132.71%和129.22%，但由于这两个省份马铃薯种植面积很小，因此总产量不高。在常年湿热、马铃薯病虫害活跃的贵州、重庆和云南，三地的平均单产只达到了全国平均水平的69.22%、71.90%和84.66%。

在南方冬作区，福建的种植面积最大、总产量最高，但其单产水平却低于广东；与福建相反，尽管单产水平高，但广东种植面积小，只占全国总播种面积的0.85%。

土壤里生长的马铃薯

在总产量方面，四川最高，其次是甘肃。而单产最低的三个省份依次是山西、安徽和宁夏，其单产分别为全国平均水平的55.13%、63.92%和69.27%。这与山西和宁夏二省（区）地处西北干旱区有关，土壤贫瘠及降水量少是主要影响因素；安徽则是由于当年降水量较少。

布局调整：马铃薯五大功能分区

根据2014年世界银行发布的《中国经济简报》，目前中国的粮食总需求约为6亿吨，预计到2020年会达到6.7亿吨，2030年达到7亿吨，这与国内粮食需求预测专家给出的数据大致吻合，表明我国粮食需求呈增长态势。目前我国国内粮食产量确保了"谷物基本自给、口粮绝对安全"的底线，国内粮食供求基本平衡。

然而，随着我国人民生活水平的提高、工作节奏的加快、年轻人饮食习惯的变化，马铃薯产品在我国食物消费结构中的地位越来越重要。国际马铃薯中心曾预计，未来一个时期中国马铃薯产品的消费量将以年均5%的速度快速增长。

马铃薯收获的喜悦

也就是说，我国的粮食总体上是够吃的，但是人民群众想吃得更好，想吃到更多、更优质的马铃薯！

为应对健康消费领域对马铃薯需求的暴发性增长，早在2008年我国就已经制定了详细的马铃薯发展规划。《中国马铃薯优势区域布局规划（2008—2015年）》根据我国马铃薯主产区自然资源、种植规模、产业化基础、产业比较优势等基本条件，将我国马铃薯主产区进行了重新的布局调整，最终规划为五大优势区。

华北种用、加工用和鲜食用马铃薯优势区

本区域包括内蒙古中西部、河北北部、山西中北部和山东西南部。该地区除山东外，基本地处内蒙古高原，气候冷凉，年降水量在300毫米左右，无霜期为90～130天，年均温度4～13℃，大于5℃积温为2000～3500℃，土壤以栗钙土为主。由于气候凉爽、日照充足、昼夜温差大，该地区适合马铃薯生产，是我国马铃薯优势区域之一，单产提高潜力大。该区域大部分为一季作区，一般5月上旬播种，9月中旬收获；只有山东位于华北区南部，无霜期达210天以上，适合二季马铃薯生产，春季2月中下旬播种，5月上旬收获，秋季8月中下旬播种，11月上中旬收获。影响该区域马铃薯生产的主要因素是干旱、晚疫病和病毒病，以及投入少、生产组织化程度低。据各省农业部门统计，该区马铃薯种植面积约占全国种植面积的19.7%，产量约是全国总产量的18.3%，平均亩产1吨左右。

本区靠近京津，马铃薯产业发展的功能定位为我国马铃薯种薯、加工用薯和鲜食用薯生产的优势区域，产业比较优势突出，生产的马铃薯除本地消费外，大量调运到中原、华南、华中、西南甚至东南亚作为种薯、加工原料薯和鲜薯。

东北种用、淀粉加工用和鲜食用马铃薯优势区

本区域包括黑龙江、吉林全省以及内蒙古东部、辽宁北部和西部。本区地处高寒，日照充足，昼夜温差大，年平均温度−4～10℃，大于5℃积温为2000～3500℃，土壤为黑土，适于马铃薯生长。本区马铃薯种植为一年一

季，一般春季4月或5月初播种，9月收获。影响该区域马铃薯生产的主要因素是春旱、晚疫病、环腐病、黑胫病和病毒病。该区马铃薯种植面积约占全国种植面积的12.9%，产量约占全国总产量的12.7%，平均亩产居我国领先地位。

该区域与种薯用量较大的朝鲜、俄罗斯和蒙古国等接壤。本区定位优先发展脱毒种薯，其次依托市场区位优势发展淀粉加工专用型和鲜食用马铃薯，是我国马铃薯种薯、淀粉加工专用薯和鲜食用薯生产的优势区域。市场区位优势明显，除本地作为粮食、蔬菜消费和淀粉加工用外，还可以调运到中原、华南和华东等地，也可以出口至蒙古国、朝鲜和东南亚国家等。

西北鲜食用、加工用和种用马铃薯优势区

本区域包括甘肃、宁夏、陕西西北部和青海东部。本区地处高寒，气候冷凉，无霜期为110～180天，年均温度4～8℃，大于5℃积温为2000～3500℃，年降水量200～610毫米，海拔500～3600米，土壤以黄土、黄绵土、黑垆土、栗钙土、沙土为主。由于气候凉爽、日照充足、昼夜温差大，本区域生产的马铃薯品质优良，单产提高潜力大。本区马铃薯生产为一年一熟，一般4月底5月初播种，9月底10月上旬收获。该区马铃薯种植面积约占全国种植面积的20.2%，产量约占全国总产量的18.9%，平均亩产不足1吨。影响该区马铃薯生产的主要因素是干旱少雨、种植规模小和市场流通困难。

马铃薯在本区属于主要作物，产业比较优势突出，生产的马铃薯除本地作为粮食、蔬菜消费、淀粉加工和种薯用外，大量调运到中原、华南、华东等地作为鲜食用薯。本区利用光照强、昼夜温差大等自然条件，优先发展鲜食用、淀粉加工专用和种薯用马铃薯生产，增强市场流通能力和生产组织化能力。

西南鲜食用、加工用和种用马铃薯优势区

本区域包括云南、贵州、四川、重庆四省（市），湖北、湖南两省的西部山区以及陕西安康等地区。本区地势复杂，海拔高度变化大，气候的区域差异和垂直变化十分明显，年平均气温较高，无霜期长，雨量充沛，特别适合马铃薯生产，主要分布在海拔700～3000米的山区。该区马铃薯种植面积

约占全国种植面积的40.1%，产量约占全国总产量的41.5%，平均亩产超1吨。本区马铃薯面积增加潜力大，但专用品种缺乏，良繁体系规模小，缺乏种薯质量控制体系，种薯质量低，种薯市场不活跃，晚疫病、青枯病发生严重，并有块茎蛾、癌肿病等检疫性病虫害。

本区是鲜食用、加工用和种用马铃薯的优势区域。马铃薯种植模式多样，一年四季均可种植，已形成周年生产、周年供应的产销格局，是鲜食马铃薯生产的理想区域和加工原料薯生产的优势区。同时，本区内的高海拔山区天然隔离条件好，具有生产优质种薯得天独厚的生态条件，重点发展脱毒种薯生产，建成西南地区种薯供应基地。

南方冬作马铃薯优势区

本区域包括广东、广西、福建三省，江西南部，湖北和湖南两省中东部。本区大部分为亚热带气候，无霜期达230天以上，日均气温≥3℃的作物生长期达320天以上，适于马铃薯在中稻或晚稻收获后的秋冬作栽培。马铃薯在广西、广东、福建通常于10～12月播种，次年1～4月收获；其他地区通常于12月到次年1月播种，3～5月收获。本区是我国马铃薯种植面积增长最快和增长潜力最大的地区。该区马铃薯种植面积约占全国种植面积的7%，产量约占全国总产量的8.7%，平均亩产1.2吨，在我国马铃薯生产区域中名列前茅。影响本区马铃薯生产的主要因素是脱毒种薯供应不足，生长前期易遭霜冻，晚疫病、青枯病发生较重。该区主要依托外向型市场区位优势和国内蔬菜供应淡季优势，开发利用冬闲田，扩大鲜食马铃薯生产，保障市场供应。

随着居民生活水平的提高，科学技术的进步，人们对马铃薯的认识渐趋客观，马铃薯的营养价值也得到越来越多人的认可。近年来，在消费拉动和引领下，马铃薯逐渐成为顺应农业产业转方式、调结构、可持续发展新要求的重要选择。

3 中国马铃薯栽种品种"十五强"

我国栽种的马铃薯品种有400多个，其中种植面积在10万亩以上的有82个，100万亩以上的有15个。让我们来了解一下我国马铃薯中的"十五强"——

克新1号种植面积最大，为1272万亩；其次是米拉，达到531万亩，费乌瑞它为499万亩，威芋3号为445万亩，滇马铃薯6号为433万亩，陇薯3号为379万亩，鄂马铃薯5号为248万亩，陇薯6号为157万亩，青薯168为146万亩，合作88为142万亩，中薯3号为135万亩，早大白为134万亩，大西洋为132万亩，坝薯10号为119万亩，鄂马铃薯3号为111万亩。

15个栽种品种的种植总面积达到了4883万亩，占到全部马铃薯种植总面积的68%。

在这15个品种中，干物质含量为18%～27.47%，最高的是陇薯6号；淀粉含量为14.70%～24.30%，最高的是陇薯3号，最低的是中薯3号，平均含量17.07%。

由此可见，我国主栽马铃薯主要用于鲜食，用于淀粉和全粉加工的品种较少，种植面积也小。要推进马铃薯主食产业化，必须筛选和培育适宜主食加工的马铃薯新型品种。

我国马铃薯栽种品种"十五强"主要指标概览

品种名称	种植面积（万亩）	块茎产量（千克/亩）	品质性状				
			淀粉含量(%)	干物质含量(%)	还原糖含量(%)	粗蛋白含量(%)	维生素C含量[毫克（每100克含量）]
克新1号	1272	—	14.00	—	—	—	—
米拉	531	—	17～18	—	—	—	—
费乌瑞它	499	1700～3000	13～16	20	—	—	13.60
威芋3号	445	—	16.00	—	0.33	—	—
滇马铃薯6号	433	—	12.90	18.68	0.25	—	—
陇薯3号	379	1100～3700	20.1～24.3	—	—	1.78～1.88	20.0～27.0
鄂马铃薯5号	248	2300～3200	18.90	—	0.16	2.35	18.40
陇薯6号	157	2000～3000	20.05	27.47	0.22	2.04	15.50
青薯168	146	1500～3000	16.40	—	—	—	—
合作88	142	—	19.90	25.80	0.30	—	—
中薯3号	135	1500～4000	12.70	19.10	0.29	2.06	21.10
早大白	134	—	16.74	20.00	0.25	2.34	25.09
大西洋	132	1500	14.90	20.60	0.22	—	15.10
坝薯10号	119	—	16.26	—	—	—	—
鄂马铃薯3号	111	—	19.00	24.00	0.11	2.20	17.60

2

饱暖至营养
马铃薯功能的变迁

马铃薯于明朝万历年间传入中国，由于中国各地耕作传统与气候条件的差别，马铃薯的种植面积与品种、利用情况均存在差异。现在，马铃薯食品正不断推陈出新，马铃薯加工技术也日新月异。

马铃薯于明朝万历年间传入中国，由于中国各地耕作传统与气候条件的差别，马铃薯的种植面积与品种在不同地区存在差异。各地马铃薯的利用情况由于受到本地区自然和生产条件的制约、社会和文化发展的影响以及不同时期消费理念的引导，也呈现出不同的态势。现在，马铃薯食品正不断推陈出新，马铃薯加工技术也日新月异，马铃薯消费已经深深地根植于我们的社会生活之中，甚至对我们的社会和文化产生了一定的影响。

1 中国马铃薯消费大数据

马铃薯是中国人最喜爱的食材之一。作为一个中国人，没有吃过土豆丝、土豆烧牛肉，简直不足以语人生。

马铃薯消费总量拾阶攀升

马铃薯的生产与消费在我国农业经济与居民日常生活中有着重要作用。我国马铃薯产业自20世纪末期以来得到了长足发展，产量与消费量都有明显的增长。20世纪60年代以来，我国马铃薯消费量总体呈上升趋势，消费总量增加了7.5倍，年均增长4%。在世界马铃薯生产与消费份额中所占的比例，从20世纪60年代初不足5%，增加到2010年的近20%。2014年我国马铃薯的产量与消费量分别为9694万吨、9607万吨，均居世界前列。

半个多世纪以来，中国马铃薯的消费总量受生产总量的影响而同趋改变。从变化的走势看，大致可以分为三个阶段：

第一阶段是20世纪60年代以后的十几年平稳增长时期。在这一阶段，中国马铃薯年消费总量由1961年的1290万吨起步并平稳增加，到1973年达2691万吨，年均增长约6%。

第二阶段是起伏调整时期。从1974年开始，马铃薯年消费量徘徊起伏，到1986年仍然停留在年消费总量2497万吨，略低于1974年的2531万吨，年平均增长率为负值。

第三阶段是陡然增长时期。从20世纪80年代末期开始，马铃薯年消费量进入了快速上升时期，到2013年达到9607万吨，中间虽有起伏，但总体表现出陡然上升的趋势，25年增长了3.6倍。从消费的增长率来看，最高的年份为1992年，达24.5%。正是在这一年，西式快餐巨头麦当劳继肯德基之后进驻中国市场。需要注意的是，在肯德基进入中国市场的第二年即1988年，马铃薯的消费也有大幅增长，涨幅达18.37%。

由此可见，50多年来，中国马铃薯消费量总体呈上升趋势。总的来看，马铃薯消费量的增长率50年来有34个年份为正值，18个年份为负值，且正负相间，呈现出波动中上升的态势。中国马铃薯的供需状态基本平衡，供给略微大于消费。

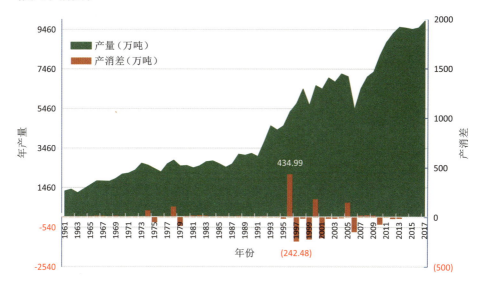

1961—2017年中国马铃薯年产量与产消差

马铃薯人均消费量不断增加

与马铃薯的消费总量在波动中上升的情况类似，几十年来，我国马铃薯的人均消费量也在波动中上升。

从1961年到2013年的53年里，我国马铃薯的人均年消费量均值为20千克，差值较大，反映到图表上，是双驼峰样式的非平稳数据，人均消费量变化较大，最高年份为42千克，最低年份不足9千克。

具体来说，从1961年到20世纪70年代末期，我国马铃薯人均年消费量均在10千克以上，有的年份达到16千克；但从20世纪80年代开始，马铃薯的人均年消费量开始在低位徘徊，曾一度降到10千克以下。据联合国粮食及农业组织（FAO）的统计数据推算，1980年到1996年的17年间，中国马铃薯人均年消费量仅有11千克。

直到20世纪末的最后几年里，随着人们对马铃薯认知水平的提高，特别是以马铃薯为原料的薯条、薯泥、薯块等西式快餐在中国的快速推广，马铃薯的人均消费量终于有了突飞猛进的增长。1997年我国马铃薯人均消费量首次突破20千克，此后迅速攀升至30千克以上，到2010年，中国马铃薯人均年消费量达到42千克。

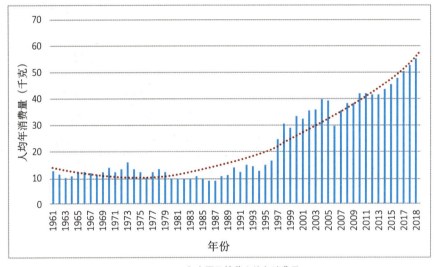

1961—2018年中国马铃薯人均年消费量

马铃薯人均年消费量的这种变化趋势，与其在四大主粮（水稻、小麦、玉米、马铃薯）人均年消费量中占比的变化趋势大致相合。

20世纪六七十年代，中国主粮的总供给能力较弱，于是马铃薯作为高产的救命粮，其人均年消费量占到四大主粮总量的10%以上，有时甚至能够达到17%；20世纪80年代，随着马铃薯人均消费量的下滑，以及绿色革命带来的粮食总供给能力的大大提高，马铃薯在四大主粮中的占比逐渐走低，一度下降到只有5%；20世纪90年代中后期开始，马铃薯食品的多样性开发让马铃薯的人均消费迎来了"第二春"，其在四大主粮中的消费占比再度攀升至20%以上，成为人们主粮消费结构中的重要角色。

1961—2013年中国四大主粮消费量变化趋势

变硬的马铃薯还能吃吗？

马铃薯熟制后放置一段时间变硬的现象，叫作回生。回生现象发生在淀粉中，淀粉的回生也称老化和凝沉，跟不同种类的淀粉性质有关系。

回生的本质是糊化的淀粉分子在温度降低时由于分子运动减慢，直链淀粉分子和支链淀粉分子的分支都回头趋向于平行排列，互相靠拢，彼此与氢键结合，重新组成混合微晶束。其结构与原生淀粉粒的结构很相似，但不呈放射状，而是零乱的组合。由于其所得的淀粉糊分子中的氢键很多，分子间缔合很牢固，水溶解性下降，如果淀粉糊的冷却速度很快，特别是较高浓度的淀粉糊，直链淀粉分子来不及重新排列结成束状结构，便形成凝胶体。

影响淀粉回生的主要因素就在于前面谈到的支链淀粉与直链淀粉的分子结构。直链淀粉的分子结构较多为链状结构，这种结构在溶液中空间障碍小，易于解开链结，因此易于回生。支链淀粉呈树状结构，在溶液中空间障碍大，不易于解开链结，所以难以回生。但若支链淀粉分支长，浓度高，也可回生。直链淀粉若链太长，取向困难，也不易回生；相反，若链太短，易于扩散，不易于定向排列，也不易回生。所以只有中等长度的直链淀粉才易回生。

淀粉溶液浓度大，分子碰撞机会高，易于回生；浓度小则相反。一般水分30%～60%的淀粉溶液易回生；水分小于10%的干燥状态则难以回生。在温度接近0～4℃时贮存，可加速淀粉的回生。缓慢冷却可使淀粉分子有充分时间取向平行排列，因而有利于回生；相反，迅速冷却可减少回生。pH中性易回生；pH碱性或酸性，则不易回生。

因此，防止回生的方法之一是快速冷却干燥，这是因为迅速干燥能够急剧降低其中所含水分，这样淀粉分子联结固定下来，仍可复水。

另外，随着科学家对回生机制的研究，也开发出一系列的抗回生技术。比如，在食品中添加适量淀粉酶来抑制淀粉回生；乳化剂、变性淀粉也经常会作为食品添加剂起到抗回生的作用，以延长食品的货架期。

所以，熟制后的马铃薯变硬是一种淀粉回生现象，并非有毒，加热后还可以继续食用。

中国仍是世界马铃薯人均消费量凹地

虽然我国的马铃薯人均消费量增长很快，但是和世界人均水平相比，我国的人均消费量仍然较低。

马铃薯作为大宗农作物，被世界人民广泛喜爱，但不同地区由于历史与传统习惯的不同，人均消费量与消费方式存在较大的差异。1961—2011年的50多年里，世界马铃薯人均消费量均值为30.78千克，年际变化起伏相对平缓。

俄罗斯与东欧地区最钟爱马铃薯，人均年消费量达120千克以上，局部地区马铃薯人均年消费量达到800多千克！欧洲马铃薯消费量一直在世界上占有很大的比重，虽然西欧国家由于养殖模式由传统以马铃薯为饲料的小农场转向以玉米与豆粕为饲料的现代化养殖场，使得马铃薯消费量在过去半个世纪里减少了几乎一半，但欧美发达国家人均马铃薯消费水平仍然较高。近50年来，法国马铃薯人均年消费量为78.41千克，德国为91.88千克，英国为105.95千克，分别是同期中国人均年消费量的4.17倍、4.89倍、5.64倍。美国马铃薯的消费量半个多世纪以来相对平稳，人均年消费量的均值为55.11千克，是中国的2.93倍。

50多年来，世界马铃薯人均年消费量变化相对平缓，但不同地区人均年消费量有此消彼长的现象。2011年，全世界马铃薯人均年消费量为34.64千克，与1961年的35.5千克几近持平。北美国家的人均年消费量一直保持在50～60千克；但欧洲国家马铃薯人均年消费量持续减少，2011年为84.16千克，与1961年相比减少了30.83千克；与欧洲一路减少的趋势相反，亚洲、非洲和澳大利亚的人均年消费量在逐年增加，其中，增加较快的几个地区是西非、东南亚、南亚、中非、北非与南非。这些地区虽然增长速度快，但平均消费量离欧洲和美洲还有相当大的差距。

由此可见，未来马铃薯消费的潜力区域主要在发展中国家，在消费量上有较大的提升空间。

据国际马铃薯中心预计，未来中国对马铃薯的消费将以每年5%的速度增长。按此数据推算，未来我国每年将增加1000万吨以上的马铃薯消费量，到2020年左右，我国马铃薯人均年消费量将达到58千克，从而追上美国的马铃薯人均年消费量！

如上所述，20世纪六七十年代，马铃薯在中国被列为粮食，曾一度大面积种植，以缓解细粮供应不足的状况。此后，随着主要粮食品种小麦、大米产量的大幅度提高，除贫困山区外，马铃薯已退出口粮之列。1990年之后，随着国外马铃薯消费形式的引进推广，我国人均马铃薯的消费量在一度出现回落后再次迅速上涨。在未来中国的农业结构调整中，马铃薯的种植面积还将进一步增加。可以预见，随着国家马铃薯主食产业化战略的推进，以及人们对马铃薯营养价值认知水平的提高，马铃薯将迎来新一轮的消费热潮。

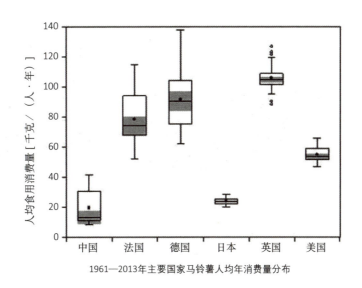

1961—2013年主要国家马铃薯人均年消费量分布

马铃薯消费——不只是直接吃掉

马铃薯消费按用途可分为鲜食消费、饲料消费、加工消费、种用消费、损耗消费与其他用途。长期以来，食用消费一直占据中国马铃薯消费的主导地位。50多年来，食用消费占比平均为56.6%，占比超过总供给一半以上的时期有27年，其中食用消费占比最高年份为2005年，达到74.84%，1994年最低，为35.45%。数据分布显示，马铃薯食用消费占比经历了一个由高走低再冲高的U形趋势。

马铃薯饲料消费占比仅次于食用消费，位列第二，且与食用消费占比大致呈现出此消彼长的关系。在食用消费占比走低的20世纪80年代中期以前，饲料消费占比逐年增长；当食用消费占比在20世纪90年代一路冲高后，饲料消费占比却快速下降。饲料消费占比最高的年份是1977年，占到总消费量的1/3；最低年份为2007年，占比仅7.74%；50多年来平均占比23.15%，与食用消费一起构成了马铃薯的主要用途，两者占到马铃薯消费总量的75%以上。

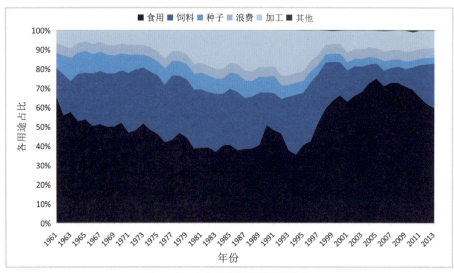

1961—2013年中国马铃薯消费用途趋势

加工用薯占比位列第三。53年来平均占比为12.43%，但不同年份起伏较大。最高年份为1992年，占比高达23.54%；最低年份为1965年，占比仅5.76%。20世纪60年代初期，马铃薯加工用薯占比为6.71%，20世纪70年代中期之后迅速蹿高至15%左右，直到20世纪90年代中期之前，都保持着较高的占比，一度曾达到23%以上，此后开始迅速下降，平均占比不足10%。总体来看，50多年来马铃薯的加工用薯占比呈中间略高、两边极低的土丘状。

随着马铃薯播种面积的增加，马铃薯的种用占比反有降低的趋势，从1963年的最高点12.01%降至2005年的2.88%，50多年来平均占比为7%。这与马铃薯产量的提高有关，也与栽培技术和种薯推广有关。

损耗消费的占比相对稳定，多年来一直徘徊在5%左右。其他用途的比例极小，多数年份为0，年均0.16%。

在中国，马铃薯的消费总量与食用消费占比均在20世纪末期陡增，食品加工用薯占比也有较大的增长，从1993年的35%增至2005年的75%，这与同一时期以马铃薯制品为主的西式快餐进驻中国并迅速推广有很大的关系。饲料消费所占比例随着食用比例的增加而减少，2013年，我国马铃薯消费总量中食用、饲料、食品加工、种子、损耗和其他所占比例分别是59.73%、23.07%、8.74%、3.23%、4.99%和0.23%。

50多年来，我国马铃薯消费结构中食用占比经历了从高位下降，再从低位上升的趋势，这与马铃薯食品增多、用途扩展有关，更与马铃薯营养价值知识的普及、国家消费引导和消费者理念的转变有关，表明我国居民对马铃薯的消费经历了从吃饱的被动选择，逐渐过渡到追求吃好的主动选择，具有历史性意义。

② 令人惊奇的马铃薯加工业

马铃薯因营养丰富和产业链长而受到世界各国的高度重视，以它为原料的各种加工产品已成为全球经济贸易中的重要组成部分。作为食品，马铃薯深得欧美等发达国家消费者的青睐，已成为他们日常生活中不可或缺的食物之一。

加工用薯与鲜食马铃薯的消长

在欧美发达国家的马铃薯食用消费结构中，鲜食较少，加工食品占比高、种类多。

比如2013年，美国食用消费的马铃薯中鲜食比例仅占12%，加工马铃薯食品达到70%以上。以马铃薯为原料的加工食品种类繁多，约占整个美国食品市场的31.7%；主要的马铃薯加工食品有速冻马铃薯、薯条、脱水马铃薯与马铃薯罐头，份额分别为60.19%、21.74%、17.10%与0.98%。

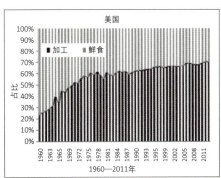 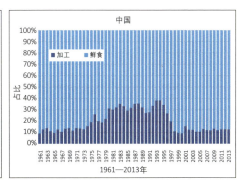

中、美两国马铃薯鲜食与加工占比对照

在欧洲，法国是快餐马铃薯泥的主要生产国，仅粉状干马铃薯泥的年生产量就接近1200万千克，占马铃薯加工转化总量的45%；英国马铃薯制品已有上千种，其中78%为食品，以冷冻马铃薯制品最多，其他行业有制糖、浓缩食品、冷冻食品、果蔬制品、啤酒及肉类加工等；荷兰马铃薯发展的优势是进行产品深加工，增加附加值，全国大概有3/4的马铃薯都进入深加工领域，一部分直接作为马铃薯产品，一部分作为马铃薯淀粉，而鲜薯食用仅占5%。

在日本，20世纪50年代马铃薯主要作为主食的替代品，人均马铃薯消费量为17.5千克。此后随着美国小麦的倾销与日本本国水稻产量的提高，马铃薯作为主食的作用逐渐减弱，消费量骤降。20世纪70年代以后，食品加工业的兴起再次提高了马铃薯的消费量。统计数据显示，1970年日本加工用薯消费量仅占日本本国马铃薯总生产量的0.9%，到1980年这个数字猛增到10.6%，2000年增加到18.5%。近年来日本用于加工的马铃薯约占总产量的75%，其中用于加工食品和淀粉的占总产量的66%。日本北海道的卡乐比薯条（Calbee Potato Farm）已经成为一种风靡全球的时尚食品。

同为东亚国家，我国马铃薯的消费在某些方面具有与日本相同的趋势。20世纪70年代以前，马铃薯作为主粮消费，人均消费量较高；20世纪80年代以后，马铃薯作为主粮的功能逐渐弱化，消费量一度下降；之后，随着新兴马铃薯消费形式的引进与开发，马铃薯的消费量再度增加。

但是与日本不同的是，在消费结构上，我国马铃薯的食品加工比例低，产品种类少。长期以来，我国马铃薯消费绝大部分集中于鲜食和工业用途，只有少数用于食品加工。

技术创新带来马铃薯加工业日新月异

马铃薯加工为何很重要？原因在于，尽管马铃薯是人类最重要的食物来源之一，但具有两个致命的缺点：一是体积大，难以运输；二是含水量高，对贮存条件要求高。如何将马铃薯加工成可以长期保存的产品，是人们长期以来一直探讨的问题。

随着人们对马铃薯加工产品所具有的明显营养优势的认识逐步深入，以及马铃薯加工技术的不断发展和创新，马铃薯加工业也发展起来了。

马铃薯加工业在欧美发达国家已有100余年的历史，第一家真正意义上的马铃薯油炸薯片厂于1895年在美国俄亥俄州建成。1947年，美国在缅因州建立了第一家现代化冷冻马铃薯生产厂，当时的工艺与现在略有不同，当时需要炸两次再冷冻，而现代工艺在预炸后直接进行冷冻即可。

到了21世纪，人们想方设法促使马铃薯加工业成为所有粮食作物中产业链最长、产品最丰富的新兴产业之一，通过加工，进一步增加了马铃薯产品的附加值和营养价值。

而且，经过食品深加工后，马铃薯的产值也会大幅度提高。例如，油炸马铃薯片可增值25倍，速冻油炸薯条可增值50倍，薯泥可增值40倍，膨化食品可增值30倍。

目前，在国外以马铃薯为原料直接生产的加工食品有：方便食品，如马铃薯罐头、马铃薯泥、脱水马铃薯条（片或丁等）、马铃薯全粉、马铃薯方便面和薯糕等；休闲食品，如油炸马铃薯脆片、各种膨化食品、马铃薯饼干、马铃薯脯等；油炸马铃薯条系列风味产品，如油炸速冻薯条、油炸干薯

条等；马铃薯饮料，如马铃薯浓缩汤、马铃薯奶等；其他产品，如马铃薯鲜醋、马铃薯酱、马铃薯饴糖等。

近年来，随着麦当劳、肯德基等西式快餐在我国的兴起，以及人们对食物多样化的需求，加上加工技术的进步，我国的新兴马铃薯食品品种也逐渐增多。除传统的淀粉、粉条、粉丝外，速冻薯条、油炸薯片、复合薯片以及以全粉为原料的各种马铃薯食品越来越受到消费者的欢迎，消费量逐年增加。代表我国马铃薯加工技术水平的薯类淀粉、马铃薯膨化小食品、油炸鲜马铃薯片以及速冻马铃薯条等产品，其加工量约占马铃薯总产量的4%，与发达国家相比还有很大差距，我国马铃薯的食品加工业还有很大的发展空间。

为什么发青出芽的马铃薯不能食用？

买马铃薯要挑选芽眼浅、表皮光洁的品种，这样就方便削皮，能食用的部分就多了。如果马铃薯的皮层变绿或者有出芽，大家不要购买和食用，因为这样的马铃薯含有龙葵素，而龙葵素是有毒性的物质，吃了会中毒。

3 品种繁多的马铃薯加工产品

我国现代马铃薯加工业兴起于20世纪80年代，当时从欧美引进了20多条生产线，填补了我国马铃薯食品加工业的空白。过去10年是我国马铃薯加工业发展最快的10年。截至目前，我国已经拥有生产马铃薯淀粉、薯片、薯条和全粉（也称脱水马铃薯淀粉）所需的各种加工生产线，加工马铃薯的消费量也逐年增加。

下面，就让我们一起来领略我国马铃薯加工业快速发展带来的各种产品吧！

马铃薯淀粉——最早的马铃薯加工品

现代马铃薯加工是从淀粉加工业开始的。相较于其他植物性淀粉，马铃薯淀粉及经过化学方法制成的马铃薯变性淀粉，具有颗粒大、黏度高、膨胀性好、微量元素含量高等优势，理化指标及工业应用性能更佳，广泛应用于制药、化工、建材、造纸等重要工业领域，尤其在食品工业方面应用更为广泛。

据中国淀粉工业协会统计，2011年我国马铃薯淀粉加工能力已达120万吨，实际产量50多万吨，其中有标准生产线的、质量在国标优级、一级以上的马铃薯淀粉产量约为30万吨，小厂生产的合格品及合格品等级以下的产量为22万吨左右。我国马铃薯淀粉加工业集中优势明显，市场占有率排名前十企业的淀粉生产量占全国总产量的50%以上，三成左右的企业产量超过5000吨。受天气和国际市场因素影响，2012年、2013年我国马铃薯淀粉总产量下降至34.5万吨，但4万吨以上产量的生产厂家数量仍有所增长，2013年已有89家。

除了食用功能，马铃薯还随着科学技术的发展逐渐成为一种重要的工业原料，可以通过它直接或间接地生产出2000余种产品。马铃薯在工业中的利用，主要是通过马铃薯淀粉实现的。

马铃薯的干物质中，60%～80%为淀粉，马铃薯淀粉虽然也是由直链淀粉和支链淀粉组合成的，但马铃薯淀粉中支链淀粉的比例比其他粮食作物高得多。目前市面上作为工业原料用的淀粉主要有两个来源：一是来源于玉米；另一个就是来源于马铃薯。这两种淀粉存在很大的差异：首先，马铃薯淀粉中支链淀粉的含量比玉米高得多，平均约83%；其次，淀粉是以淀粉粒形式存在的，马铃薯的淀粉粒一般为25～100微米，而玉米的淀粉粒最大的只有26微米。淀粉颗粒大的能在较低温度下糊化，这是淀粉利用中的一个重要特性。马铃薯淀粉的透明度、热黏度、稳定性、胶黏性、凝胶性等方面均优于玉米淀粉。

马铃薯淀粉的品质优点决定了其在工业利用方面的独特价值，具体表现在以下几个方面：

一是在食品工业方面，由于马铃薯淀粉具有高白度、高透明度、高黏度、低糊化温度等特殊性能而大量应用于方便食品、休闲食品、膨化食品、火腿肠、婴儿食品、低糖食品、果冻布丁等产品的生产，是玉米等其他淀粉无法取代的。

二是在医药工业方面，马铃薯淀粉可用于制作糖衣、胶囊、牙科材料、接骨黏固剂、医用手套润滑剂以及淀粉海绵等。

三是在纺织工业方面，马铃薯淀粉可用于印染的浆料，可使浆液成为稠厚而有黏性的色浆，不仅易于操作，而且可将色素扩散至织物内部，从而能在织物上印出色泽鲜艳的花纹图案。马铃薯淀粉糖（马铃薯淀粉衍生物之一）还有还原染料的作用，能使颜色固定在布料上而不褪色，这些特点都是玉米淀粉等其他淀粉无法取代的。

四是在造纸工业方面，这是仅次于食品行业的第二大淀粉消费行业，随着造纸工业设备和工艺的更新及用户对纸张要求的提高，高速度的纸张上浆机需要在10毫秒以内使纸张表面形成白膜，并且要求涂抹均匀，在常温下成型，这种要求只有马铃薯淀粉才能满足。

　　五是在化学工业及其他行业的应用方面，除了用马铃薯淀粉生产酒精、柠檬酸等产品外，马铃薯淀粉还可与丙烯腈、丙烯酸、丙烯酸酯、丁二烯、苯乙烯等单体接枝共聚，制成淀粉共聚物，这些共聚物具有强吸水性能，吸水量可达自身重量的1000倍以上，可用于制作沙土保水剂、种子保水剂、卫生用品等。

　　马铃薯淀粉除了直接利用外，还可通过物理、化学或生物化学的方法使其结构、性质发生改变，从而生产出具有特定性能和用途的淀粉，称为"变性淀粉"（或"修饰淀粉"）。目前，变性淀粉系列产品已达2000余种，其中常用的有360多种，我国投入工业生产和使用的有80多种。

薯片和薯条——孩子们的最爱

　　这类马铃薯加工品大概是人们最熟悉的一类了，深受大人和孩子的喜爱。炸制薯片能够很好地保留马铃薯的独特风味，质地松脆，营养丰富，深受消费者欢迎。

　　马铃薯薯片按加工工艺分为天然薯片和复合薯片：天然薯片是用炸片专用品种的马铃薯块茎直接切片油炸得到的产品；复合薯片则是将马铃薯全粉、淀粉和其他原料混合后，用模具压成一致形状后再进行炸制得到的产品。

　　与薯片类似，马铃薯薯条风靡全球，称谓五花八门，难以有一个明确的定义，通常所说的马铃薯速冻薯条是指新鲜马铃薯经去皮、切条、漂烫、油炸后迅速冷冻而制成的半成品，需要在冷冻条件下保存，食用时可从冰箱里拿出来油炸食用。作为一种方便食品，薯条除食用油以外，没有任何添加剂成分，同样最大限度地保留了马铃薯的独特风味。

　　2010年，我国马铃薯薯片产能近35万吨，其中切片型占60%以上，实际产量30万吨左右，总产值超过90亿元，占整个马铃薯加工产业总产值的62%

左右。据农业部统计，2011年国内切片型薯片加工企业有百事、好丽友、上好佳、云南子弟、广东四洲、达利、盼盼等，年产能13.97万吨；冷冻薯条加工企业主要有山西蓝顿旭、内蒙古凌志法姆福瑞等，2015年产能达16.8万吨以上；复合型马铃薯片加工企业有百事、旺旺、达利、盼盼等，年产能15.28万吨，三类企业产能总和达到46万吨以上。

马铃薯全粉——不被人熟悉，却很有营养

这是一类人们不太熟悉的马铃薯加工品，也许很多人会把马铃薯全粉与马铃薯淀粉混淆。其实，马铃薯全粉也称马铃薯粉、脱水马铃薯等，是一种完全不同于马铃薯淀粉的产品。以新鲜马铃薯为原料，经一系列工艺过程制作而得的细颗粒状、片屑状或粉末状产品，统称为马铃薯全粉。

马铃薯全粉最大限度地保留了马铃薯中所含的维生素、矿物质、氨基酸、微量元素、膳食纤维等营养素。而马铃薯淀粉加工只以提取淀粉为目的，仅仅提取了热量和碳水化合物，而维生素、矿物质、膳食纤维等对人体有益的成分损失严重。

马铃薯全粉加工生产线

目前马铃薯全粉主要有雪花粉和颗粒粉两种，颗粒粉和雪花粉是按照加工方式来划分的。颗粒粉由于干燥能耗较高、出品率较低，生产成本和售价均高于雪花粉，但因其更好地保持了马铃薯原有的细胞颗粒、风味和营养价值，所以专用于生产高品质马铃薯产品。

马铃薯全粉品质好，但加工却并不容易，需要经过以下工序制作而成：

原料选择。原料的优劣对成品的质量有直接影响。不同品种的马铃薯，其干物质含量、薯肉色泽、芽眼深浅、还原糖含量、龙葵素含量和多酚氧化酶含量都有明显差异。干物质含量高，则出粉率高；薯肉白，则成品色泽浅；芽眼多又深，则出品率低；还原糖含量高，则成品色泽深；龙葵素含量高，则去毒素的难度大，工艺复杂；多酚氧化酶含量高，半成品褐变严重，则成品色泽深。因此，生产马铃薯全粉须选用芽眼浅、薯形好、薯肉色白、还原糖含量低和龙葵素含量少的品种。加工时，将选好的原料送入料斗中，经过带式输送机，对原料进行称量，同时进行挑选，除去带霉斑薯块和腐块。

清洗。马铃薯经干式除杂机除去沙土和杂质，随后被送至滚筒式清洗机中清洗干净。

去皮。清洗后的马铃薯按批量装入蒸汽去皮机，在5～6兆帕的压强下加温20秒，使马铃薯表面生出水泡，然后用流水冲洗外皮。蒸汽去皮对原料形状没有严格要求，蒸汽可均匀作用于整个马铃薯表面，大约能除去0.5～1毫米厚的皮层。去皮过程中要注意防止由多酚氧化酶引起的酶促褐变，可添加褐变抑制剂（如亚硫酸盐），再用清水冲洗。

切片。去皮后的马铃薯被切片机切成8～10毫米的片（薯片过薄会使成品风味受到影响，干物质损耗也会增加），并注意防止切片过程中的酶促褐变。

预煮、蒸煮。断粒蒸煮的目的是使马铃薯熟化，以固定淀粉链。先进行预煮，温度为68℃，持续15分钟后进行蒸煮，温度为100℃，时间为15～20分钟。之后在混料机中将蒸煮过的马铃薯片断成小颗粒，粒度为0.15～0.25毫米。

调整。马铃薯颗粒在流化床中降温，温度为60～80℃，直到淀粉老化完成。要尽可能使游离淀粉降至1.5%～2.0%，以保持产品原有风味和口感。

干燥、筛分。经调整后的马铃薯颗粒在硫化干燥床中干燥，干燥温度为进口140℃，出口60℃，水分控制在6%～8%。物料经筛分机筛分后，将成品送到成品间贮存，不符合粒度要求的物料，经管道输送至混料机中重复加工。

包装。成品间的马铃薯全粉经自动包装机包装后，将成品送至成品库存放待销，或做成系列产品。

以全粉为原料，经科学配方，添加相应营养成分，可制成全营养、多品种、多风味的方便食品，如雪花片类早餐粥、肉卷、饼干、牛奶土豆粉、肉饼、丸子、饺子、酥脆魔术片等；也可以用全粉作为"添加剂"，制成冷饮食品、方便食品、膨化食品及特殊人群（高脂血症、糖尿病患者、老年人、妇女、儿童等）食用的多种营养食品、休闲食品等。

我国马铃薯全粉加工产业起步于20世纪90年代，前期发展缓慢。2000年后，随着原料专用品种的引进，市场快速发展。目前，我国马铃薯全粉加工主要以大西洋（Atlantic）和夏波蒂（Shepody）两种品种的马铃薯为原料。近年来，随着麦当劳、肯德基等国外快餐连锁企业在国内的迅速发展，国内市场对马铃薯全粉的需求量也大大增加。目前，我国马铃薯全粉加工能力为26万吨左右，市场需求仍存在较大缺口。

冷冻马铃薯——留住马铃薯肉体和灵魂的奇迹

急速冷冻技术能够完整保留新鲜马铃薯的味道及营养，因而越来越为人们认可并接受。

冷冻马铃薯采用油炸工艺，选用个大、圆滑、无病虫害的原料，去皮后切分成所需的形状（如片、块、丁、条等），用豆油炸成金黄色，再经沥

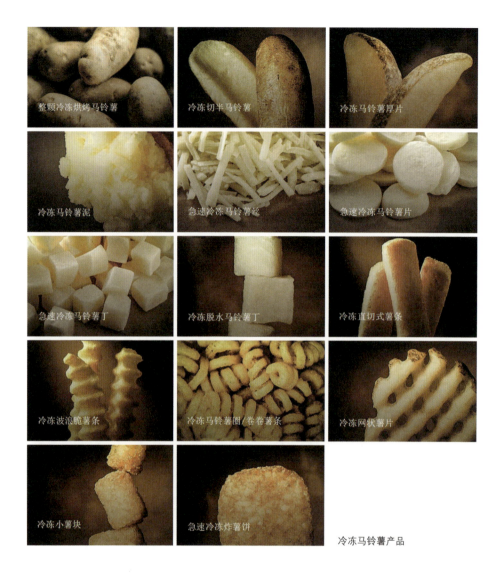

冷冻马铃薯产品

油、冷却、快速冻结、包装、冷藏后制作而成。冷冻马铃薯在－18℃以下可冷藏12个月。除此以外，还可以加入其他原料制成土豆饼、土豆糕、膨胀土豆、骰子土豆等方便食品。

目前冷冻马铃薯产品种类非常多，包括适合当代创意料理的花式切法薯条、油炸后存放时间长的裹面衣马铃薯、节省人力的整颗冷冻烘烤马铃薯、冷冻切半马铃薯及急速冷冻的马铃薯丝、马铃薯片和马铃薯丁等，可以满足客户的不同需求，提供健康、方便、风行全世界的马铃薯菜单与产品。

冷冻马铃薯在马铃薯贸易中所占比重越来越大，预计到2022年底，全球冷冻马铃薯市场收入将会达到60多亿美元。根据国外市场研究机构的最新报告，预计全球冷冻马铃薯市场在2017—2022年的预测期内将达到4%的年均复合增长率。欧洲将主宰全球冷冻马铃薯市场，2017年底，欧洲冷冻马铃薯市场收入占总收入份额的近1/3。对新产品开发投入的增加，快餐对消费者吸引力的增强和主要市场参与者的存在，是促成欧洲冷冻马铃薯市场增长的主要原因。炸薯条有望成为消费量最大的冷冻马铃薯产品。同时，作为冷冻马铃薯产品之一的薯角也将在预测期内见长。

膨化食品——我其实并不"坏"

日常生活中，人们总是对膨化食品口诛笔伐，似乎它是肥胖的根源。其实，膨化食品是以谷物、薯类或豆类等为主要原料，采用膨化工艺如焙烤、油炸、微波或挤压等制成体积明显增大的，具有一定膨化度的一种组织酥脆、香味逼真、风格各异的休闲食品。由此可以看出，膨化只是一种加工方

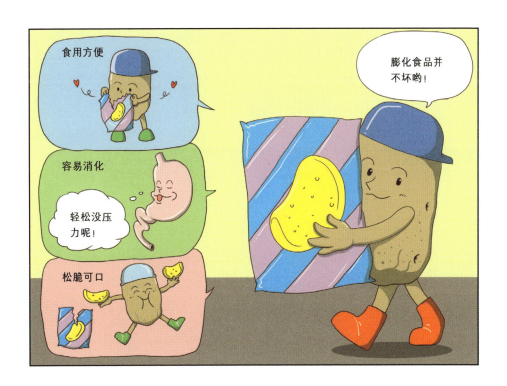

式而已，人们之所以对膨化食品有不健康的刻板印象，是因为有些膨化食品在生产过程中有不规范操作或者添加。事实上，膨化食品有很多优点。

用马铃薯为原料的膨化食品，是将马铃薯全粉以一定的比例与其他配料混合后，经加热、加压处理，使其体积膨胀，组织结构发生变化，从而加工而成的各种形状的可直接食用的食品。膨化食品食用方便，容易消化，松脆可口，是儿童特别喜欢的食品。马铃薯膨化食品的加工流程是：原料—清洗—去皮—清理—检查薯块质量—切丁—硫化—预煮—冷却—蒸汽漂白—二硫化物处理—烘干—膨化—脱油—添加调味剂—制品。

营养强化食品——专为特殊人群定制

营养强化食品是在制作时添加一定量的人体所需的赖氨酸或各种维生素的马铃薯食品。这种食品对于学生、年老体弱者、孕妇、营养不良者，以及一些需要补充特定营养素的人们尤其适宜。

④ 以淀粉为主的中国马铃薯加工业

近10年来，随着我国马铃薯加工业的发展，鲜食消费比例开始下降，加工用薯消费比例逐年增加。据统计，2010年全国规模以上的马铃薯加工企业有150余家，产品产量、工业总产值、工业增加值、销售收入和利税分别为

马铃薯无矾粉条

140万吨、197.4亿元、60亿元、192.7亿元和25.8亿元，比2005年年均增长8.3%、14.7%、13.6%、15.7%和16.1%；马铃薯加工业消耗马铃薯850万吨，比2005年年均增长5.1%。加工的产品主要有淀粉、变性淀粉、全粉、冷冻薯条、各类薯片、粉丝、粉条、粉皮等，其中淀粉产量45万吨，全粉产量5万吨左右，薯片产量约30万吨，冷冻薯条产量11万吨。

马铃薯加工产品较鲜薯有一系列的优点：便于运输和贮存、风味更鲜美、营养更丰富、烹饪方便省时等。目前我国对马铃薯的加工利用还相对落后，马铃薯食品工业基本刚刚起步，马铃薯主粮化战略的推行，将推动我国马铃薯食品加工业的快速发展，以提供更丰富的食品，合理利用马铃薯这一宝贵的食物资源。

怎样在家里种出马铃薯呢？

家庭园艺魅力无穷，那我们如何才能在家种出马铃薯，感受耕种和收获的乐趣呢？准备好工具，我们开始种马铃薯吧。

一、准备工作

整地。选一块阳光充足、排水良好的地块，把大的石头、杂草都清除掉，施上底肥，一般是钾肥，比如草木灰或者发酵好的鸡粪肥。最好不要选择已经种了两年马铃薯的地块，因为这样马铃薯容易生病，不容易长好。另外，应选择微酸性的土壤，这样种出来的马铃薯不容易结疤，皮容易搓掉，食用方便。

之后去市场上买马铃薯，准备育芽种植。最好挑那些已经发了芽，并且芽眼多的马铃薯。

二、切马铃薯

12月底或者1月初将要育芽苗的马铃薯放在温暖光亮的地方进行催芽，这样2月就可以种植了。马铃薯的芽眼里会冒出小小的嫩嫩的小芽苗，好好保护它们，它们可都是未来的小马铃薯。

之后用刀将有芽眼的马铃薯切块，确保每一块马铃薯上面有三四个芽眼。

三、种马铃薯

在切块的马铃薯伤口上抹上草木灰，不抹也可以，然后放入土壤中，马铃薯之间的距离大概为15厘米。

马铃薯种下去后不用浇水，因为这是春天雨水最充沛的时候；马铃薯在生长过程中不用施肥，如果要施肥的话可以适当撒些钾肥，不宜再施其他的肥料，尤其不要施人畜粪肥等肥料。

四、收马铃薯

等到五六月的时候，就可以收获了。吃到自己亲手种出来的马铃薯，会不会很有成就感呢？

5 融入中国饮食文化的马铃薯加工方式

中国是文明古国，也是有着数千年历史的农业大国，在饮食文化上独树一帜。当美洲的马铃薯来到中国，必然会与我国传统的饮食文化相遇。它们之间会发生怎样的独特故事呢？让我们先从中国的传统饮食文化谈起吧。

中国传统食物加工方法与优势

"民可百日无货，不可一朝有饥。"饮食是人类赖以生存的重要物质基础，也是社会得以发展进步的重要保障。中华饮食文化的发展是一个从简单到复杂、从粗糙到精细、从饱腹到养生的过程。

在距今1万多年前，随着原始农业的产生，我国进入农耕社会，人们的饮食开始以谷物为主，商代遗址出土的甲骨文中就记载了禾（粟）、麦、黍、稷、稻等农作物。为了取水，新石器时代的人们发明了陶器。之后人们发现，在陶器中放水加热，水温很高，产生的蒸汽温度也很高，这样的高温可以将肉和谷物煮熟，食物不仅更加美味，并且更容易嚼烂，于是催生了鬲、鼎等形态各异的陶器炊具的问世。

之后，人们开始在鬲上加放器物来聚集蒸汽，通过长期生活实践，发明了箅子。后来，智慧的古人将鬲和甑组合使用，下面煮炖辅食，上面同时蒸熟主食。蒸这种烹饪方式的推广和盛行，也推动了中华饮食文明中主食和副食的分野。

饭与粥，中国最古老、普通且常新的食物。《古史考》中有"黄帝时有釜甑，饮食之首始备""黄帝始蒸谷为饭，烹谷为粥"的记录，"烹"即煮之意。蒸煮食品较之前的烧烤食品更容易消化，蒸煮方法的普及大大地改善了食品营养和饮食卫生，提高了古人的健康水平，堪称人类饮食史上的一大创举。

蒸煮加工食物的方法离不开水与火。水火本不相容，中国烹饪一开始便实现了"水火相济"之道。蒸煮食文化的奥妙就在于"水火相憎，鼎鬲在其间，五味以和"。

水与火在中国文化中分别代表阴和阳，水火相济源于孔夫子的"礼之用，和为贵"，所以中国烹饪的灵魂在于"水火之和"，这是与以烤炙为主的西餐文化的最大区别。

在这样的哲学文化的支持与制约下，蒸煮食文化渗透进中国人的灵魂之中，成为历史上血缘社会的一种凝聚剂，作为文化基因，一代代地传承下来，并顺势而生，与时俱进。

烹饪方式与人类健康生存息息相关。采用不同烹饪方式制作的食品，营养价值也不同。中国蒸煮的烹饪方法是在农业经济的基础上形成的，不同于在畜牧业经济基础上形成的西方炸烤烹饪饮食文化。西方饮食以肉食为主，多为烧烤或油炸，容易带来肥胖、心脑血管疾病、糖尿病等"现代文明病"，中国饮食则以蔬菜谷类为主，多为蒸煮，显然更符合现代营养学的健康标准。

蒸煮食品无论是在食品安全还是在营养上，都具有烤炸食品所不及的优势：蒸煮食品以水（汽）为传热介质经蒸煮而熟，可以使食品中淀粉类多糖充分裂解，利于人体吸收；以水（汽）为介质的烹调方式温度只在100℃左右，既可致熟又可消毒杀菌，避免了在烧烤炸条件下生成的苯并芘等强致癌物，保证了食品安全；食物的营养成分在蒸煮过程中也不至于因过氧化或水解而损失。

食物的蒸煮加工方式，具有很高的兼蓄与包容性。随着食料的不断丰富以及不同地域、民族的文化交流，中华民族发展出不胜枚举的食品形式，在以米、面为主料的粥、饭、锅巴等的基础上，逐渐衍生出面条、米线、饼、包子、饺子、糕、团、馄饨、烧麦、合子、馒头、花卷等种类繁多的食品，制作技法也不断精湛细化，滋味也各显其妙，馒头、面条、米饭、米线等蒸煮食品更是人们餐桌上不可或缺的主食。

在饮食习惯上，蒸煮食品也最适合中国人肠胃的消化与吸收。饺子、包子的馅料都包在面皮中，可以做到谷类与菜果、肉类的适宜组合，使主副食搭配合理，符合科学的膳食宝塔形结构。

中国化的马铃薯烹饪方法

马铃薯是在我国明代时期从南美洲引进的农作物。在西方国家，它长期以主食的形式被消费，食物形式主要是基于烤炸烹饪技术的烤马铃薯、焗奶酪马铃薯、马铃薯泥、马铃薯沙拉以及风靡全球的油炸薯片与薯条。

但是当马铃薯传入中国后，与煮、蒸、烧、炖、烤、烹、煎、炒、炸、烩、爆、溜、卤、扒、酥、焖、拌等传统中国烹饪手法融合碰撞，逐渐突破了西方烤、炸的单调烹饪方式，开始变得多元，产生了一道道融色、形、香、味、滋、养六者于一体的经典美食。

比如炒土豆丝，这是中国家喻户晓的经典菜肴之一，由于做法简单，口味多变，历来深受欢迎，加入青红椒可做成炝炒土豆丝，加醋便成为醋溜土豆丝。马铃薯与其他多种粮食、蔬菜搭配可以做出许多美味可口的饭菜，如与小米熬制的稀饭，与莜麦做成的面食，与各种蔬菜做成的汤菜及北方大烩菜等。在甘肃定西一带，人们习惯用一种叫"苞芋"的美食来招待贵宾。实际上，所谓的"苞芋"就是蒸玉米和蒸土豆的合体，人们分别从"苞谷"与"洋芋"中各取一个字组合成"苞芋"，借"鲍鱼"的谐音来表达对客人的盛情。

我国地域辽阔，食物来源和饮食习惯差异较大，形成了著名的八大菜系。在马铃薯的吃法上，也创造性地形成了一系列在不同区域流行的、相对固定的马铃薯主食形式与食用方法，可谓是"一地一格"，各有特色。

马铃薯的华夏文化认同

马铃薯消费认同的另一个重要标志是文化认同。歇后语是中国传统文化的一种独特的表现形式，马铃薯也已经融入其中了，比如"电线杆上插土豆——好歹有个头""母猪遛土豆——全凭一张嘴"等。可见，马铃薯已经进入了公众的文化视野，实现了完全的"本土化"或称"乡土化"的改造。

中国的马铃薯主食开发，要适应以蒸煮为主要加工方式的中华饮食文化，要适合中国国情，适合中国现有消费结构，适应中国人的体质和营养健康的饮食理念。因此，不能单纯引进西方现成的加工技术和食品形式，而应

立足中国饮食文化基础，开发符合中国蒸煮饮食文化、符合国民饮食习惯的马铃薯馒头、面条等系列主食产品。

推广马铃薯主食化，提高马铃薯在我国居民日常生活中的主食地位，首先要转变人们对于马铃薯的认知，明白马铃薯并非只可以菜品或者特殊小众主食的形式出现在大众餐桌上。马铃薯淀粉含量高，营养物质丰富，本身就具备成为主粮的特质。可以将马铃薯与现有的主流主食产品相结合，如与小麦粉复配制成馒头、花卷等面食，与米粉和稻米复配制成米饭、米粉等米类主食产品。只要人们开拓思路，将马铃薯与我国传统的蒸煮文化相结合，就必然能帮助马铃薯在我国的主食殿堂中占据一席之地！

怎样挑选合适的马铃薯？

在日常生活中，马铃薯的身影随处可见，不信你瞧，菜市场里面那个土黄色的"小山"，一定是一堆一堆的马铃薯；家中餐桌上的炖肉中常见的金黄色"小方砖"，那也是马铃薯；甚至窗台上那盆茁壮成长的青翠绿苗，它也可能是马铃薯！是不是非常诡异？马铃薯也可以成为绝妙的房间装饰绿植呢！

马铃薯是餐桌上不可或缺的美食，但是，你真的知道如何挑选优质味美的马铃薯吗？

现在人们都对饮食提出了更高的需求，从能吃饱向吃得有营养和口感好的方向转变。想必很多人都碰到过以下的一些困惑，比如想做土豆丝，但是买来的马铃薯口感却很软；想做红烧土豆，但是马铃薯怎么炖都不会酥软；又或者挑选了适合烹饪的马铃薯品种，但是由于马铃薯表面坑凹不平，不容易削皮，费时费力。

大部分马铃薯食品都简单易做且美味。选择合适的马铃薯品种，则是在厨房成功制作马铃薯食品的关键！

人们按照淀粉含量对马铃薯进行了分类，淀粉含量决定了马铃薯的制作方式，基本上淀粉含量越高，在加热时淀粉细胞就越容易破裂。

　　高淀粉马铃薯也被称为"粉用"马铃薯，一般有粗糙、干缩的外皮，质地较干，蒸煮后往往散开。但在用于烘烤、制作薯条和松软的马铃薯泥方面，高淀粉马铃薯是无可比拟的。

　　中等淀粉含量的马铃薯包括长形白色，圆形白色、黄色和紫色马铃薯比用于烘烤的马铃薯水分多，但有些人会觉得味道较淡。它们最适于蒸，也可用于炖、烘焙、烧烤、油炸等。

　　低淀粉含量的马铃薯由于外皮光泽而被称为"蜡质"马铃薯。低淀粉马铃薯水分含量高，在烹饪时易保持形状，使其成为水煮、煎炒、炖和制作沙拉的最佳选择。

　　那怎么才能挑选到令你满意的马铃薯呢？请看下面的几个小方法：

　　第一，买马铃薯要挑选芽眼浅、表皮光洁的品种。这样的马铃薯方便削皮，能食用的部分多。如果马铃薯的皮层变绿或者有出芽，大家不要购买和食用，因为这样的马铃薯含有龙葵素，而龙葵素是有毒性的物质，吃了会中毒。

　　第二，炖马铃薯要选择黄肉、皮薄的，也就是起皮的马铃薯。这样的马铃薯比较面，适合做炖菜。

　　第三，凉拌土豆丝要选择个头比较大、白肉、皮厚的，这样的马铃薯吃起来比较脆。

　　此外，马铃薯食品在制作时还有很多窍门。比如大个马铃薯水分含量高，煎炸时不容易成型，可以加点鸡蛋和干淀粉搅匀；带皮煮马铃薯，比去皮煮要香；将卫生纸蘸湿，裹住马铃薯，放在微波炉高火加热5分钟，马铃薯即熟；炒马铃薯的时候用蒜炝锅，比用葱味道好；如果喜欢吃口感脆的马铃薯片，就拿醋浸泡10分钟，再用清水反复清洗两次，洗去马铃薯中的淀粉。

3

中国马铃薯产业发展新选择

马铃薯主粮化战略

马铃薯耐寒、耐旱，适应性强，种植起来非常容易，属于『四省』作物，在我国西北地区种植，不仅生长得很好，而且可以有效改善当地水土流失严重的情况。

马铃薯耐寒、耐旱，适应性强，种植起来非常容易，属于省水、省肥、省药、省劲的"四省"作物，在我国西北干旱、半干旱地区等水资源匮乏、土壤贫瘠的地区种植，不仅生长得很好，而且可以有效改善当地水土流失严重的情况。

马铃薯在生产上有丰产性，在生态上有适应性，在经济上有高效性。当科学家还在研究如何使水稻产量达到亩产千斤的时候，马铃薯已经很轻松地就能达到亩产二三千斤了。不仅如此，相较于小麦和玉米，在华北地区和西北地区种植马铃薯，可以为种植户带来更高的经济收益。尤其在西北部分地区，鼓励种植马铃薯、发展马铃薯产业已成为当地政府帮助农民摆脱贫困、实现富裕的重要途径。

但是，目前我国的马铃薯平均产量低于世界平均水平，是发达国家的1/3左右；人均消费量也只有14千克，远低于发达国家。未来我国的马铃薯产业如何才能后来居上？

大力发展马铃薯主粮化战略！

这个重大战略的提出对确保国家粮食安全具有重要意义。马铃薯主粮化战略既有优化生态、实现可持续发展、保障粮食供给的作用，也有利于保证食物结构的多样性，让老百姓吃得更好、更营养、更健康！

1 马铃薯做主粮，利国利民

什么是马铃薯主粮化？什么是马铃薯主食产业化？

马铃薯主粮化是以营养引导消费、消费指导生产的理念为指导发展马铃薯产业，开发马铃薯主食产品，引导居民消费马铃薯，逐步实现马铃薯由副食向主食转变，由初级产品向产业化系列制品转变，由温饱消费向营养健康消费转变，从我国三大主粮的补充向第四大主粮作物转变。通俗地讲，就是使马铃薯从"副食"变"主食"再纳入"主粮"范围。马铃薯主粮化对促进居民膳食结构转型升级、促进农业可持续发展、确保国家粮食安全意义重大。

马铃薯主粮化需要以马铃薯主食开发为切入点，以营养、消费和生产一体化为途径，大幅提高马铃薯主食产品消费占比。

马铃薯主食产业化是促进马铃薯产业跨越式发展，实现马铃薯主粮化的有效途径。要以营养为指导，重点研发适合中国人饮食习惯的马铃薯馒头、面条、米粉等主食产品，实现马铃薯主食化；通过马铃薯主食产品营养、消费、加工、生产一体化，促进马铃薯产业的跨越式发展。马铃薯主食产业化需要开展适宜品种与专用品种选育、主食产品及其加工技术装备研发、产品营养功能评价与消费引导、综合生产技术应用、区域推进与示范推广等，利用市场推动与政策扶持，挖掘马铃薯种植面积和单产潜力，形成不同区域发展模式。

为探索马铃薯主食产业化之路，推进马铃薯主食产业化进程，国家开展了"马铃薯主粮化关键技术体系研究与示范"专项研究，提出可以通过加强组织协调、加强财税与金融支持、建立多元化投入机制、提升科技支撑能力、加强示范推广与消费引导等，促进马铃薯主食产业健康顺利发展。

马铃薯在我国种植已有近400年的历史，种植面积达到8000多万亩，但受消费习惯和市场需求等的影响，马铃薯生产、消费总体呈现增长速度不快、生产水平不高、消费能力不强、发展程度参差不齐的特点。虽然近年来由于西式快餐的推动，马铃薯消费量有所增加，但仍未发展成主食。

但随着工业化、城镇化的快速推进，城乡居民生活水平大幅度提高，人们的健康意识不断增强，加之农业科技不断进步和调整优化农业结构的驱动，推进马铃薯主粮化的时机已经成熟，条件已经具备了。

城乡居民改善膳食营养的迫切愿望，为马铃薯主粮化提供了基础动力。现在我国人均国民收入已进入中等发达国家行列，居民食物消费需求也进入了以营养指导膳食的重要转型时期。《中国食物与营养发展纲要（2014—2020年）》的发布，以及各方面对营养知识的大力宣传，促进并加深了居民对膳食营养的深刻认知。近些年，经过卫生、农业等部门和营养学家、农学家们的不懈努力，社会对马铃薯营养价值的认知不断加深，推进马铃薯主粮化的社会环境已经形成。

推进马铃薯主粮化的条件已经具备

农业可持续发展和结构调整的新要求，为马铃薯主粮化提供了发展契机。我国水土资源严重短缺、生态环境压力越来越大。在水资源短缺的西北、地下水严重超采的华北和冬闲田资源丰富的南方等地区，要转变发展方式，优化种植结构促进农业可持续发展。马铃薯生产节水、节地、节肥、省药效果好，可作为农业结构调整的主要替代作物。

品种选育与配套技术的发展，为马铃薯主粮化打下了良好基础。经过长期努力，我国马铃薯品种选育取得了一系列重要成果。中国农业科学院牵头，于2011年绘制完成马铃薯基因组精细图谱，为实现马铃薯分子育种奠定了理论基础。目前，在调查国内主栽品种主粮化性状的基础上，建立了第一个主粮化品种数据库，筛选出若干主粮化适宜品种，开展加工性状比对试验。同时，马铃薯生产配套栽培技术日趋成熟，研发了以农机为载体的双垄、覆膜、滴灌、水肥一体化等关键技术，形成了一套适宜不同区域的马铃薯高产、高效、节水技术模式，并且已在生产中发挥了显著的示范作用。

马铃薯主食产品配方及加工工艺的研发，为马铃薯主粮化提供了重要支撑。通过近10年的发展，国内已有多项马铃薯及薯类作物加工技术研究成果。目前，国家马铃薯主粮化项目组已经成功开发了马铃薯全粉占比35%以上的馒头、面条、米粉等主食产品和面包等休闲食品，为依照中国人消费习惯开发马铃薯主食产品，进而为我国马铃薯主粮化工作进行了基础性探索。

马铃薯主粮化战略是在新形势下顺势而为、应势而动的战略，于国于民都是功在当代、利在千秋。

保障国家粮食安全是一个永恒课题，任何时候这根弦都不能松。这些年，我国粮食连年增产，仓满库盈，为经济社会稳定发展和改革发展大局奠定了基础。但也应该看到，在粮食生产与消费方面，各种资源仍然十分紧张，环境承载压力不断加大，粮食需求持续增长，营养结构改善的趋势日益强化。在这样的背景下，需要着力转变农业发展方式，促进农业可持续发展，更需要不断地创新发展思路，挖掘粮食生产能力新潜力。马铃薯是世界第四大粮食作物，推进马铃薯主食产业开发潜力巨大，前景广阔，将给我国农业生产发展带来重大变革。

国家已经提出"两个一百年"的奋斗目标和中华民族伟大复兴的"中国梦"，即在中国共产党成立一百年时全面建成小康社会，在中华人民共和国成立一百年时建成富强、民主、文明、和谐的社会主义现代化国家，这将凝聚中国力量，弘扬民族精神，共同推进中国特色社会主义伟大事业。这一过程将带来经济社会的深刻变化和城乡居民生活水平质的飞跃。顺应这种发展的新趋势，需要寻求粮食安全的新途径，马铃薯主粮化战略将成为必然的选择。

为什么要发展马铃薯主食产业化？

①发展马铃薯主食产业化，是对人民改善膳食结构、增强体质健康愿望的回应。

到2020年全面建成小康社会，不仅表现在温饱问题的解决，更表现在经济、文化、社会、生活等方面的全面进步。随着老百姓生活更加宽裕、殷实，城乡居民的膳食状况将会明显改善，身体素质也将整体提升。但是，高脂、高热等不合理的饮食结构造成了高血压、血脂异常、糖尿病等慢性病患病率增加，并呈向低龄化蔓延的趋势，人们改善食物营养结构的需求增加、愿望迫切。在这种情况下，开发马铃薯主食产品成为一种比较理想的选择。马铃薯的营养丰富全面，有益健康，在人们不断追求膳食多元和营养健康的今天，积极推进马铃薯由副食消费向主食消费转变，开发并提供适合中国居民一日三餐消费习惯的全营养马铃薯系列产品，是因势而谋的重大举措。

②发展马铃薯主食产业化，是在现有生产力条件下保障国家粮食安全的新途径。

在未来较长一个时期，我国粮食消费需求仍将呈刚性增长的趋势，2020年粮食需求增量将在1000亿斤以上。但受耕地、水资源的约束和种植效益的影响，小麦、水稻等口粮品种继续增产的成本提高、空间变小、难度加大，需要开辟增产的新途径。马铃薯耐寒、耐旱、耐瘠薄、适应性广，从南到北、从低海拔到高海拔的大部分区域都能种植，特别是在南方地区，利用冬闲田扩种马铃薯的潜力很大。马铃薯理论亩产可达8吨，而目前我国平均亩产只有1吨多一点。与南非、巴西、印度等发展中国家相比，我国的马铃薯亩产低一半；与荷兰、英国、法国、美国等发达国家相比，我国的马铃薯亩产不及他们的1/3。今后，可以通过推进马铃薯主粮化，因地制宜扩大种植面积，在不抢占三大主粮用地的前提下将马铃薯种植面积扩大到1.5亿亩。而且，通过推广高产高效、可持续的技术模式，完全可以把马铃薯亩产提高到2吨。这样我国年产鲜薯可增加2亿吨，将显著提高国家粮食安全保障水平。

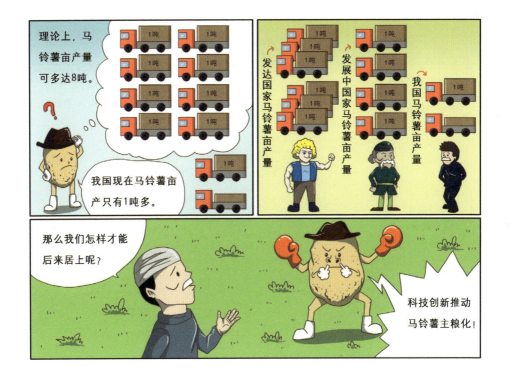

③发展马铃薯主食产业化，有助于缓解资源环境压力，实现农业可持续发展。

过去供求关系紧张，且生产力水平低，只能靠资源的强度利用和投入的不断增加实现产量的增加。但这种粗放经营的方式难以持续，需要转变农业发展方式。

让我们以水资源利用为例，来了解一下马铃薯主粮化战略对于我国的重大意义。

我国农业发展在为不断增长的人口提供足够粮食的同时，也造成了土地、水资源等渐趋紧缩。因而，农业生产必须大幅度提高单位用水量的产量，并能够有效利用并保护土地资源。

在过去的一个世纪里，人类淡水使用量的增长速度是人口增长速度的2倍以上。据估计，现在每年供人类使用的淡水量为3830万亿升，其中农业部门所占份额最大，约为70%。在我国，农田灌溉导致地下水严重开采，有些地方出现地下水漏斗区，为农业的长远发展和粮食安全带来了严峻挑战。

因此，面对城市和工业用户的激烈竞争，以及越来越多的证据表明人类对水的使用危及了地球生态系统的效率，农业部门必须大幅度提高单位用水量的产量。

与其他主要作物相比，马铃薯在有效利用水资源方面优势明显，每单位用水量生产的粮食更多。与花生、洋葱和胡萝卜一样，马铃薯的营养生产力特别高，使用1立方米的水，马铃薯可以产生出23441千焦膳食能量，而同样情况下玉米为16157千焦，小麦为9627千焦，大米仅为8372千焦。使用1立方米的水，马铃薯可以产出蛋白质150克，是小麦和玉米的2倍；产出钙540毫克，是小麦的2倍，大米的4倍。

增加马铃薯在膳食中的比例，将会减轻农业对水资源的压力。

与小麦、稻谷和玉米相比，马铃薯本身就是一种节水作物。马铃薯生长需水少，其最低蒸腾系数只有350，而小麦、水稻分别是450和500，这使马铃薯可能成为雨养农业的一种主推作物。在年降水量350毫米左右的西北干旱半干旱地区，谷物类作物生长发育困难，而马铃薯不仅能正常生长，还能减少水土流失。农业农村部曾在河北衡水组织试验，在年降水量500毫米的华北地下水超采区完全雨养条件下种植马铃薯，亩产仍达到1.8吨。

因此农民讲，种马铃薯省水、省肥、省药，还省劲！

另外，为了减少种植马铃薯的用水需求，科学家们正在开发具有很长根系的耐旱品种。在现代商业品种的栽培中，通过针对马铃薯生长周期的具体阶段确定用水时间和灌溉水深，可以大幅度减少用水。

我国马铃薯主粮化节水试验研究表明，华北地下水漏斗区马铃薯种植比冬小麦种植亩均节水约104立方米，1000万亩的马铃薯替代种植将节省约10.4亿立方米地下水用水量；西北干旱半干旱区马铃薯比小麦亩均节水约60立方米，1000万亩的马铃薯替代种植可节水6亿立方米左右。华北地下水漏斗区和西北干旱半干旱地区马铃薯主粮化的推进，预计节水约16.4亿立方米。

除了节水的优势之外，马铃薯还可以摇身一变，从一种食物化身为可再生清洁能源！

能源和环境问题是现今社会亟待解决的重大问题。现有的石油和煤炭资源是不可再生资源，总有用尽的一天。因此，寻找可再生的能源十分重要。早在20世纪初，美国汽车大王亨利·福特刚刚创立他的汽车工业时，就曾预言："世界将耗尽廉价的石油。"他曾试验用马铃薯生产酒精来代替石油产品，但由于当时技术水平的限制，制作酒精的试验未能继续进行下去。科技发展到今天，用淀粉制造酒精的技术已有了很大进步，工艺过程也已基本成熟，已经在有些地方实现了大规模生产。马铃薯单位面积淀粉产量为所有植物之冠，因此在生产酒精方面，它是最好的原料。用酒精代替汽油是解决环境污染的一个重要措施，酒精属于可再生的清洁能源，在今后的能源生产和生态环境保护中将起到很重要的作用。

由此可见，马铃薯的确是当之无愧的"上帝赐予人类的宝物"，也可以称为"十全十美的农作物"，发展前途无量。

② 马铃薯做主粮，新时代的健康选择

主食，即居民膳食中最主要的食物，是满足人体最基本能量和营养物质的最主要载体，是确保国民身体健康的最基本食物来源，在国家的膳食构成中占有重要地位。影响居民主食消费的因素主要有生产力水平、消费者偏好以及地域条件等。

中国居民餐桌上的主食变迁

通过餐桌上的主食，可以看到我国居民主食消费具有两大特征：

其一，面制主食和米制主食两大主食体系历史悠久，地域差异显著。

中国传统主食有两大体系，即以馒头、面条为主的面制主食和以米粉、米线为主的米制主食。

我国古代农业有"五谷六畜"之说，五谷丰登，六畜兴旺，是中国古代农民最朴素的愿景，意味着温饱，也意味着富足。六畜是指马、牛、羊、鸡、犬、豕（猪）。而五谷的定义则有些凌乱。"五谷"，古代有多种不同说法，最主要的有两种，一种指稻、黍、稷、麦、菽，另一种指麻、黍、

稷、麦、菽。两者的区别是前者有稻无麻，后者有麻无稻。稷即粟，指谷子或者小米；菽是大豆；黍是黄米；麻是大麻的种子。值得一提的是，最早大麻的种子是食物，可以炒着吃，后来它才退出了粮食的行列，专门用来榨油和做织物。用作经济作物的大麻品种含有的致瘾成分极低，用来做毒品的是另一个品种的大麻，它含有的致瘾成分要高得多。

两种五谷说法的差别只在于水稻和大麻的互相替代。与小麦最晚于殷商时期传入中国不同，水稻作为中国的原产作物，早在1万年前就已经在长江流域被驯化。所以对于五谷争议的合理解释是，大麻名列五谷，其出发点似乎是黄河流域的古代农业；水稻名列五谷，则是考虑到了长江流域的古代农业。

在汉代之前，小米一度在我国的主食中称霸。这主要是由于当时缺乏适当的碾磨小麦麦粒制作面粉的方法，人们只能将麦粒像大米粒一样煮成麦饭。小麦麦粒的外壳比较坚硬，咀嚼麦粒几乎成为一项面部"体育运动"，导致小麦成为典型的"粗粮"，是穷人的食物。

汉代时，小麦继续向东传播，并进入中国古代文明的核心区域，即黄河中下游地区，随后逐步地取代了当地本土农作物品种——粟和黍这两种作物，成为中国北方旱作农业的主体农作物，形成了延续至今的我国南稻北麦的农业生产格局。汉代，面食开始和米饭相提并论，成为中国人最重要、最主要的主食。到了晋代，人们终于发现了用碾磨掉麦壳获取面粉的方法，小麦得以继续发扬光大，人们开始制作馒头。到了宋代，还大规模制作面条。

今天，随着人口迁移、文化扩散，以往南稻北麦的饮食地域差异在逐渐缩小，但北方居民面制主食消费仍要略高于南方居民，南方居民对米线、米粉、河粉等米制主食的偏爱程度仍远高于北方居民。

春秋时期，将人们日常所食用的主粮——五谷定义为稻（或麻）、黍、稷、麦、菽（豆）。

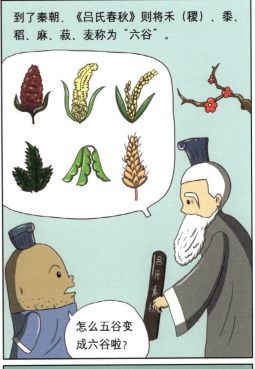

到了秦朝，《吕氏春秋》则将禾（稷）、黍、稻、麻、菽、麦称为"六谷"。

怎么五谷变成六谷啦？

到了汉朝，《大戴礼记》中记载的五谷为麻、黍、稷、麦、菽。

而今天，马铃薯与稻米、小麦、玉米共同成为餐桌上的四大主粮。

现在，我们马铃薯和稻米、小麦、玉米一起，共同成为餐桌上的四大主粮！

其二，主粮消费数量巨大，且营养结构趋同。

从面制主食消费数量来看，2013年我国制粉消费用小麦约9970万吨，制成面粉7000多万吨，人均日面粉消费量达141克。其中，馒头和面条面粉用量分别占30%和35%，消费量分别高达2100万吨和2450万吨。

从米制主食消费数量来看，2013年我国食用稻谷1.75亿吨，按照73%出米率算，约消费稻米1.2775亿吨，其中米饭与米粉是米制主食消费的最主要形式。具体来看，约7775万吨稻米以米饭形式被居民消费，人均日消费约150克；5000万吨左右稻米被转化成米粉，按照70%的米粉出粉率计算，约3500万吨的米粉被消费，人均日消费约70克。

从面制主食和米制主食的营养成分来看，两者的营养结构比较相近，每100克面制主食和米制主食所含热量都在1465千焦左右，所含蛋白都不超过12%，都不含有维生素C、维生素A等，这种趋同的营养结构不利于居民通过主食之间的结构调整改善膳食营养。

中国居民主食中营养素摄入不足

目前中国居民以面制主食和米制主食为主的主食消费，为人们提供了较多宏量营养素，但大部分微量元素提供不足。其所提供的微量元素量与人体所需推荐量相比，除了磷、铁、铜、锰，近3/4营养素供给量不足人体所需的一半，甚至有些营养素为零。比如维生素A和维生素C为零，钙元素只占人体推荐量所需的8.4%，维生素B_2、不溶性纤维、钾、维生素E、硒、锌等供给量只占推荐摄入量的14.4%、16.9%、21.6%、23.1%、32.3%、36.2%，都不足人体所需推荐量的一半。

因此，马铃薯主粮化战略不仅是国家粮食安全战略不可或缺的一部分，还能大大改善居民主食营养摄入状况，特别是维生素C和钾、蛋白质、膳食纤维、维生素B_1、钙、锌、铁的摄入水平，对于改善中国居民膳食结构、提高居民营养健康具有重要意义。

所以，马铃薯主粮化不是简单地提升一种作物的种植面积和总产量，而是要在提升过程中切实地解决消费者膳食需求中一些最迫切的问题。

马铃薯主粮化将给我们的健康带来哪些好处呢？

随着社会的整体富裕，城乡居民的膳食状况有了明显改善，身体素质有了整体提升。但也应看到，我国居民的饮食习惯有向西式高脂、高热等不合理饮食结构靠拢的趋势，导致超重、肥胖，以及高血压、血脂异常、糖尿病等慢性病发病率增加，并向低龄化蔓延。人们产生了强烈的、在不改变追求口味、追求精致的前提下，改善膳食结构的迫切愿望。

马铃薯营养全面，含有人体必需的碳水化合物、蛋白质、维生素、矿物质、膳食纤维等营养物质。以马铃薯为主粮，将给我们的健康带来哪些好处呢？

①马铃薯能够填补主食中维生素A和维生素C缺失的空白。最新居民健康状况调查结果显示，人群中约有71%的人存在维生素A摄入不足的风险，通过马铃薯主粮化可以提高居民对维生素A的摄入水平。

②马铃薯矿物质含量更丰富。最新居民健康状况调查结果显示，居民钙的摄入量仅达到推荐摄入量的52%，随着马铃薯主粮化的日益推进，居民通过主食消费，将有望较大幅度提高钙的摄入水平。

③马铃薯的蛋白质质量更优。每100克马铃薯粉含蛋白质7.2克，略低于小麦粉的11.2克和稻米的7.4克，但马铃薯蛋白是完全蛋白，赖氨酸含量最高，蛋白质质量较好，接近于动物性蛋白。马铃薯的赖氨酸含量高过小麦和稻米，氨基酸构成接近于大豆蛋白，易于消化吸收。马铃薯还富含小麦和稻米中都没有的胡萝卜素等，如果与小麦、稻米等主食混配食用，营养价值更高。

④马铃薯的脂类含量少，更适合超重、肥胖等人群食用。最新居民健康状况调查结果显示，近10年来，我国成年人超重、肥胖率增幅分别为15%和33%。而马铃薯脂类含量较低，是超重、肥胖人群的较好选择。而且现代研究证明，马铃薯膳食纤维含量高，可促进肠道蠕动，可以预防便秘、防治癌症等；马铃薯钾含量高，可以降低中风患病率；马铃薯蛋白质属多糖蛋白混合物，能预防心血管系统的脂肪沉积，阻止动脉粥样硬化，经常食用能够对高血压、冠心病、动脉硬化和脂肪肝的过早发生起到防治作用。

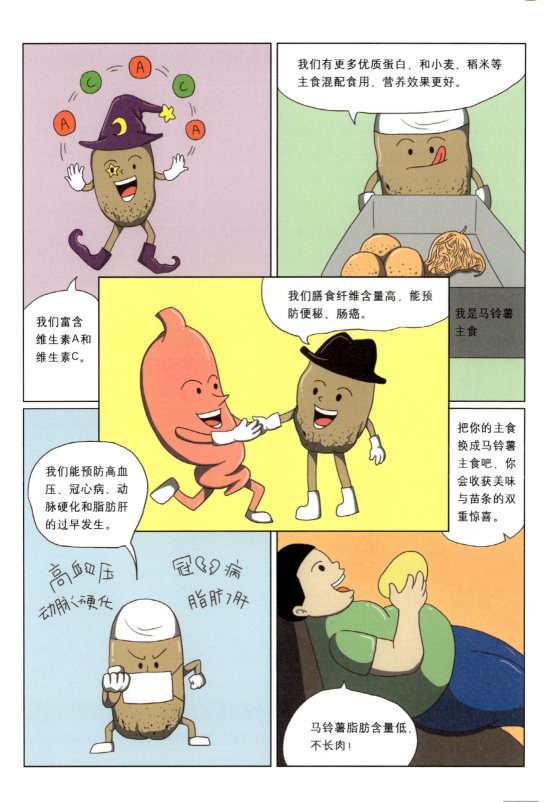

马铃薯有如此多的优点，我们到底要不要以它做主粮呢？

在吃什么的问题上，消费者当然拥有自主选择权，不会有人强迫消费者一定要吃什么。

但是，并非每个人都知道自己该吃什么，什么适合自己的身体和健康需求。为此，在国家层面上，马铃薯主食产业化战略坚持营养指导消费、消费引导生产的基本理念。近些年，经过卫生、农业等部门和营养学家、农学家们的不懈努力，公众对于马铃薯营养价值的认知不断加深。顺应城乡居民吃饱、吃好、吃健康的新需求，推进马铃薯主粮化的社会环境已经形成。

从国际来看，马铃薯作为世界公认的第四大粮食作物，2011年全球人均消费量超过100千克的国家有10个，欧洲地区人均消费量高达84.2千克。其中白俄罗斯年人均消费量达到185.2千克，相当于中国居民年均消费的面制主食和米制主食之和；乌克兰年人均消费马铃薯也在140千克左右。这些数据表明，马铃薯主食产品在中国消费潜力较大。

我国马铃薯主要用于鲜食菜用、淀粉原料、饲料原料等。尽管近几年受国外快餐的影响，炸薯条（片）、薯片、薯泥等休闲食品消费增加，马铃薯消费总量有所增长，但人均消费量仍然偏低，2011年人均消费量只有41千克，全球排名第65位。开发更符合中国居民消费习惯的马铃薯主食产品，能够增加我国居民对马铃薯的消费量，提高居民主食营养水平。

毫不夸张地说，推进马铃薯主食产业化是新时期改善居民膳食营养，挖掘粮食增产潜力，促进农业可持续发展的重大战略决策。

③ 马铃薯做主粮，群众最关心的问题答疑

粮食生产是安天下、稳民心的战略产业。近年来，我国粮食连年增产，仓满库盈，供应充足，市场稳定，为经济社会稳定发展奠定了坚实的基础。然而，人口的增加以及居民对改善膳食营养结构的需求，对于农业生产提出了更高的要求。与此同时，农业生产所依赖的各种资源环境要素承载的压力逐步加大。农业要走上可持续发展之路，显然要转换思路，因此马铃薯主粮

化战略顺势而出，成为新时期改善居民膳食营养，挖掘粮食增产潜力，促进农业可持续发展的国家重大战略决策。

早在2015年初，农业部就曾召开会议讨论启动马铃薯主粮化战略的问题，提出未来马铃薯将成为除稻米、小麦和玉米之外的第四大主粮作物。这一消息立刻引起了社会的广泛关注。

传统上，我国把马铃薯作为蔬菜来食用。不过在营养组成上，马铃薯干物质含量较高，跟大米、小麦更加接近，而与其他蔬菜的成分相差较远，正因为如此，西方国家才把大米、小麦与马铃薯一起划分为淀粉类食物。

马铃薯做主粮，与大米、小麦、玉米有啥不一样？

从生产角度来看，作为主粮的大米、小麦和玉米产量高、易保存，作为主粮有着得天独厚的优势。在营养方面，它们都能高效地提供碳水化合物，对于解决"吃饱"问题做出了巨大贡献。

随着社会的发展，人们对食物的消费已经不满足于"吃饱"，而是有了更健康、更安全、更美味的追求。很多粮食，比如玉米，人们吃得越来越少，更多地是作为饲料转化为肉、蛋、奶。这种转化满足了人们更高的追求，代价是粮食利用率降低。因而，随着肉、蛋、奶的消费越来越多，我们的粮食需求也逐渐增加。此外，人口的增加也需要更多的粮食。粮食安全，即如何保证国家有充足的粮食供应，就成了全球性的问题。

马铃薯是一种高产、适应性广的农作物。大米、小麦和玉米提供的营养成分它都能提供，甚至更为优越。比如现在许多人的食谱中热量过高，膳食纤维不足，而马铃薯淀粉中有一部分抗性淀粉，难以被消化吸收，也就能够在产生同样饱腹感的情况下，减少热量的吸收。因而对现代人来说，吃马铃薯就比吃精米、白面更加健康。另外，马铃薯所含有的优质蛋白质和几种宝贵的维生素，都是大米、小麦无法提供的。

第一代马铃薯馒头上市相关报道

更为关键的是，近年来，大米的镉、砷等污染引起了广泛关注。这一方面有环境污染的因素，另一方面也与水稻本身的植物特性相关。对于国家来说，控制污染、加强监测监管是主要的解决途径；对于个人来说，增加食物多样性，减少对单一食物的依赖，则是自己能够做出的积极举动。用马铃薯代替部分大米，可以降低这些作物污染超标给人带来的风险。

当然，不管是国家战略还是营养优势，都只具有理论意义。是否把马铃薯作为主粮，还是取决于个人的选择。国家把马铃薯作为主粮，也不是要求每个人必须吃，每天都吃；不把它当主粮，也不能阻止人们天天食用。所谓的主粮化，制定战略时当然经过了一系列的论证，但是通过什么样的"战术"让人们增加食用量，才是成败的关键。

马铃薯主粮化最让群众关心的五大问题

2015年1月26日，马铃薯主粮化战略研讨会在北京召开。2015年6月1日，由中国农业科学院研制的含35%马铃薯全粉的第一代马铃薯馒头上市。马铃薯主粮化战略的每一次推进都备受媒体关注，牵动亿万人民群众火热的心。不过，在官方解读马铃薯主食产业化的重大意义、科学目标时，我们调查了一下各路网站和公众号上所有关于马铃薯主食产业化的文章下面数以千计的回复和评论。这年头，不看评论不听歌，不看回复不读微博，通过这次调查，我们第一次深刻了解了关于马铃薯主食产业化，最让人民群众操心的问题到底是什么，那可是与科学家们关注的焦点不尽相同的。现在，就让我们想群众之所想，急群众之所急，集中回答一下人民群众最关心的五大马铃薯主粮化问题吧。

问题1：马铃薯都要做主粮了，是不是我国的粮食不够吃了？

答：马铃薯做主粮，不是我国的粮食不够吃，而是要让我们的人民吃得更好。马铃薯有保障粮食安全的功能，但我国粮食已经实现多年连增，粮食安全总量上没有问题。

虽然从总量上来看，我国的粮食供给完全能够满足人们消费的需求，可是随着生活水平的提高，膳食结构的升级，人们提出了更加多元、更加健康

的需求。这就促进了食物供给结构的调整，从以能量为纲主要解决饱腹为主，调整到注重营养均衡上来。马铃薯块茎中淀粉含量为13.2%～20.5%，兼有直链和支链两种结构型；蛋白质含量一般为1.6%～2.1%，质量与动物蛋白接近，可与鸡蛋媲美，富含18种氨基酸，易被人体消化吸收；此外还含有膳食纤维、维生素、矿物质等人体必需的营养元素。与传统的主粮大米、小麦和玉米相比，马铃薯具有高纤维、低脂肪、微量元素多的特点。作为主食，能够丰富百姓的主食种类，提供多样营养元素，对缓解食源性疾病，增强体质具有一定的作用。

另外，在未来较长一个时期内，随着人口的增加，城市化进程的加快，我国粮食消费需求仍将呈刚性增长的趋势。但受耕地、水资源的约束和种植效益的影响，小麦、水稻等口粮品种继续增产的成本提高、空间变小、难度加大，需要开辟增产的新途径。马铃薯耐寒、耐旱、耐瘠薄、适应性广，从南到北、从低海拔到高海拔的大部分区域都能种植，特别是在南方，利用冬闲田扩种马铃薯的潜力很大。因而，马铃薯做主粮，一方面是为百姓的餐桌锦上添花，使其吃得更多元、更营养、更健康；另一方面有利于充分高效利用资源，调整农业结构，实现农业可持续发展，保障粮食安全永续发展。

问题2：马铃薯凭什么做主粮？

答：马铃薯真的很能。如果你看过《火星救援》，就不会怀疑马铃薯能上天。但马铃薯做主粮，不是因为它能上天，而是因为：

第一，马铃薯主粮化的营养效益显著。通过对比分析，马铃薯主粮化前后主食消费所提供营养素在人体所需营养素参考值中所占的比重，可以看出马铃薯主粮化将有效提高维生素A、维生素C、钙、钾、铁、铜等中国居民长期摄入不足的营养素在食物中的比重。一是填补主食中维生素A和维生素C缺乏的空白。最新居民健康状况调查结果显示，人群中约有71%的人存在维生素A摄入不足的风险，通过马铃薯主粮化可以提高居民对维生素A的摄入水平。二是马铃薯矿物质含量更丰富，尤其是钙。最新居民健康状况调查结果显示，居民钙的摄入量仅达到推荐摄入量的52%，随着马铃薯主粮化的日益推进，居民通过主食消费，将有望较大幅度提高钙的摄入水平。三是马铃薯的蛋白质量更优，赖氨酸含量高，与小麦、稻米等主食混配食用效果更好。四是马铃薯脂类含量较低，是超重、肥胖人群的较好选择。

第二，马铃薯主粮化的生态效益明显。马铃薯生长适应性广，抗逆性强，稳产特性显著。我国大部分地区的生态气候条件都能满足马铃薯的生长需求，马铃薯是应对自然灾害的良好应急补栽作物。马铃薯种植具有较好的节水、节肥、节药等作用。从节水来看，已有研究表明，华北地下水漏斗区马铃薯种植比冬小麦种植亩均节水约104立方米，1000万亩的马铃薯替代种植将节省约10.4亿立方米地下水用水量；西北干旱半干旱区马铃薯比小麦亩均节水约60立方米，1000万亩推广种植可节水6亿立方米左右。华北地下水漏斗区和西北干旱半干旱地区马铃薯主粮化的推进，预计节水约16.4亿立方米。

第三，马铃薯主粮化的社会效益突出。在不与三大主粮抢水争地的前提下，马铃薯主粮化能够提高国家粮食安全保障水平，促进马铃薯产业的发展。一是能够提高粮食生产能力。通过分析测算，未来10年中国马铃薯产量将新增加520亿斤（折粮），市场供应能力将明显提高。二是能够促进农民增收。随着马铃薯主食产品的开发，未来10年马铃薯平均亩产将达到1500千克，比目前提高350千克，亩均效益增加300元以上，农民马铃薯种植纯收入将增加450亿元。三是能够集约利用土地。进一步发挥马铃薯耐寒、耐旱、耐贫瘠等优势，以华北地下水漏斗区、南方闲田区和西北干旱半干旱区为重点，加大各地区耕地中五等及五等以下土地马铃薯的种植开发，提高土地资源利用效率。四是能够带动产业发展。未来10年，马铃薯主食产品开发和消费将带动农产品加工业增加值超过3000亿元。

问题3：马铃薯主食产业化是不是要推广转基因马铃薯？

答：如今的科学技术日新月异，很多新名词让老百姓搞不清含义，"转基因"就是近年来人们谈论较多的科学名词。一些"不明真相"的群众听到转基因就觉得可怕，看到一些食品有点异样，就怀疑是不是转基因食品。

马铃薯主粮化战略提出后，也多次被人拿来与转基因挂钩。比如，看到市场上的彩色马铃薯，看到切开后并不褐变的马铃薯，人们会问："这些是不是转基因产品？"听到电视里谈到利用基因育种技术培育马铃薯，就会问："这是不是在进行马铃薯转基因试验？"

有关马铃薯与转基因的话题，让我们现在就一次说个明白！

①彩色马铃薯不是转基因，而是更有营养的特殊品种。

近几年市场上出现一种彩色马铃薯，明艳的色彩使之区别于土黄色的传统马铃薯，在让人们悦目的同时，也令人怀疑：这么亮丽的马铃薯，到底能不能吃，是不是转基因食品呢？

事实上，好多马铃薯育种科研单位已经找到了马铃薯的色彩基因，掌握了这些基因，就能培育出花青素含量更高、颜色更深的马铃薯，增加马铃薯的营养价值。

彩色马铃薯并不是转基因食品，也不是添加色素形成的不健康食品，而是马铃薯的稀有品种。因为彩色马铃薯内含有大量的花青素，花青素使马铃薯呈现出不同的颜色。

彩色马铃薯在营养成分上高于普通马铃薯，蛋白质含量是普通马铃薯的2倍，同时富含花青素，而花青素具有抗衰老的功效，且颜色越深营养价值越高。在口感上，彩色马铃薯比普通马铃薯偏甜偏糯。另外，还有可以生食的彩色马铃薯。对待彩色马铃薯，我们的正确态度应该是毫无顾虑地吃，而且多多益善！因为它不仅口感好，颜值高，而且还具有美容养颜和抗衰老的功效。

②切开后不褐变的马铃薯与转基因无关，而是抗褐变的新品种。

在我国，马铃薯的烹饪方法主要是先切开再烹饪，所以切开后不容易变黑的马铃薯一直是育种的重要目标之一。马铃薯切开后很快会变黑，也就是所谓的"褐变"，有一些马铃薯切开则不太容易变黑，甚至不变黑，因而就有人怀疑，切开后不变色的马铃薯是不是转基因马铃薯？

首先，马铃薯切开后发黑，主要是因为马铃薯中的氧化酶、多酚类物质和氧气发生作用。当用刀切开马铃薯时，马铃薯的细胞被破坏，多酚类物质作为底物，和多酚氧化酶等酶类接触，在氧气中被氧化成醌，醌的多聚化以及它与其他物质的结合，产生黑色或褐色的色素沉淀，这就是"氧化褐变反应"。其反应的程度与马铃薯的品种、贮藏条件、切开后的温度和切开后放置的时间有关。

马铃薯褐变后，不仅色彩上有碍观感，而且营养成分也会受到一定程度的破坏，因而防止马铃薯的褐变反应，就成为马铃薯育种的一个重要目标。这个目标已经在农业科技人员的手中完成了。"马铃薯主粮化关键技术与示范"项目组研究人员对54个马铃薯品种的抗褐变能力进行了评估，筛选出兴佳2号、中薯17号、中薯4号、冀张薯8号等4个抗氧化褐变马铃薯品种，并加以研究。

普通的马铃薯淀粉颗粒因含有直链淀粉和支链淀粉，故碰到碘酒就会变成蓝色。

而转基因马铃薯淀粉颗粒因只含有支链淀粉，没有直链淀粉，故遇到碘酒就会变成棕色。

通过观察淀粉颗粒遇到碘酒后的变色情况，可以判断马铃薯是否为转基因食品。

从育种的角度来说，的确可以用转基因技术克隆马铃薯的多酚氧化酶基因，构建相应的反义基因植物表达载体，来完全阻止多酚氧化酶的表达，从而使马铃薯不易褐变。不过，不易褐变的马铃薯品种早在1995年就通过传统育种培育出了。既然传统育种已经可以获得非常不易褐变的马铃薯品种了，需要多重审批的转基因明显没有竞争力，因此没有公司推广转基因不易褐变的马铃薯品种，也就不奇怪了。

马铃薯切开后变不变黑，与是不是转基因无关。

③莫要谈转基因就色变。

世界上的确已经有了转基因马铃薯。目前，世界范围内获得批准投入市场的转基因马铃薯有两种，一种是美国的Bt马铃薯，另一种是欧洲的Amflora马铃薯，这两个品种都不是为了防止褐变，而且它们如今的种植面积也都接近于零了。

运用基因育种的方法培育马铃薯种子，其实并不一定算是转基因技术。我国马铃薯的基因测序研究工作已经取得长足的进展，马铃薯的分子育种在世界上处于领先地位。但是运用基因方法培育出的品种并不一定就是转基因。是不是转基因品种，关键要看是不是转入了新的、外来的、特定的基因，基因敲除和分子标记育种都没有转入其他基因，因此不能叫作转基因。

关于马铃薯和转基因，最后要说的是，公众不要谈转基因色变，认为转基因就是坏的东西。转基因是一种科学技术手段，使用得当，可以为社会创造巨大的价值。

我国政府对于转基因的态度是非常审慎的，对转基因工作的要求十分明确且始终如一，即研究上要大胆，坚持自主创新；推广上要慎重，做到确保安全；管理上要严格，坚持依法监管。事实上，我国至今没有批准任何一种转基因粮食作物种子进口到中国境内进行种植。

目前，我国的转基因食品分为两类。一类是得到我国商业化应用批准，可以在我国境内进行种植和生产的。截至目前，我国只批准了转基因抗虫的棉花和转基因抗病毒的番木瓜两种农作物的商业化应用。另外一类是从国外进口作为加工原料的。2017年，农业部公布了《2017年农业转基因生物安全证书（进口）批准清单》，此次批准的16个转基因生物安全证书（进口）中涉及的转基因生物为大豆、玉米、油菜、棉花、甜菜，其用途皆为"加工原料"，涉及公司包括孟山都、拜耳、陶氏益农、先锋国际和先正达公司。我国法律规定，进口用作加工原料的农业转基因生物不得改变用途，即不得在国内进行种植。

此外，我国对转基因食品的安全性评价实行严格的分阶段评价制度。按照国务院颁布的《农业转基因生物安全管理条例》及相应配套制度的规定，我国对转基因食品的安全性评价分为实验室研究阶段、田间小规模的中间试验阶段、大规模的"环境释放"阶段、生产性实验阶段、安全证书申请评估阶段等5个阶段，如果某一阶段的评价不及格，马上终止该种转基因食品。这在国际上也是独一无二、非常严格的。而且，我国目前尚无引进转基因马铃薯的需求。

总之，马铃薯主食产业化战略与推广转基因毫不相关。

问题4：马铃薯主食适合谁吃？

答：在吃什么的问题上，消费者拥有自主选择权。但是，并非每个人都知道自己该吃什么，什么适合自己的身体和健康需求。为此，在国家层面上，马铃薯主食产业化战略坚持营养指导消费、消费引导生产的基本理念。

马铃薯主粮化不是简单地提升一种作物的种植面积和总产量，而是要在提升过程中切实地解决消费者膳食需求中一些最迫切的问题。

随着社会的整体富裕，城乡居民的膳食状况有了明显改善，身体素质有了整体提升。但也应看到，我国居民的饮食习惯有向西式高脂、高热等不合理饮食结构靠拢的趋势，导致超重、肥胖，以及高血压、血脂异常、糖尿病等慢性病发病率增加，并向低龄化蔓延。人们产生了强烈的在不改变追求口味、追求精致的前提下改善营养结构的迫切愿望。

马铃薯主食产品就是一种比较理想的选择。马铃薯营养丰富全面，有益健康，积极开发并提供适合中国居民一日三餐消费习惯的全营养马铃薯系列产品，以营养、消费和生产一体化为途径，大幅提高马铃薯以主食产品形式消费占总消费量的比重，推动马铃薯从杂粮副食转变为与三大主粮协调发展的第四大主粮，是因势而谋的重大举措。

总之，马铃薯主食不仅能够充饥饱腹，而且能够提供维生素、微量元素、矿物质、优质蛋白，对保持身材、调节血脂等均有效果。至于谁吃，尊重消费者的选择。只是，马铃薯主食的好，谁吃谁知道。

问题5：为什么选马铃薯？

答：这个问题必须正视，且待我摆事实、讲道理给你。

2015年初，《一粒马铃薯引发的农业革命》这则普通的农业新闻引起了娱乐新闻般的轰动效果。究其起因，发端于2015年1月6日由中国农业科学院、国家食物与营养咨询委员会、农业部食物与营养发展研究所在北京举办的马铃薯主粮化发展战略研讨会。本次会议探讨了马铃薯主粮化的时代背景、战略意义、发展思路等。农业部副部长余欣荣在会上表示，要以科技创新引领马铃薯主粮化发展，努力推动形成马铃薯与谷物协调发展的新格局。

据介绍，马铃薯有望成为除稻米、小麦、玉米之外的第四大主粮作物，种植面积将逐步扩大到1.5亿亩，年产鲜薯增加2亿吨，将有利于提高国家粮食安全保障水平，改善居民膳食结构，满足人们对营养均衡的需求，缓解农业资源紧张等。消息一出，顿时引发各方关注，一向为人熟视无睹的马铃薯顿时获得了重新审视，但也引发了一些争论：为什么是马铃薯，而不是红薯？主要有以下几方面的考虑。

原因1：马铃薯比红薯"跑得快"。

从发展趋势看，马铃薯一直走上坡路，而红薯一直走下坡路。与红薯相比，中国马铃薯在经历了20世纪七八十年代的调整后，种植面积、产量持续增加，2012年种植面积达到8300万亩，总产量达到1855万吨（已按5∶1折粮，鲜薯总产9275万吨），分别占全国薯类种植面积的62%、总产量的56%；而红薯的种植面积在1960年达到历史最大的1.5亿亩之后，一直在下降，到2012年只剩下5000万亩左右，较高峰期减少近2/3，产量为1400万吨（已按5∶1折粮，鲜薯总产7000万吨），较高峰期减少近40%。可以说，马铃薯与红薯在近几十年间是此涨彼消的关系。这显然是一个符合经济规律的自然选择的结果，对此红薯恐怕要有一点服输的心胸。几十年间，红薯的膳食地位明显下降，过去是高产作物，困难时期种植得特别多，很长时间在膳食消费中占据重要位置，以致好多人的胃有了"红薯恐惧症"，现如今把红薯当饭吃的人已经很少了。再比如在饲料方面，过去红薯种秧地位不容低估，但现在玉米担了主纲，而红薯与春玉米的生长期又基本重合，因此很多地方上玉米而下红薯。

原因2：马铃薯比红薯更"多元化"。

从市场前景看，马铃薯相当给力，而红薯就有些弱了。马铃薯与玉米、小麦并称三大淀粉作物，尽管玉米淀粉产量大、价格低廉，但马铃薯淀粉却因性能独特而为玉米淀粉所不能替代。主要表现为：高黏性，比一般的小麦、玉米淀粉黏度高得多；高聚合度，含有天然磷酸基因；品味温和，基本无刺激性，没有小麦、玉米淀粉那样典型的谷物味。因此，马铃薯淀粉虽然价格高一些，但仍广泛应用于食品、医药等高端产业，衍生品多达2000种以上。而且，马铃薯的加工增值空间同样惊人，加工成普通淀粉可增值1倍以上，加工成吸水树脂可增值8倍，加工成特种淀粉可增值十几倍，加工成环状糊精可增值20倍，加工成生物胶增值高达60倍以上。同时，传统马铃薯粗淀粉食品加工业也在改造升级，如对粉条、粉丝等传统加工工艺的改造，带来了新的市场空间。特别是马铃薯加工食品行业，尚属新兴市场，潜力巨大。目前发达国家的马铃薯加工业70%是食品加工，中国还处于初级阶段。此外，马铃薯还有许多新用途，有用马铃薯开发出马铃薯生物电池的，还有用马铃薯加工废弃物提取乙醇的，简直让人叹为观止！

原因3：马铃薯比红薯更"容易活"。

从适应性上看，马铃薯可以说是四海为家，红薯则要娇气一些。马铃薯与红薯虽然都叫薯，但生性差距相当大：马铃薯是冷凉作物，不喜欢炎热，3℃以上就能发芽；红薯是热性作物，特别怕冷，9℃以下就会受冻；马铃薯耐旱、抗灾、耐瘠薄，一般不会绝收，因此有"救命蛋"的外号，山、川、塬、坝等地形均可种植，土壤酸一点碱一点都不要紧。更让人叫绝的是，马铃薯可春种、夏种、秋种、冬种，最快的出苗两个月就可收获，一般三个月也可收获，因此在全国范围内一年四季都可以吃上新鲜上市的马铃薯。南方原来大量闲置的水稻冬田，近年大量种植马铃薯，既不影响水稻生产，还能轮作倒茬，更能增加一季收获。当然，如果因为马铃薯抗逆性强就以为马铃薯产量低那就大错特错了，只要具备合适的条件，马铃薯的产量可以突破你的想象。科学研究表明，马铃薯的理论产量潜力达每亩8～16吨，目前在中国的大田亩产量已达6吨以上！而娇气的红薯相比马铃薯，那就有些难堪了，育苗得在温床里，过去温床的填充料还必须是马粪，多亏现在改了，不然上哪儿找马粪去？育苗之后还得移栽到大田，一棵一棵埋进土里，再浇上救命水，真是费时费工。而且除北回归线以外，其他地方基本只能在清明移栽，国庆节后收获，茬口很不灵活。所以，"满城尽是马铃薯"，也算是适者生存吧！

原因4：马铃薯比红薯更"有营养"。

从营养角度看，马铃薯近乎全营养，而红薯似乎名头小了许多。马铃薯所属的茄科作物可谓人类最亲密的朋友，番茄、茄子、辣椒、马铃薯这四大茄科作物是中国人的四大家常蔬菜。马铃薯秉承了茄科作物的优良基因，营养全面，除碳水化合物外，还含有大量蛋白质、矿物质和维生素等，在国外有"第二面包"之美称；含一般粮食作物所缺少的赖氨酸、色氨酸及维生素C，又被誉为"地下苹果"；而且还含有小麦和稻米中都没有的胡萝卜素。美国一项研究表明，全脂奶粉和马铃薯两样便可以满足人体营养需要。马铃薯低脂肪、低热量，碳水化合物含量只有米、面的1/5；能量含量不到米、面和豆类的1/4；脂肪含量更只有大米的1/4、面粉的1/8。马铃薯中含有丰富的被营养学家列为"第七营养素"的膳食纤维，能减少慢性便秘发病率，降低体内血脂、血糖及胆固醇水平；从食疗角度看，可和胃调中，健脾益气。科学研究还表明，马铃薯是未来食品，目前宇航员的太空食品就包括马铃薯，将来马铃薯或许是人类在到达其他星球的途中最理想的食物。红薯营养如何呢？与马铃薯相似，因为长在地下，也富含维生素与膳食纤维，但淀粉与糖的含量高了一些。

原因5：马铃薯比红薯更"大众化"。

西方有位名士曾经说过，马铃薯是穷人的主食，也是富人的餐点。而红薯更像是穷人的食物。马铃薯的食用价值是饥饿的穷人在勇敢的尝试中发现的，当他们发现猪圈的猪用鼻子从地下拱出来一些神奇的块状物并安然无恙地吃下时，穷人不再犹豫。近年正在发生变化的世界马铃薯格局表明，亚洲和非洲的马铃薯种植面积、产量逐年增加，马铃薯还在为发展中国家的人民继续提供着粮食和经济收入支撑。但观察世界马铃薯产业分布，我们可以惊奇地发现，马铃薯的产业分布主要在北半球，而发达的欧洲和北美洲也是马铃薯种植最为集中的地区。马铃薯最初是贵族们的最爱，即使到了今天，麦当劳的炸薯条在某种程度上仍是美国文化的一种象征，从这个意义上讲，马铃薯又是富人的餐点。所以，世界同吃马铃薯，马铃薯产业有春天。目前，欧洲国家马铃薯人均年消费量稳定在60千克以上，俄罗斯人均消费量达到180多千克，而我国只有40千克左右，确实有增长空间。而红薯因为生长习性问题，主要种植在北纬40°以南地区，以中国为主的亚洲地区的产量占世界的80%，还不能称得上是世界主食。

马铃薯主粮化是经过多年酝酿，适时提出的重要战略。从发布马铃薯主粮化战略的那一天起，中国人的饭碗又将经历一次革命性的改变，这既关系着每个人的膳食结构与营养健康，也关系着国家的粮食战略调整，更会带来饮食文化的深刻变革，值得期待！

④ 马铃薯主粮化战略"军令状"

推进马铃薯主粮化是保障国家粮食安全、促进农民持续增收的重大措施，要不断加大工作力度，加强措施，着力推进，取得实效。

一个理念，两个转变

在发展思路上，树立"一个理念"，促成"两个转变"。

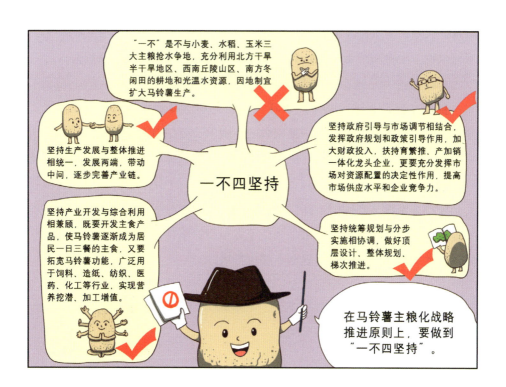

"一个理念"就是要树立营养指导消费、消费引导生产的理念。"两个转变"就是促进由初级加工向精深加工转变、由副食消费向主食消费转变。而且还要实现"五化"，就是马铃薯生产品种专用化、种植区域化、生产机械化、经营产业化、产品主食化，形成马铃薯与谷物协调发展的新格局。

三年见成效，五年有突破

在发展目标上，力争三年见成效，五年有突破。

到2020年，马铃薯种植面积超过1亿亩、平均亩产超过2吨、总产量达到2亿吨以上，马铃薯主食产品在马铃薯总消费量中的比重达50%以上，成为人民群众一日三餐的主食选择之一。

"一不"与"四坚持"

在推进原则上，要做到"一不四坚持"。

"一不"是不与小麦、水稻、玉米三大主粮抢水争地，充分利用北方干旱半干旱地区、西南丘陵山区、南方冬闲田的耕地和光、温、水资源，因地制宜扩大马铃薯生产。处理好马铃薯与水稻、小麦、玉米三大谷物的关系，不与水稻、小麦和玉米争抢资源，构建相互补充、协调发展的格局。

"四坚持"是指坚持生产发展与整体推进相统一，发展两端，带动中间，逐步完善产业链；坚持产业开发与综合利用相兼顾，既要开发主食产品，使马铃薯逐渐成为居民一日三餐的主食，又要拓宽马铃薯功能，广泛用于饲料、造纸、纺织、医药、化工等行业，实现营养挖潜、加工增值；坚持政府引导与市场调节相结合，发挥政府规划和政策引导作用，加大财政投入，扶持育繁推、产加销一体化龙头企业，更要充分发挥市场对资源配置的决定性作用，提高市场供应水平和企业竞争力；坚持统筹规划与分步实施相协调，做好顶层设计、整体规划、梯次推进。

5 挑战与机遇并存，马铃薯向前冲

一项重大战略的提出可谓"牵一发而动全身"，会给整个国家、社会、企业和个人带来难得的机遇。同时在推进的过程中，也会遇到很多挑战。马铃薯主粮化战略的提出和推进，同样是机遇与挑战并存。

马铃薯主粮化战略为马铃薯产业带来了前所未有的巨大利好

马铃薯主粮产业化是经过多年酝酿，适时提出的重要战略规划。马铃薯主粮化涉及马铃薯产业的多层面，不仅包括马铃薯加工和后期的主粮化产品研发，还包括适合主粮化研发的专用品种选育、高效低能环保的栽培生产和加工工艺研发、方便快捷的市场流通、严格的市场监管、消费观念的引导和消费习惯的形成等，对于马铃薯产业的全面创新与升级具有重要意义。

马铃薯主粮化战略为马铃薯产业发展提供了难得的发展机遇，在马铃薯主粮化战略的大背景下，国家将加大对马铃薯产业的支持力度和政策引导。科技工作者可更好地依据产业链来布局科技链，针对产业链条上各个关键环节开展育种、栽培、病虫害防控、加工、市场营销和应用研究，为马铃薯主粮化战略的顺利实施提供全方位科技支撑。

加工企业可基于科技链的技术支撑，充分利用中国14亿人口的巨大消费市场，进行适应中国特色的加工工艺研究、产品研发和市场开拓，丰富马铃薯主粮化产品类型，宣传消费理念，创新消费方式，引导消费，尽快占领市场，获取可观的经济效益。

对于消费者来说，将有形式多样、丰富多彩、标准化的马铃薯主粮化产品可供选择，消费者可以根据需要选择适合自己的主粮化产品，并且由于方便快捷的市场流通和发达的物联网，可以足不出户享受到全国各地的马铃薯主粮化产品，消费量将大幅增加。

届时，马铃薯产业链条得以充分拓展和延伸，从业人员大幅增加，将需要更多管理者做好市场化引导工作，对马铃薯产业链条中关键环节进行多层次、多方位有效监管，保障马铃薯生产、经营、流通的规范化，主食产品生产的标准化和行业竞争的有序化，管理者将更有用武之地。

马铃薯主粮化战略所面临的挑战

看到机遇，也要看到挑战，并直面挑战，如此，马铃薯主粮化战略才能走得更远，走得更好。

马铃薯主粮化战略为马铃薯产业带来了前所未有的巨大利好，但同时也面临着巨大挑战。

挑战之一是品种缺乏。中国种植的马铃薯一度只有少数几个品种适宜中国特色的主粮化开发，油炸食品加工和全粉加工专用品种依然是国外引进品种一统天下，如"夏波蒂"和"大西洋"，但这两个品种需要大肥大水，适应性弱，抗病性差，并且不同的主粮化产品对马铃薯品种的要求不同，制作馒头、面条需要马铃薯全粉延展性高的品种，而制作米粉则不然，因此培育出更多不同生态类型的、适宜不同主粮化产品加工的马铃薯品种是关键。

挑战之二是效益不稳。近几年马铃薯价格波动严重，2011—2013年马铃薯价格从最低位经过稳定期到达高位期，2014年多数产区马铃薯价格又进入了低迷期。目前各产区的马铃薯价格在上扬，但各不相同。这种严重的价格波动造成了农户种植收益震荡。因此，稳定马铃薯种植收益，提高农民的种植积极性，保障产量稳定，满足主粮化需求十分关键。

挑战之三是人们的饮食习惯难改。长期以来中国人一直将小麦、大米和玉米作为主粮，经过千百年来的适应和磨合，形成了固有的饮食习惯，并且这些饮食习惯具有明显的地域特点，南方人喜食大米，北方人喜食面条和馒头，因此要使马铃薯成为国人餐桌上的主食之一，除了在马铃薯产品品质、花样等本身特性上下功夫外，更关键的是改变国人的消费观念和饮食习惯，这恐怕将是一个复杂长期的过程。

挑战之四是价格成本偏高。以马铃薯全粉为例，马铃薯要加工成全粉需要经过清洗、去皮、挑选、切片、漂洗、预煮、冷却、蒸煮、捣泥、脱水干燥等多个工序，增加了马铃薯全粉的生产成本，目前马铃薯全粉的价格在10000元/吨左右，是面粉的三四倍，以全粉为原料的产品成本偏高是马铃薯主食化的一个重要限制因素。

从品种、主食产品到生产布局，做好准备应对挑战

尽管马铃薯主粮化存在巨大挑战，但马铃薯主食产品及产业开发正在有序推进，并已经取得了重要进展。

在政策导向上，农业农村部已发布《全国马铃薯主食产品及产业开发规划》，这为马铃薯主食产业化的发展提供了政策保障。在品种筛选上，通过对我国26个主栽马铃薯品种的比较研究，农业专家已经筛选出中薯19号、中薯18号、948A、大西洋和夏波蒂5个适宜加工马铃薯馒头的专用品种。在主食产品研发上，开展了马铃薯意大利面、胡辣汤等主食产品的试制，完成了全粉添加对马铃薯面团的流变特性影响研究，初步确定了含40%马铃薯全粉馒头的营养功效测评试验方案，成功生产了占比55%的即食马铃薯米粉，并申报相关专利20余项。在专用设备研发上，初步完成了马铃薯面条设备选型及功能改造方案，制造出了一体化仿生擀面机样机并开始进行市场推广……

展望我国马铃薯主食产品的未来，我们可以期待家里的餐桌和食品柜上出现三类食品：一是含40%马铃薯全粉的馒头、面条，由小麦面粉与马铃薯

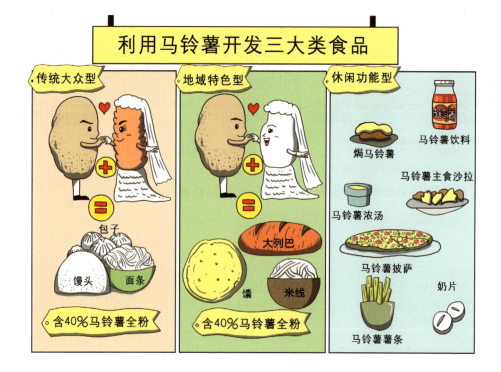

全粉复配制成；二是含40%马铃薯全粉的米粉、米饭，由稻米、米粉与马铃薯全粉复配制成；三是地域特色型与休闲功能型主食产品。

这些马铃薯主食产品的量将有多大呢？

如果按照主食产品薯粉占比40%、市场化推进率15%～20%、消费人口15亿测算，传统大众型主食产品消费将达到2000万吨左右，地域特色型和休闲功能型主食产品消费将达到800万吨以上，总体有望新增拉动7000万吨左右的鲜薯消费。

其中，第一类主食产品，即与小麦面粉复配的马铃薯主食产品预计可消费1500万吨，消耗鲜马铃薯约3500万吨；第二类主食产品，即与稻米及其米粉复配的马铃薯主食产品消费能力预计达550万吨，消耗鲜马铃薯约1500万吨；第三类主食产品消费能力有望达800万吨，消耗鲜马铃薯约2000万吨。2014年，在我国马铃薯消费总量中，只有20%用于主食消费，到2025年，预计这个比例将逐步提升至55%。

"等一等，先别高兴太早。需要这么多马铃薯，我国有地方种吗？产量能满足需要吗？"

别担心，早在2015年，我国就立足本国的资源和粮食生产实际，在巩固强化稻谷、小麦、玉米三大主粮的同时，作出了积极推进马铃薯主食化发展的制度安排。以自然生态为基础，综合考虑各地水土资源条件、农业区划特点、生产技术条件和增产潜力等因素，依据马铃薯生产现状和未来发展趋势，全面优化了马铃薯主食化生产布局。

根据规划，马铃薯主粮化的原料生产将划分为东北区、华北区、西北区、西南区和南方区五个区域。

东北区主要包括黑龙江、吉林、辽宁、内蒙古东部，属于北方一作区，是我国马铃薯种薯、全粉和淀粉加工用原料薯的重要生产基地。主要品种有克新1号、大西洋、夏波蒂等。

华北区主要包括河北、山西、北京、天津和内蒙古中西部，大部分为一作区，部分为两作区，是我国种薯、薯片薯条加工、全粉和淀粉加工等的重要生产基地。主要品种有大西洋、夏波蒂、克新1号、费乌瑞它等。

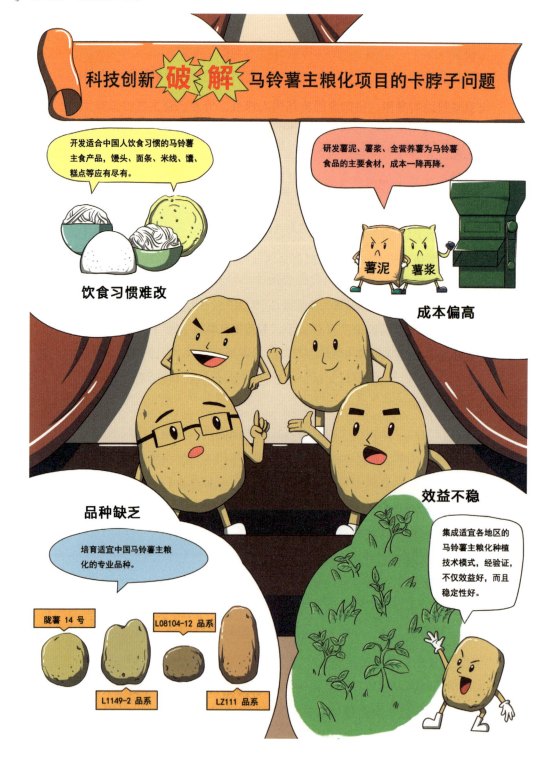

西北区主要包括甘肃、宁夏、陕西和青海，属于北方一作区，是我国马铃薯种薯、全粉和淀粉加工用原料薯的重要生产基地。主要品种有大西洋、青薯9号、虎头、陇薯7号等。

西南区主要包括云南、贵州、四川、重庆和陕西安康地区，属于混作区，是我国全粉淀粉加工的重要生产基地。主要品种有丽薯6号、青薯9号、合作88、大西洋、费乌瑞它等。

南方区主要包括江西、湖南、湖北、广西、广东和福建，属于冬作或秋作区，是我国马铃薯增产潜力最大的地区。主要品种有费乌瑞它、大西洋、中薯3号、兴佳2号、东农303等。

总之，我国本着发挥各地的比较优势、分区分类指导、突出重点领域的原则，加快发展南方原料生产区，因地制宜扩大西北、华北原料生产区，稳定东北和西南原料生产区，进一步优化区域结构。

所以不用担心，随着马铃薯主粮化战略的深入推进，我国的马铃薯种植面积和供应量也会相应提高，这一战略的实施将有充足的原料作保障。

4

山川列地营
马铃薯主食产业的布局与效益

我国幅员辽阔、自然条件差异大。在马铃薯主粮化战略向全国推进的过程中，产业布局自然会面对各种各样的自然条件。因此，必须综合考虑各地具体情况优化生产布局，增加马铃薯主食产品开发的原料供应。

我国是一个幅员辽阔、自然条件差异很大的国家。在马铃薯主粮化战略向全国推进的过程中，产业布局自然会面对各种各样的自然条件。因此，必须综合考虑各地水土资源条件、农业区划特点、生产技术条件和增产潜力等因素，按照发挥比较优势、分区分类指导、突出重点领域的原则，优化生产布局，增加马铃薯主食产品开发的原料供应。

1 影响马铃薯生长的自然因素

同大多数作物一样，对马铃薯生长具有决定性影响的自然因素主要包括温度、光照、土壤和水分。马铃薯虽然适应性较广，但温度、光照、土壤和水分等因素还是对其生长快慢、好坏、品质高低等有重要影响。

温度与海拔对马铃薯生长的影响

马铃薯性喜温凉，对温度要求比较高，不适宜太高的气温和地温。当10厘米地温稳定在5~7℃时，种薯的幼芽在土壤中就可以缓慢地萌发和生长；当气温上升至10~12℃时，幼芽生长健壮，并且生长较快；达到13~18℃时，幼芽生长最快。气温过高，超过36℃则不发芽，造成种薯腐烂；气温过低，低于4℃时种薯就会冻死。结薯期对温度要求比较严格，最适宜温度范围为16~18℃地温，18~21℃气温；日平均气温超过24℃，块茎生长就会受到严重抑制；日平均气温达到29℃，地温超过25℃，块茎基本停止生长。[①]其中，种薯萌芽的适宜温度为12~16℃，植株生长的适宜温度为21℃左右，高于25℃时不利于块茎膨大，积温以1400℃为宜。马铃薯的生长周期50~151天。[②]10厘米地温与气温之间的关系系数约为0.9[③]，因而从理论上讲，积温高于1400℃，全年气温高于6℃而低于25℃的天数大于50天的地区[④]，马铃薯都可以生长。

根据积温把我国从北到南划分为六个温度带，分别是寒温带、中温带、暖温带、亚热带、热带，还有一个地高天寒、面积广大的高原气候区。

我国不同温度带的农业气候特征

温度带	范围	积温（℃）	无霜期（天）	生长期（天）	<25℃天数
寒温带	黑龙江和内蒙古的最北部	<1600	<100	130～180	>120
中温带	吉林全部和黑龙江、辽宁、内蒙古大部，北疆	1600～3400	100～171	150～210	>120
暖温带	山东全部，陕西、山西、河北大部和南疆	3400～4500	171～218	210～240	>120
亚热带	秦淮一线以南的大部分地区，青藏高原以东	4500～8000	218～264	270天以上	>120
热带	海南全部、台湾南部、广东南部（雷州半岛）、云南南部（西双版纳）	>8000	365	全年	>60
高原气候区	青海、西藏大部和四川西部	<2000	100～180	高原区东南270天；藏北地区100天	>120

注：在我国，日平均气温大于5℃的出现日期和主要农作物的生长时期相符合，称为生长期。生长期终止日期的基本趋势与日平均气温≥0℃的情况相同。由于马铃薯幼芽在低温5～7℃可生长，气温达到24℃会受到严重抑制，因此按照低温与气温的关系指数和季节变化特征，气温大于5℃而小于25℃时，马铃薯均能够种植。

① 数据来源：《马铃薯高效栽培技术（第2版）》。
② 数据来源：蔬菜花卉所提供的"主粮化马铃薯品种信息数据库"（初稿）。
③ 刘庆华等对旱作物垄间覆膜带地温与气温的研究得出两者之间呈正相关关系，苗带10厘米深处的地温与气温相关系数为0.886～0.909；云兴福对日光温室内地温与气温的研究结论认为日光温室内气温与10厘米地温间呈高度的正的直线回归关系，10厘米地温随气温的变化率为0.6760个单位，即气温每上升或下降1℃，则10厘米地温上升或下降0.6760℃；王萍等对黑龙江近49年来地温与气温关系的研究结论数据也与之出入无厘。因而，本文的测算借鉴专家们的研究结论，10厘米地温与气温的关系系数按0.9计算。
④ 按照上述数据库提供的数据，马铃薯最短生育期为50天，该品种为东农303。

积温作为表征地区热量的标尺，常作为气候区划和农业气候区划的热量指标，以衡量该地区的热量条件能否满足某种作物生长发育的需要。马铃薯是低温耐寒的农作物，所需积温仅为1400℃，这个积温低于我国最北部地区的年积温，由此推出，从热量条件来看，我国耕地普遍适于马铃薯的生长。

海拔高度对马铃薯生长的影响，主要通过温度和光照来起作用，一个地区的气温受纬度、季风等多种因素的影响，一般来讲，温度随海拔的升高而降低，海拔每升高100米，气温要降低0.5～0.6℃，活动积温要减少150～200℃，生育期要减少3～6天。据此，将地理气候条件较为极端的青藏高原上海拔4000米区域处的气温相关指数与同纬度的江苏、上海、浙江等地进行比较，得出该地的活动积温约为2000℃，生育期为100天以上。事实上，根据传统的气候监测与耕作实践，青藏高原地区耕地主要分布在海拔1000～4700米的河谷地带，生长期为100天以上，≥10℃积温为1000～3000℃，主要作物有青稞、小麦、莜麦、马铃薯等。

温度对马铃薯各个器官的生长发育和产量形成有很大的影响，它关系到播种时期、种植密度、田间管理的安排措施等。马铃薯生长发育需要冷凉的气候条件，但经过长期选育的不同品种的耐寒、耐热性不同，对温度的反应也有差异。

马铃薯播种的时间

马铃薯的活动温度为5～25℃，当气温上升至10～18℃时，幼芽生长快且健壮，是马铃薯幼芽生长最理想的温度。在我国，不同地区因气候条件的差异，播种期有早有晚，一般选择气温在10～25℃时播种马铃薯。

我国气温高于10℃的时期，除了青藏高原全年各月均有可能见霜之外，其他地区均随纬度与海拔的降低而加长，东北及北疆为5至9月，南疆为3至10月，黄河流域为3月中旬至10月中旬，长江流域为3至11月，四川盆地为2至12月，南岭以南地区仅1月气温低于10℃，海南最冷月平均气温都在16℃以上。

　　根据2008年全国各省区32个城市的月平均气温的资料，我国气温高于25℃的天数自南向北逐渐减少，且主要集中在7、8月，而又因各地独特的地理与洋流季风等特征而有差别，通过计算得出各区域马铃薯的有效活动天数如表"我国各地的农业气候特征"。

我国各地的农业气候特征

地区	>10℃时间分布	<25℃时间分布	有效活动温度天数	马铃薯宜播时期
东北及北疆	5～9月	全年	150	5月、6月
南疆	3～10月	1～6、9～12月	180	3月
黄河流域	3月中～10月中	1～7、9～12月	210	4～6月
长江流域	3～11月	1～6、9～12月	210	3月、9月
四川盆地	2～11	1～6、9～12月	240	2月、9月
南岭以南地区	2～12月	1～4、9～12月	210	2月、9月、10月
海南	全年	1～3、11～12月	60	1月、11月、12月

　　结合各区农业温度特征与马铃薯的有效活动温度需求，可推算出马铃薯在我国不同地区的可播期。从时间跨度来看，马铃薯的可播期覆盖了除7、8月之外的全年大部分时间，具体来看，海南地区可播期为1、11、12月，南方冬季作区为9、10月，长江流域与四川盆地为2、3、9月，黄河流域为4～6月，东北及北疆为5、6月。其中长江流域的部分地区、四川盆地与南岭以南等地区的自然条件提供了马铃薯两季作的可能条件。

马铃薯生长期的水分需求

　　马铃薯虽然耐旱，但在生长过程中充足的水分是其获得高产的条件。马铃薯的需水量与环境条件的关系密切而复杂，特别是与植株所处的气候条件、土壤类型、土壤中有机质含量等有很大关系。研究结果表明，马铃薯植株每制造1千克干物质约消耗水708升。在壤土中种植马铃薯时，生产1千克

马铃薯田

干物质最低需水666升，最高1068升；而在沙质土壤中种植马铃薯的需水量为1046～1228升。按每亩生产2000千克块茎地上部和地下部重量1：1，干物质重20%计算，每亩需水量为280吨左右。马铃薯生长过程中需水量最多的时期是孕蕾至花期，盛花期茎叶的生长量达到了最高峰，这段时间水分不足，会影响植株发育及产量。从开花到茎叶停止生长，这段时间内块茎增长量最大，植株对水分需要量也很大，如果水分不足会妨碍养分向块茎中输送。

　　另外，马铃薯生长所需要的无机元素都必须溶解于水后，才能全部吸收。如果土壤中缺水，营养物质再多，植物也无法利用。同样，植株光合作用和呼吸作用一刻也离不开水，如水分不足，不仅会影响养分的制造和运转，而且会造成茎叶萎蔫，块茎减产。所以，保持土壤中有足够的水分是马铃薯高产的重要条件。通常土壤中水分保持在60%～80%比较合适。土壤中水分超过80%对植株生长也会产生不良的影响，尤其是后期，土壤中水分过多或积水超过24小时，块茎易腐烂；积水超过30小时，块茎大量腐烂；超过

42小时，块茎将全部烂掉。因此，在低洼地种植马铃薯要注意排水和实行高垄栽培。

掌握降水量分布和马铃薯需水规律可为马铃薯生产合理布局、合理用水以实现稳产提供依据。根据内蒙古1961—2010年46个气象站点的逐日气象资料，计算分析了内蒙古马铃薯生育期有效降水量及分布、马铃薯生育期蒸散量和不同年型下马铃薯的灌溉需水量，结果表明内蒙古马铃薯生育期有效降水量为25～240毫米，时空分布不均匀，地区间差异大，马铃薯生育期蒸散量为300～700毫米。

马铃薯生长对水和光热资源需求低，小麦、水稻和马铃薯的最低蒸腾系数（需水量）分别是450、500和300，最短生长期分别是100天、160天和60天，最低积温要求分别是1700℃、2400℃和1000℃。因此，冬季南方地区不能满足水稻生长最低有效积温的要求，而早熟马铃薯可以生长，南方大概有1亿亩冬闲田可以种植马铃薯。马铃薯土地产出率高，2012年我国小麦、水稻和马铃薯的平均亩产分别是382.76千克、478.75千克、1118.0千克，其中小麦、水稻的平均单产已经接近世界最高水平，马铃薯的单产水平只有世界平均亩产的1/2。马铃薯的耐旱特性，使它在雨养农业条件下、在年降水量350～500毫米的半干旱地区能够种植，例如在年降水量500毫米左右的华北地下水超采漏斗区，产量可达到2吨以上，是传统主粮的理想替代作物；在年降水量350毫米左右的中国西北部分地区，由于干旱少雨、土壤沙化严重，雨养农业条件下不仅谷物类作物生长困难，地表自然植被也难以存活，而马铃薯就能较好地生长，同时也对减少水土流失、防治扬沙和沙尘等有积极作用，生态效益显著。

马铃薯生长的土壤条件

马铃薯对土壤适应的范围较广，最适合马铃薯生长的土壤是轻质壤土。因为土壤中有足够的空气，块茎的呼吸作用才能顺利进行。轻质壤土较肥沃又不黏重，透气性良好，不但对块茎和根系生长有利，而且还有增加淀粉含量的作用。用这类土壤种植马铃薯，一般发芽快，出苗整齐，生长的块茎表皮光滑，薯形正常，而且便于收获。

在黏重的土壤中种植马铃薯，最好高垄栽培。这类土壤通气性差，平栽或小垄栽培，常因排水不畅造成后期烂薯。土壤黏重易板结，常使块茎生长变形或块茎形状不规则。但这类土壤只要排水通畅，其土壤保水、保肥力强，种植马铃薯往往产量很高。对这类土壤的管理，掌握中耕、除草和培土的墒情非常重要，一旦土壤板结变硬，田间管理很不方便，尤其应注意培土，如块茎外露会影响品质。这类土壤生产的马铃薯块茎淀粉含量一般偏低。

在沙性大的土壤中种植马铃薯应特别注意增施肥料。这类土壤保水、保肥力最差，种植时应适当深播，如一旦雨水稍大把沙土冲走，很易露出匍匐茎和块茎，不利于马铃薯生长，而且会增加管理上的困难。沙土中生长的马铃薯，块茎特别整洁，表皮光滑，薯形正常，淀粉含量高，易于收获。

马铃薯是较喜酸性土壤的作物，土壤中氢离子浓度为100～1580纳摩/升（pH4.8～7.0）时，马铃薯生长都比较正常；氢离子浓度为897.1～2305.2纳摩/升（pH5.64～6.05）时，有增加块茎淀粉含量的趋势；氢离子浓度在

中耕培土

15850纳摩/升以上（pH4.8以下），土壤接近强酸时，则植株叶色变淡，呈现早衰、减产；氢离子浓度在100纳摩/升以下（pH7.0以上）时，则绝大部分不耐碱的品种产量会大幅度下降；氢离子浓度为15.58纳摩/升以下（pH7.8）时，不适于种植马铃薯。在这类土壤中种植马铃薯不仅产量低，而且不耐碱的品种在播种后块茎的芽不能生长甚至死亡。

另外，在石灰质含量高的土壤中种植马铃薯，容易发生疮痂病。因这类土壤中放线菌特别活跃，常使马铃薯块茎表皮受到严重损害。所以遇到这种情况，应选用抗病品种和施用酸性肥料。

根据气候条件中积温、生长期、生长期内有效温度天数等数据，以及各地的光照、土壤与水资源情况等资料，可以看出在我国有耕地的地区原则上皆可种植马铃薯，只是不同地区适宜的栽培品种与耕作模式有所差异，这为马铃薯产业的合理布局奠定了自然基础。

② 马铃薯主食产业开发规划布局

马铃薯主食产业开发是一项系统工程，需要统筹谋划，突出重点，大力推进，确保取得实效。项目启动以来，农业农村部食物与营养发展研究所组织京内外十家相关科研机构，以资源禀赋为前提，综合考虑各地水土资源条件、农业区划特点、生产技术条件和增产潜力等因素，按照发挥比较优势、分区分类指导、突出重点领域的原则，优化生产布局，规划布局华北地下水漏斗区替代种植、西北旱区绿色高产、南方冬闲田利用区、东北加工原料薯机械化种植区、新疆马铃薯引种等五大区域，增加马铃薯主食产品开发的原料，以保障粮食安全，满足居民膳食消费升级要求，促进永续发展。

以资源禀赋为前提，优化主食产品原料布局

东北地区，扩大马铃薯种植，加强基础设施建设，发展全程机械化生产，加强晚疫病防控，提高脱毒种薯生产能力，建设贮藏设施。华北地区发展雨养农业和节水农业，改善生产条件，防治土传病害，提高马铃薯商品

马铃薯晚疫病防控作业

性，建设优质脱毒种薯生产基地和多类型贮藏库。西北地区，发展旱作节水农业，加强病虫害防控，建设优质脱毒种薯生产基地和多类型贮藏库。西南地区，发展水旱轮作、间套作、高效复合种植，加强晚疫病防控，实现周年生产、周年供应。南方地区，开发利用冬闲田，发展水旱轮作和秋冬季农业，扩大马铃薯种植。

以消费需求为引领，开发多元化主食产品

开发适宜不同区域、不同消费群体、不同营养功能的马铃薯主食产品，大力推进传统大众型主食产品开发，以解决关键环节的技术瓶颈为重点，开发馒头、面条、米粉、面包和糕点等大众主食产品。因地制宜推进地域特色型主食产品开发，重点是开发马铃薯饼、馕、煎饼、粽子和年糕等地域特色主食产品。积极推进休闲及功能型主食产品开发，重点开发薯条、薯片等休闲产品，开发富含膳食纤维、蛋白质、多酚类物质及果胶的功能型马铃薯主食产品。

以品种选育为带动，强化主食产品原料生产技术支撑

选育适宜主食加工的新品种，加快马铃薯种质资源引进，开发利用优异种质资源，推进育种方法创新，利用分子生物学研究成果，结合常规技术，进行品种改良。健全脱毒种薯生产与质量控制体系，加强原原种、原种和良种生产，满足生产用种需要。集成推广优质高产高效技术模式，推广轻简化栽培、节水灌溉、水肥一体化、病虫害综合防治、机械化生产等关键技术，推广高产高效、资源节约、生态环保的技术模式，提高生产的科技水平和质量效益。

以科技创新为驱动，研发主食加工工艺和设备

研发原料节能处理和环保技术，配套效能比高的原料处理装备，保障原料品质和营养，有效降低能耗和废弃物排放量。研发发酵熟化技术，配套温度、湿度、时间智能化控制设备，改善面团流变学特性，提高发酵熟化效率。研发成型整型仿生技术，加强成型整型关键部件的设计和改造，实现主食产品自动化生产。研发蒸煮烘焙技术，开发主食产品醒蒸一体智能设备和自动化变温煮制设备，实现蒸煮烘焙数字化控制。研发新型包装抗老化技术，配套自动化包装设备，防止主食产品老化、氧化变质。支持企业与科研单位合作，开展主食产品工艺及设备联合攻关。鼓励规模较大、自主创新能力强、拥有核心技术、盈利能力强、诚信度高的加工企业开发主食产品品牌，增强市场竞争力，打造一批马铃薯主食加工龙头企业。

以营养功能为重点，引导居民消费主食产品

开展马铃薯主食产品营养功能评价，建立营养功能评价体系，依托国家级、省级科研机构、高等院校和大型龙头企业，建立国家马铃薯营养数据库。开展马铃薯营养功能研究，评估不同类型马铃薯主食产品对不同人群的营养和健康功效作用。加强马铃薯营养功能宣传，建设主食产品消费体验站，指导街道社区、大型超市、集体食堂、相关企业参与产品消费体验站建设，把产品消费体验站建成产品消费引导、营养知识科普的互动平台。

马铃薯主粮化项目启动会

③ 因地制宜确定马铃薯主粮化种植模式

　　不同地区应有不同的马铃薯主食产业布局。农业专家们认为，在东北地区，要因地制宜扩大马铃薯种植，加强基础设施建设，发展全程机械化生产，加强晚疫病防控，提高脱毒种薯生产能力，建设贮藏设施。在华北地区，重点在干旱半干旱区，以及地下水严重超采区，发展雨养农业和节水农业，改善生产条件，防治土传病害，提高马铃薯商品性，建设优质脱毒种薯生产基地和多类型贮藏库。在西北地区，通过压夏扩秋种植马铃薯，发展旱作节水农业，加强病虫害防控，建设优质脱毒种薯生产基地和多类型贮藏库。而在西南地区，要充分利用得天独厚的生态条件、丰富多样的耕作制度和秋冬春季的空闲田，发展水旱轮作、间套作、高效复合种植，加强晚疫病防控，实现周年生产、周年供应。在南方地区，开发利用冬闲田，发展水旱轮作和秋冬季农业，扩大马铃薯种植。

本着以上原则，专家与科技人员在马铃薯主粮化规划布局区进行了替代种植、套作、间作等大量的探索实践，摸索出了适合各区域的低能耗、高产、高效的马铃薯主粮化种植与生产技术模式，北方一季作区以机械化、信息化为依托，推广水肥药一体化、高效低毒农药、晚疫病预警预报系统等高效栽培技术；西北旱区推广主食专用品种和品系品质提升技术；南方冬作区推广节肥、节药、节种技术；河北地下水漏斗区推广节水高效替代种植技术。通过试验示范，各区域的生产技术模式取得了良好的生态、经济与社会效益。

华北地下水超采区："马铃薯+谷子"主粮化种植模式

华北平原包括北京、天津、河北的全部平原和河南、山东的黄河以北平原，面积4.65亿亩，地下水漏斗区所在区域面积达1.87亿亩（漏斗面积约3720.7万亩），区域内冬小麦种植面积达5068.9万亩。

为充分利用本地区的自然资源，提高马铃薯主粮化种植模式效益，华北地下水超采区马铃薯主粮化替代种植任务组开展了马铃薯与不同作物一年两作种植模式探索研究，分别对马铃薯、谷子、青贮玉米、红小豆、芝麻、胡萝卜、白萝卜等的种植模式进行研究，分析不同模式的经济效益和生态效益。

示范基地马铃薯长势喜人

初步试验结果表明，马铃薯、谷子、玉米、红小豆、芝麻和萝卜一年两作均可行，从经济效益分析，马铃薯+胡萝卜亩产值最高，但考虑到生态效益，谷子为完全雨养种植，马铃薯+谷子最为节水。因此，综合考量本地区的生态资源特征，专家们认为，马铃薯+谷子模式为华北地下水超采区替代种植最优模式。

整体来看，马铃薯+谷子模式的效益最高，费乌瑞它品种在灌水量80立方米的条件下，每亩效益达1500元以上，其中大西洋+谷子模式更高，亩均效益超过2000元。其次是马铃薯+绿豆模式，亩均效益达1445元。

不同种植模式试验效益比较

作物	亩产量（千克）	市场价格（元/千克）	亩产值（元）	亩投入（元）	亩效益（元）	灌水量（立方米）
马铃薯（费乌瑞它）	2361.73	1.0	2361.73	1600	762	80
马铃薯（大西洋）	2413.37	1.2	2896.04	1620	1276	100
谷子	288.6	3.6	1038.96	255	784	0
玉米	455.56	1.76	801.79	360	442	0
绿豆	116.3	10	1163	480	683	0
芝麻	54.89	14	768.46	450	319	0
红小豆	—	—	—	—	—	0

注：本表效益计算不包括地租。

数据来源：河北衡水马铃薯主粮化实验基地记录。

南方冬闲田地区：“早稻—晚稻—冬马铃薯”优化种植模式

我国南方至少有冬闲田3.54亿亩，其中有30%的冬闲田适合种植马铃薯，再加上甘蔗、茶园以及果园等间套种的可行性，至少有1.78亿亩冬闲田可以用作发展冬季马铃薯种植。而当前冬种马铃薯的种植面积仅有0.43亿亩左右，所以至少还有1.35亿亩的潜力可以进一步挖掘。考虑到南方地区居民马铃薯消费习惯、马铃薯主粮化消费的潜力，以及给油菜等冬季作物种植留出空间，预计未来南方冬闲田马铃薯新增面积约占闲置面积的30%，即4000万亩左右。

广西的农业技术人员通过不断研究，集成、示范、推广了早稻—晚稻—冬马铃薯、春玉米—晚稻—冬马铃薯、瓜菜—晚稻—冬马铃薯、甘蔗间套种马铃薯、玉米间套种马铃薯、火龙果间种马铃薯、幼龄果树间套种马铃薯、香蕉间（套）种马铃薯等8种高效种植模式。

在前期研究的基础上，他们对早稻—晚稻—冬马铃薯种植模式进行了优化升级，集成了早稻—再生稻—冬马铃薯高效种植优化模式，为冬马铃薯提早播种、提早上市、充分发挥冬马铃薯的高效作用提供了技术基础。

试验结果表明，早稻亩产720千克，再生稻亩产340千克，水稻合计年产1060千克/亩；冬种马铃薯亩产2800千克。全年亩产值水稻2968元（2.8元/千克），马铃薯9720元（3.6元/千克），合计实现亩产值达12688元。

早稻—晚稻—冬马铃薯优化种植模式为南方冬闲田地区马铃薯主粮化推进提供了钱粮双增的高效技术模式。

早稻—晚稻—冬马铃薯田间长势

西北旱区：黑色地膜覆盖马铃薯主粮化模式

西北地区的青海、甘肃、宁夏与陕西4个省区，耕地面积共有15538.4万亩，2012年粮食作物的播种面积为10613.1万亩，其中马铃薯播种面积约为1876.5万亩，占全国马铃薯总播种面积（8297.9万亩）的22.61%，但是单产水平较低，仅相当于全国的1/2。目前西北旱区在全国马铃薯生产、加工、消费中占有重要地位。

甘肃的农业技术人员为了明确西北旱区马铃薯主粮化种植模式与该地区传统作物的比较效益，进而为当地农业种植结构调整提供理论依据和技术支撑，在定西市进行了多作物种植效益比较研究，试验选取马铃薯、玉米、豌豆、春小麦和胡麻5种作物，设置春季黑色地膜覆盖马铃薯、露地马铃薯、地膜覆盖玉米、豌豆、春小麦和胡麻6个处理方式，试验随机排列，重复3次。

研究结果表明，马铃薯产量最高，黑色地膜覆盖马铃薯亩产2539.70千克，露地马铃薯亩产1788.37千克，均显著高于其他4种本地传统种植作物。

马铃薯替代种植试验产量统计表

处理	产量（千克/亩）			均值	5%显著水平	1%极显著水平
	I	II	III			
春季黑色地膜覆盖马铃薯	2603.19	2476.20	2539.70	2539.70	a	A
地膜覆盖胡麻	26.98	25.40	31.75	28.04	d	D
露地马铃薯	1968.26	1777.79	1619.06	1788.37	b	B
地膜覆盖豌豆	152.38	136.51	142.86	143.92	d	D
地膜覆盖春小麦	155.56	168.25	152.38	158.73	d	D
地膜覆盖玉米	568.26	593.65	577.78	579.90	c	C

注：数据来源于西北旱区马铃薯主粮化实验基地记录。

按照市场价格对各试验处理模式的经济效益进行核算，可以看出5种作物的6个处理模式的经济效益按从大到小排列分别为：黑色地膜覆盖马铃薯1939.83元/亩，露地马铃薯1288.50元/亩，玉米825.96元/亩，豌豆371.39元/亩，小麦272.01元/亩，胡麻108.54元/亩。

比较几种作物的种植效益可见，马铃薯的经济效益显著高于其他作物，是玉米的2倍，小麦和豌豆的5倍，胡麻的10倍。因此，在西北旱区推广马铃薯种植，特别是黑色地膜覆盖马铃薯种植模式，能够提高种植农户经济效益，从而激发农户从事马铃薯生产的积极性。

马铃薯替代玉米、小麦、胡麻和豌豆经济效益核算

处理	产量 （千克/亩）	价格 （元/千克）	收入 （元/亩）	成本 （元/亩）	收益 （元/亩）
春季黑色地膜覆盖马铃薯	2539.7	1	2539.70	599.87	1939.83
胡麻	28.04	5.4	151.42	42.88	108.54
露地马铃薯	1788.37	1	1788.37	499.87	1288.50
豌豆	143.92	3.4	489.33	117.94	371.39
小麦	158.73	2.4	380.95	108.94	272.01
玉米	579.9	1.9	1101.81	275.85	825.96

注：劳动力成本没有计入表中。

数据来源：西北旱区马铃薯主粮化实验基地记录。

新疆地区："马铃薯+核桃／红枣"农林间作种植模式

新疆是农业大省，机耕化程度高，阿勒泰、天山与昆仑山等阴凉地区非常适宜马铃薯的种植与种薯繁育。但是由于耕作习惯和传统种植马铃薯比较效益较低等原因，新疆的马铃薯种植面积相对较小，2015年为36万亩左右，约占该地作物种植总面积的0.5%。

"马铃薯+红枣"间作种植模式示范　　　　　　　　"马铃薯+核桃"间作种植模式示范

马铃薯主粮化战略的布局与启动，为新疆马铃薯主食产业开发带来契机，也送来了新的品种、技术与种植模式。在探索中，发展出南北疆不同的马铃薯主粮化种植模式。北疆马铃薯主要种植在奇台县等地区，主栽品种为紫花白、大西洋与荷兰1号等，主推技术为高垄栽培、脱毒种薯、高效节水、地膜覆盖和大棚种植等。在南疆，根据气候温暖、果林较多的特点，开展了马铃薯高产高效栽培技术示范与"马铃薯+果树"种植模式试验，探索出"马铃薯+核桃/红枣"的农林间作二季作种植模式，间作马铃薯亩产量达1500千克以上，且不影响果林收成，大大提高了该地区的土地产出效益。

东北地区：马铃薯主食原料薯全程机械化生产模式

马铃薯主食产业发展的前期研究表明，相对于其他作物，马铃薯种植成本偏高，而且人工成本更是突出拉高了马铃薯的整体种植成本。从降低马铃薯种植成本角度考虑，应加大农机农艺结合和简化栽培技术方面研究力度，减少人工成本，从而降低种植成本，提高种植效益。

为此，项目组在东北地区开展马铃薯主食加工原料全程机械化生产试验，通过不断实践和改进，形成了以全程机械化为基础的垄上双行、减肥减药、合理密植、药肥一体化等种植模式。截至目前，东北地区马铃薯主食原料薯生产的机械化率达到100%，从切块、播种、洒药、水肥、收获，全程机械操作。但由于东北土质肥沃，土壤黏性较大，加之马铃薯成熟季节与当地降水旺季相重合，导致机械翻出的马铃薯块茎上粘有大量泥土，捡拾马铃薯的机器不能很好分辨土块与马铃薯，因而马铃薯的收获还需要较大量的人工帮忙。不过研究人员正在研究如何提高马铃薯捡拾机械的触觉与辨识能力。

在华北地下水超采区的马铃薯主粮化替代种植，甘肃定西的马铃薯主粮化增产增效，广西南宁的马铃薯主粮化冬闲田利用，新疆喀什的马铃薯主粮化高产栽培，以及黑龙江的马铃薯主粮化原料机械化，这五个绿色模式攻关示范基地上，经过多轮试验，总结出根据不同区域特色，差异化实施马铃薯主粮化"两高四节"（高产、高效，节水、节肥、节药、节工）的栽培、水肥管理和生产全程机械化集成配套技术模式以及间作、套种、替代等多种生产模式，从而提高各区域马铃薯生产能力，带动重点区域马铃薯主粮化快速有序发展。

飞机喷洒农药现场

4 效益为重，打造更美好的马铃薯"新世界"

对效益的追问已经成为每一个发展模式推广论证无法回避的重大命题。马铃薯主粮化，并不仅仅是为了保障国家粮食安全，促进农民增收，还肩负着居民膳食结构升级调整，以及资源利用的可持续发展等多重使命。对马铃薯主粮化效益的检验，要从经济、社会、民生与生态等多视角全方位来考量。

马铃薯主粮化的经济效益：助力土豆变金豆，实现脱贫致富

随着马铃薯主食产品的开发，未来10年，马铃薯平均亩产将达到1500千克，比目前提高350千克，亩均效益增加300元以上，农民马铃薯种植纯收入增加450亿元。

有数据显示，河北省马铃薯种植纯收益远远高于小麦种植，亩均高出达50元，华北地下水漏斗区马铃薯替代小麦种植1000万亩，将增加农民收益约5亿元。在南方，马铃薯与其他闲田种植作物的亩均净利润相比，高出约1000元，新增3000万亩马铃薯种植，将增加农民收入约300亿元。而从西北地区主要种植作物效益来看，水地和旱地马铃薯亩均收益达1312元，高于玉米、谷子、糜子和绿豆等当地主要经济作物效益，按亩均高出约800元计，马铃薯主粮化推进1000万亩，将提高农民收入约80亿元。

另外，未来10年，随着马铃薯主食产品开发和消费带动，农产品加工业增加值将超过3000亿元。

习近平总书记在河北省张北县的德胜村和基层干部群众围坐一起算脱贫账，筹谋致富路时，就鼓励村民瞄准本地特色马铃薯，因地制宜把微型薯产业做强。仅用1年的时间，德胜村的微型薯生产人均增收4790余元，实现整村脱贫出列，摘掉了贫困帽子，土豆变成了金豆豆。李克强总理在内蒙古自治区乌兰察布市考察时，也叮嘱随行部门负责人说，马铃薯主粮化很有前途，要结合我国"镰刀弯"地区实际，调减玉米面积，支持农民扩大品质好、有优势的马铃薯种植，将其发展成为大产业，助力脱贫攻坚。

马铃薯主粮化项目的首席专家陈萌山在由FAO和IFPRI联合举办的"加

丰收喜悦

速进程——消除饥饿与营养不良"国际会议上，重点介绍了我国马铃薯主食产业化带动农民脱贫致富的有关技术创新情况，并阐述了大力推广马铃薯主食产业化在消除饥饿和营养不良中的重大意义。

马铃薯主粮化的营养效益：虽非聪明果，营养真不错

马铃薯被称为"十全十美"的食物，富含维生素C、B族维生素、各种矿物质、膳食纤维等。与中国居民喜爱的三大主粮相比，马铃薯不仅含有三大主粮含有的营养物质，还含有一些三大主粮没有的特殊营养物质。

随着马铃薯主食化的推进，维生素A、维生素C、钙、钾、铁、铜等占人体所需营养素的摄入量得到提高。总的来看，马铃薯主食化的营养效益显著，对人体营养需求贡献大。马铃薯的营养优势主要表现在以下四方面：

第一，富含维生素A和维生素C。特别是维生素A，根据最新居民健康状况调查结果，人群中约有71%的人存在维生素A摄入不足的风险，通过马铃薯主粮化可以提高居民维生素A的摄入水平。

第二，矿物质含量更丰富。尤其是钙，根据最新居民健康状况调查结果，居民钙的摄入量仅为推荐摄入量的52%，而马铃薯主粮化推进程度达40%时，主食消费结构能满足居民日常钙需求量的11.5%。

第三，蛋白质质量更优。每100克马铃薯粉含蛋白质7.2克，略低于小麦粉的11.2克和稻米的7.4克，但马铃薯蛋白是完全蛋白质，赖氨酸含量最高，蛋白质质量较好，接近于动物性蛋白，与小麦、稻米等主食混配食用效果更好。

第四，脂类含量少，更适合超重、肥胖等人群食用。最新居民健康状况调查结果显示，近10年来，我国成年人超重率、肥胖率增幅分别达到15%和33%，而马铃薯脂类含量较低，是超重、肥胖人群的较好选择。

马铃薯主粮化的生态效益：假如我们都吃马铃薯主食，地球会变凉快

实施马铃薯主粮化战略，不仅着眼于其营养效益与经济效益，也始终计算着生态账，将生态效益考量作为马铃薯主粮化战略论证的一个主要方面，因为这既是建设青山绿水生态文明政治理念的贯彻落实，也是实现可持续发展的重要保证。

马铃薯生长适应性广，抗逆性强，稳产特性显著。我国从南到北、从高海拔到低海拔的大部分地区的生态气候条件都能满足马铃薯的生长需求，马铃薯是应对自然灾害的良好应急补栽作物。

　　马铃薯种植具有较好的节水、节肥、节药等作用。从水分利用效率来看，其高于小麦、玉米等大宗粮食作物，在同等条件下，单位面积蛋白质产量分别是小麦的2倍、水稻的1.3倍、玉米的1.2倍，因此马铃薯种植的节水效益显著。已有研究表明，华北地下水漏斗区马铃薯种植比冬小麦种植亩均节水约104立方米，1000万亩的马铃薯替代种植将节省约10.4亿立方米地下水用量。这将有效缓解目前华北平原地下水位降落漏斗，以及由此引发的地面沉降和塌陷等一系列生态地质环境问题。西北旱区马铃薯比小麦亩均节水约60立方米，1000万亩推广种植，可节水6亿立方米左右。相较于玉米和小麦，马铃薯具有更高的水资源利用效率，水效益分别是小麦和玉米效益值的3倍多和4倍多。华北地下水漏斗区和西北干旱半干旱地区马铃薯主粮化推广，预计节水约16亿立方米。

　　科学家曾收集了小麦、水稻、玉米、马铃薯、油菜和棉花6种中国主要农作物的病虫害发生情况，相应的农药用量及其制造的温室气体排放量数据，估算出了中国主要农作物在种植过程中防治病虫害使用杀虫剂和杀菌剂

马铃薯种植机械化

而产生的温室气体排放量现状。这6种主要农作物每公顷防治病虫害使用农药所产生的温室气体排放量分别是9.19（1.86～23.24）、20.54（2.03～50.95）、10.38（3.45～19.32）、5.91（2.15～18.34）、10.84（8.10～13.62）、19.51（5.11～49.01）个单位，马铃薯最低。这6种主要农作物的防治病虫害使用农药所产生的总温室气体排放量分别是220.8（44.7～558.4）、606.7（60.0～1505.1）、336.4（112.0～606.3）、30.9（11.2～96.0）、79.5（59.4～99.8）、96.4（25.2～242.2）个单位，也是马铃薯最低。因此，从理论上讲，如果我们推进马铃薯主粮化战略，用马铃薯主食替代传统主食，一定能够大大减少温室气体排放，地球还真会变凉快。

马铃薯主粮化的社会效益

除了经济效益、营养效益和生态效益，马铃薯主食产业化的社会效益也是相当可观的。在不与三大主粮抢水争地的前提下，马铃薯主粮化能够提高国家粮食安全保障水平，促进马铃薯产业的发展。同时进一步发挥马铃薯耐寒、耐旱、耐贫瘠等优势，以华北地下水漏斗区、南方冬季闲田区和西北干旱半干旱区为重点，加大各地区耕地中五等及五等以下土地马铃薯的种植开发，能够提高土地资源利用效率。

据统计，华北地下水漏斗区粮食产量增加约33亿斤。根据河北衡水的试验，大西洋品种马铃薯亩产折粮后达519.3千克，比河北省2011年冬小麦单产（355.1千克）高出164.2千克。据此推算，华北地下水漏斗区1000万亩替代面积内，粮食产量将净增加33亿斤左右，南方冬季闲田利用区粮食产量增加约240亿斤。马铃薯的冬季闲田利用不会减少目前其他粮食的种植面积。为此，增加的3000万亩马铃薯种植面积，相当于折粮后新增粮食产量240亿斤左右。西北旱区粮食产量新增约32亿斤。在马铃薯主粮化区域协调推动下，西北旱区

可新增1000万亩马铃薯种植面积，2012年西北四区小麦平均亩产240
千克，马铃薯折粮后亩产达400千克，相当于亩均增加粮食160千
克，1000万亩马铃薯推广可新增粮食32亿斤左右。已有马铃薯单产
提高1倍可实现粮食产量增加约293亿斤。2012年，马铃薯总产量
9277万吨，单产1118千克。

在马铃薯主粮化战略推动下，全国马铃薯亩均单产提高到2吨，
折粮后相当于增加粮食产量约293亿斤。总体估算，可新增约600亿
斤粮食。

收获的喜悦

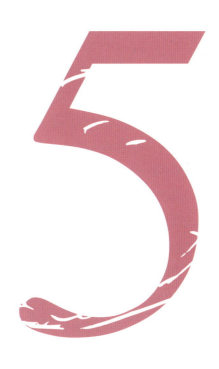

5

主食『薯』我佳

马铃薯主粮化的源头活水

『民以食为天，食以种为先。』种子是农业生产中的基本生产资料，是农业发展的基础。种子不仅是增产、增收的有力保障，也在一定意义上决定了所生产粮食的质量。

"民以食为天，食以种为先。"种子是农业生产中的基本生产资料，是种植环节中的重要一环，在农业生产中有着不可替代的作用，是农业发展的基础。种子不仅是增产、增收的有力保障，也在一定意义上决定了所生产粮食的质量。开发马铃薯主食产品，推进马铃薯主食产业化，进而促成马铃薯主粮化，必须有高产、优质、抗逆性强、加工性能好、成熟性恰如其分的品种。为此，马铃薯主粮化项目组专家一方面建立主粮化马铃薯品种评价体系，对我国目前栽种的丰富多彩的马铃薯品种进行筛选，选择出马铃薯主粮化适宜品种；同时开展育种工作，以常规育种与分子育种等多种方式，培育马铃薯主粮化专用品种，通过两条腿选育品种，从而满足马铃薯主食加工需要，纵深推进马铃薯主粮化战略。

① 品种筛选有原则

马铃薯的种类很多，究竟什么品种的马铃薯才是主粮化战略所需要的呢？显然，人们首先要明确马铃薯主粮化品种的筛选标准。而且，考虑到我国居民主食有着鲜明的本国特点，筛选出的马铃薯品种最好能够适于制作中国特色的马铃薯主食。

衡量马铃薯品种的标准多种多样，基于中式主食的营养与品质要求，科研人员系统分析了70余个主栽马铃薯品种的淀粉、蛋白质、粗纤维、氨基酸等主要成分含量，揭示了马铃薯中式主食加工特性与马铃薯原料理化特性的相关性，构建了基于淀粉、蛋白质、粗纤维和色泽等主成分因子的马铃薯原料评价方法。科研人员经过探索，创设了马铃薯主食品种选育的三级评价体系，即常规性状指标，比如产量、干物质含量、抗逆性等；加工专用指标，比如多酚氧化酶含量、淀粉和蛋白质理化特性等；特殊营养指标，比如矿物质、维生素、生物活性物质含量等。

确定"三高一低一白"的品种筛选指标

科研人员确定了马铃薯中式主食加工品种的筛选指标，即高干物质含量、高蛋白质含量、高抗氧化活性、低多酚氧化酶活性、肉色白，简称为"三高一低一白"。

具体来说，高干物质含量，即每100克鲜重≥24克；高蛋白质含量，每100克鲜重≥7克；高抗氧化活性，总酚含量每100克鲜重≥65毫克。

有了这样的筛选标准，就为接下来马铃薯主食加工和专用品种选育提供了有效的参考依据。同时，科研人员还创建了马铃薯主食营养当量评价方法和最优占比阈限。我国的马铃薯主食营养当量评价方法和最优占比阈限等具有国际水平。

筛选出主食化适宜品种，修正育种目标

按照上面的筛选评价指标，科研人员在中国近100个马铃薯主栽品种中筛选出主食化适宜品种30个，并明确了16个主食产品类型标签；新育成主食化专用品种1个，即陇薯14号，该专用品种干物质含量平均26%、最高31.2%，还原糖含量平均0.2%，100克马铃薯维生素C含量平均16.23毫克，是极佳的主食加工专用品种；新育成主食化专用品系3个，干物质含量都在26%以上，最高达29%；敲除了1个氧化褐变的关键基因，创制了不易褐变的马铃薯新种质，为马铃薯主食产业化分子育种奠定了良好基础……

以适宜马铃薯主食产品加工为核心，科研人员修正了马铃薯主粮化品种的育种目标：提高对干物质含量的要求（高于25%），降低对薯形、芽眼等外观特征的考量，同时着重考虑还原糖的含量。

攻克马铃薯加工技术瓶颈

有了筛选指标后，马铃薯主粮化战略的创新就有了目标和方向。科研人员经过多年努力，攻克了马铃薯加工过程中黏度大、成形整形难、发酵难、易开裂等技术瓶颈，研制出以马铃薯泥、浆、渣、鲜马铃薯等为原料，35%～60%不同马铃薯占比的马铃薯馒头、面条、米粉、米线、馕、热干

面、大列巴、饼干、糕点、土豆烧等60余种、300多款主食产品并推向市场，研制出马铃薯复配粉与主食产品最佳配方25个，家庭烹饪方法22个，加工工艺25套，研发自动化马铃薯面条机等主食产品加工设备6台，建立示范生产线16条。

科研人员还首次从营养角度评价了马铃薯与三大主粮的营养价值，提出中国马铃薯与传统三大主食2.5∶1营养当量系数，即2.5份马铃薯与1份主粮所提供的蛋白质、碳水化合物、脂肪、各类维生素和矿物质等的综合营养价值相当。开展了马铃薯馒头对内蒙古、河北的学生，以及马铃薯米粉对南方城市的中老年群体的健康评估，科学论证了马铃薯主食产品对血压、血糖、血脂有一定的控制作用。

从明确品种筛选指标出发，马铃薯主粮化战略的巨轮正在扬帆远航。

② 适宜品种大检阅

马铃薯和马铃薯可大不相同！做主粮的马铃薯与做蔬菜的马铃薯品质可不一样！

过去，马铃薯在我国主要当菜吃，品种多适于鲜食、制淀粉和国外休闲食品加工。世界上种植的马铃薯品种有数千个，截至2012年，我国共审定了436个马铃薯品种。国内推广100万亩以上的品种15个，其中自主培育的11个，主要包括两类，一类以鲜食为主，另一类适于薯片、薯泥等西式休闲食品加工，也有部分品种二者兼用。在育种过程中，侧重常规性状的研究，而对于主粮化产品加工需要的淀粉特性、蛋白质性质、营养保持率和重要营养成分含量等，没有重点考虑，缺少马铃薯主食加工适用品种。

因而，马铃薯主粮化，品种要先行！

为了筛选和培育适合加工马铃薯主食的马铃薯品种，马铃薯主粮化项目组专家在现有马铃薯资源的基础上，利用马铃薯主粮化性状评价体系，对我国马铃薯生产中规模种植的主栽品种进行了长达3年的研究，足迹遍布马铃薯种植大部分地区，筛选出了第一批马铃薯主粮化品种。

由于中国地域辽阔，各地区的气候生态特征、土地资源禀赋等有较大的

余欣荣、陈萌山等同志
考察马铃薯主粮化种植
示范基地

差异，因而适宜种植的农作物品种也存在区别。马铃薯主粮化项目组依照我
国传统马铃薯耕作的四个分区，根据各生产区独特的气温、无霜期、积温、
降水量等气候条件以及马铃薯主粮化加工需求，分别筛选出适宜北方一作
区、中原二作区、西南一二季混作区与南方冬作区栽培的马铃薯主粮化品种
共30个，这些品种已经在马铃薯生产中被广泛应用，种植面积约4000万亩，
占全国马铃薯总种植面积的一半左右，它们将是马铃薯主粮化战略推进的
"排头兵"。

其中，适合北方一作区生产的马铃薯品种应以生育期较长的中、晚熟品
种为主，还要求品种具有较长的休眠期、较好的贮藏性、较强的抗逆性和良
好的丰产性。该区主粮化适宜品种为克新1号、陇薯3号、陇薯6号、大西
洋、夏波蒂、东农303、虎头、冀张薯8号等。

中原二作区由于生育期较短，该区的品种一般以早熟、鲜食型为主。有
条件的地方和农户可采取地膜覆盖的方式，将播种期提前。该区主粮化适宜
品种为费乌瑞它、大西洋、东农303、中薯5号等。

在西南一二季混作区中，一季作地区可选择生育期为中、晚熟的品种，
有些地方从种到收可长达6个月之久；而在低山河谷地区，则应当选择生育
期较短的中、早熟品种。该区主粮化适宜品种为合作88、鄂马铃薯3号、鄂
马铃薯5号、米拉、丽薯6号、滇薯6号等。

南方冬作区马铃薯的生育期相对较短，一般应选用早熟品种。该区主粮化适宜品种为费乌瑞它、湘马铃薯1号、大西洋、中薯3号、兴佳2号、中薯20号、金湘等。

马铃薯主粮化适宜品种特性及推荐种植区域

序号	品种名称	特征特性	适宜区域
1	克新1号	中熟。块茎椭圆形，白皮白肉，干物质含量18.1%，淀粉含量13.0%～14.0%，100克鲜薯维生素C含量14.4毫克	北方一作区
2	青薯9号	中晚熟。块茎长椭圆形，红皮黄肉，干物质含量25.72%，淀粉含量19.76%，还原糖含量0.25%，100克鲜薯维生素C含量23.3毫克	北方一作区、西南混作区
3	陇薯3号	中晚熟。块茎扁圆或椭圆形，黄皮黄肉，干物质含量24.1%～30.7%，淀粉含量20.1%～24.3%，粗蛋白含量1.78%～1.88%，还原糖含量0.13%～0.18%，100克鲜薯维生素C含量20.2～26.9毫克	北方一作区
4	陇薯6号	中晚熟。薯块扁圆形，淡黄皮白肉，干物质含量27.5%，淀粉含量20.1%，粗蛋白含量2.04%，100克鲜薯维生素C含量15.53毫克，还原糖含量0.22%	北方一作区
5	陇薯8号	中晚熟。薯块椭圆形，淡黄皮、淡黄肉，干物质含量31.59%，淀粉含量22.91%～27.34%、平均24.89%，粗蛋白含量2.96%，100克鲜薯维生素C含量13.32毫克，还原糖含量0.24%	北方一作区
6	陇薯9号	中晚熟。薯形扁圆，淡黄皮淡黄肉，干物质含量26.18%，淀粉含量20.39%，粗蛋白含量2.84%，100克鲜薯维生素C含量13.18毫克，还原糖含量0.20%	北方一作区
7	庄薯3号	晚熟。薯块扁圆形，黄皮黄肉，干物质含量26.38%，淀粉含量20.5%，粗蛋白含量2.15%，100克鲜薯维生素C含量16.22毫克，还原糖含量2.80%	北方一作区
8	冀张薯8号	晚熟。块茎椭圆形，淡黄皮乳白肉，还原糖含量0.28%，粗蛋白含量2.25%，淀粉含量14.8%，干物质含量23.2%，100克鲜薯维生素C含量16.4毫克	北方一作区
9	大西洋	中熟。块茎圆形，淡黄皮白肉，干物质含量20.6%，淀粉含量14.0%～17.9%，还原糖含量0.22%	北方一作区、中原二作区、南方冬作区

（续）

序号	品种名称	特征特性	适宜区域
10	夏波蒂	中熟。薯块长椭圆形，白皮白肉，干物质含量19%～23%，淀粉含量14.7%～17.0%，还原糖含量0.2%	北方一作区
11	东农303	极早熟。块茎扁卵圆形，黄皮黄肉，干物质含量20%左右，淀粉含量13%左右，粗蛋白含量2.5%，100克鲜薯维生素C含量14毫克	北方一作区、中原二作区
12	虎头	中晚熟。薯块扁圆形，浅黄皮浅黄肉，淀粉含量18%左右，还原糖含量0.2%	北方一作区
13	费乌瑞它	早熟。块茎长椭圆形，淡黄皮黄肉，干物质含量17.7%，淀粉含量12.4%～14.0%，还原糖含量0.3%，粗蛋白含量1.55%，100克鲜薯维生素C含量13.6毫克	中原二作区、南方冬作区
14	中薯3号	早熟。块茎椭圆形，淡黄皮淡黄肉，干物质含量19.1%，淀粉含量12.7%，还原糖含量0.29%，粗蛋白含量2.06%，100克鲜薯维生素C含量21.1毫克	中原二作区
15	中薯5号	早熟。块茎圆形或长圆形，淡黄皮淡黄肉，干物质含量19%左右，淀粉含量13%左右，粗蛋白含量2%左右，100克鲜薯维生素C含量20毫克	中原二作区
16	中薯18号	中晚熟。块茎长扁圆形，淡黄皮乳白肉，淀粉含量12.5%，干物质含量20.5%，还原糖含量0.55%，粗蛋白含量2.49%，100克鲜薯维生素C含量20.7毫克	南方冬作区
17	中薯19号	中晚熟。薯块长扁圆形，淡黄皮乳白肉，淀粉含量12.5%，干物质含量20.5%，还原糖含量0.55%，粗蛋白含量2.49%，100克鲜薯维生素C含量20.7毫克	北方一作区
18	中薯20号	中熟。薯块长圆形，黄皮白肉，100克鲜薯维生素C含量20.2毫克，淀粉含量14.0%，干物质含量21.6%，粗蛋白含量2.17%，还原糖含量0.54%	南方冬作区
19	湘马铃薯1号	早熟。块茎长椭圆形，黄皮黄肉，干物质含量16.1%，淀粉含量10.3%，100克鲜薯维生素C含量13.6毫克，还原糖含量0.41%	南方冬作区
20	金湘	中早熟。块茎近圆形，黄皮淡黄肉，干物质含量16.53%，淀粉含量12%～15%，粗蛋白含量2.0%左右，100克鲜薯维生素C含量约23.8毫克，还原糖含量0.31%	南方冬作区
21	兴佳2号	早熟。块茎长椭圆形，黄皮黄肉，淀粉含量15%	南方冬作区
22	合作88	晚熟。块茎长椭圆形，红皮黄肉，干物质含量25.8%，淀粉含量19.9%，还原糖含量0.3%	西南混作区

（续）

序号	品种名称	特征特性	适宜区域
23	鄂马铃薯5号	中晚熟。大薯长扁形，中小薯扁圆形，黄皮白肉，薯皮光滑，干物质含量22.7%，淀粉含量18.9%，还原糖含量0.16%，粗蛋白含量2.3%，100克鲜薯维生素C含量18.4毫克	西南混作区
24	米拉	中晚熟。块茎椭圆形，黄皮黄肉，干物质含量25.6%，淀粉含量17%～18%，还原糖含量0.25%，粗蛋白含量1.9%～2.3%，100克鲜薯维生素C含量14.4～15.4毫克	西南混作区
25	丽薯6号	中晚熟。块茎椭圆形，白皮白肉，干物质含量20.0%，淀粉含量14.24%，蛋白质含量2.06%，还原糖含量0.16%，100克鲜薯维生素C含量17.5毫克	西南混作区
26	丽薯10号	中晚熟。块茎椭圆形，皮色白且光滑，肉色亮白，淀粉含量19.99%，100克鲜薯维生素C含量23.00毫克，蛋白质含量2.66%，还原糖含量0.16%，干物质含量23.50%	西南混作区
27	云薯201	中晚熟。薯块长椭圆形，黄皮黄肉，干物质含量28.6%，淀粉含量22.30%，蛋白质含量2.24%，还原糖含量0.13%	西南混作区
28	宣薯4号	晚熟。薯块圆形，黄皮黄肉，干物质含量23.8%，淀粉含量18.73%，蛋白质含量1.75%，100克鲜薯维生素C含量23.7毫克，总糖含量0.33%，还原糖含量0.14%	西南混作区
29	川芋5号	中早熟。薯块扁圆形，黄皮黄肉，淀粉含量13.66%，还原糖含量0.15%，100克鲜薯维生素C含量16.7毫克	西南混作区
30	滇薯6号	中晚熟。薯块球形，浅黄皮黄肉，淀粉含量17%左右	西南混作区

此外，还筛选出马铃薯主粮化地域适宜性品种18个，分别是富金、红美、冀张薯12、冀张薯20、尤金、雪川、荷新1号、川芋1号、闽薯1号、华颂7号、桂农薯1号、克新30号、陇薯7号、陇薯10号、中薯12号、陇薯14号、天薯11号、新大坪。

品种对于一个物种、一个产业、一类食物的开发，具有第一位的重要性，它是预测效益的首要指标，决定着食品的加工性能和营养指标。虽然农业综合效益要靠各项因素综合作用，但种子作为最重要的内因起着关键性作用，未来产业能走多远，以及对人民健康的可能贡献，都在这个品种名单中得到体现。

下面，就让我们来逐一欣赏这马铃薯主粮界的"30强选手"！

1号
选手

克新1号——
目前我国种植面积最大的品种

选育单位 黑龙江省农业科学院马铃薯研究所

品种来源 374-128×Epoka（疫不加）

审定情况 1967年通过黑龙江省农作物品种审定委员会审定，1984年通过全国农作物品种审定委员会审定

克新1号

品种登记号 国审薯05009-1984

特征特性 中熟品种，从出苗至收获平均95天。株型直立，株高70厘米左右，分枝数多，花冠淡紫色。块茎椭圆形，白皮白肉，表皮光滑，结薯集中，芽眼深度中等，块茎大而整齐。

干物质含量18.1%，淀粉含量13%～14%，100克鲜薯维生素C含量14.4毫克，主要作鲜薯菜用、全粉及主食化加工。抗逆性强，高抗环腐病、卷叶病毒和Y病毒，较抗晚疫病。块茎休眠期长，耐贮藏。

克新1号马铃薯田

克新1号是目前我国种植面积最大的品种，2012年全国种植面积1200余万亩。

产量表现 平均亩产1600千克，高产可达2600千克以上。

栽培要点 东北南部地区以4月中下旬，东北北部及内蒙古等地区以5月上中旬播种为宜。宜选择中性或偏酸性的土壤，选用土壤肥沃、灌排方便、耕层深厚的壤土或沙壤土。冬季播种生育期短，不耐高温，因此多为春播，也适于夏播留种。植株较矮，适宜和多种作物进行间套作。当土壤化冻后，选择晴天播种，尽量早播，以便早出苗，争取更长的适宜生长期。可采用单垄双行栽培模式，也可采用单行播种方式。由于植株繁茂，每亩以栽植3500株为宜。

适宜区域 适于北方一作区种植，如黑龙江、吉林、辽宁、河北、内蒙古、山西、陕西、甘肃等地。南方有些省也可种植。

2号选手 青薯9号—— 欢迎品尝马铃薯馒头

选育单位 青海省农林科学院生物技术研究所

品种来源 387521.3 × Aphrodite

审定情况 2006年通过青海省农作物品种审定委员会审定，2011年通过全国农作物品种审定委员会审定

青薯9号

特征特性 中晚熟品种，从出苗至收获120天左右。株高1米左右，茎紫色，分枝数多，花冠浅红色。块茎长椭圆形，红皮黄肉，表皮有网纹，沿维管束有红纹，结薯集中，芽眼较浅，块茎整齐。商品薯率高。

干物质含量占1/4，淀粉含量大约占1/5，还原糖含量低，为0.25%，维生素C含量较高，100克鲜薯含23.3毫克。主粮化性状较优异，适宜做马铃薯馒头等主食化产品。抗逆性强，高抗晚疫病，抗卷叶病毒、X病毒和Y病毒。2012年全国种植面积30余万亩。

产量表现 平均亩产1600千克，高产可达2600千克以上。

栽培要点 宜选择中等以上地力、通气良好的土壤种植。4月中旬至5月上旬播种，采用起垄等行距种植或等行距平种，播深8～12厘米，每亩播量130～150千克。播种行距70～80厘米，株距25～30厘米，密度为每亩3200～3700株。苗齐后，结合锄草、松土进行第一次中耕培土，培土3～4厘米；现蕾初期进行第二次培土，厚度达到8厘米以上，并追施纯氮每亩1千克左右。现蕾后至开花前，结合施肥进行第一次浇水，生育期浇水2、3次，开花期喷施磷酸二氢钾1、2次。在生育期内发现中心病株应及时拔除，并进行药剂防治。

适宜区域 适于北方一作区和西南混作区种植，如黑龙江、吉林、辽宁、河北、内蒙古、山西、陕西、甘肃、云南、贵州等地。

3号选手

陇薯3号——
适宜全粉、淀粉及主食化加工

选育单位 甘肃省农业科学院马铃薯研究所

品种来源 35-131×73-21-1

审定情况 1995年通过甘肃省农作物品种审定委员会审定

特征特性 中晚熟品种，生育期110天左右。株型半直立，较紧凑，株高60～70厘米，茎绿色，叶片深绿色，花冠白色。块茎扁圆或椭圆形，大而整

陇薯3号

齐，皮肉皆为黄色，芽眼较浅呈淡紫红色，休眠期长，耐贮藏。

干物质含量24.1%～30.7%，淀粉含量20.1%～24.3%，粗蛋白含量1.78%～1.88%，还原糖含量0.13%～0.18%，每100克鲜薯维生素C含量20.2～26.9毫克。食感面沙，口感好，有香味，十分适宜全粉、淀粉及主食化加工。对卷叶病毒、X病毒和Y病毒具有田间抗性，高抗晚疫病。2012年全国种植面积300余万亩。

产量表现 平均亩产2700千克，高产可达3700千克。

栽培要点 合理选茬选地，与谷类作物轮作，前茬以麦类、谷子、玉米等作物为好，其次是豆类、高粱等，油菜、胡麻、甜菜及茄科蔬菜等茬口不宜种植。宜选地势高、土层深厚、土壤疏松肥沃和排水、通气良好的地块种植。高寒阴湿、二阴山区，以4月中下旬播种为宜；半干旱地区以4月上中旬播种为宜，均不宜迟播。株型紧凑，播种密度可适当加大，一般每亩4000～4500株，旱薄地每亩2500～3000株，播深10～15厘米。施足底肥，以有机肥为主，化肥为辅，每亩施底肥3000～4000千克，尿素8～10千克，过磷酸钙30～50千克。出苗后及时查苗补苗，及时锄草松土，苗齐后先浅锄一次，10天后深锄一次。现蕾期进行第一次中耕培土，10天后进行第二次中耕培土。

适宜区域 适合甘肃省高寒阴湿、二阴及半干旱地区种植，宁夏、陕西、青海、新疆、河北、内蒙古、黑龙江等北方地区也可种植。

4号选手

陇薯6号——
"身体"结实，抗病性强

选育单位 甘肃省农业科学院马铃薯研究所

品种来源 武薯85-6-14×陇薯4号

审定情况 2005年通过国家农作物品种审定委员会审定

审定编号 国审薯2005002

特征特性 中晚熟品种，生育期115天左右。株型半直立，株高70～80厘米，分枝较多，茎绿色，叶片深绿色，花冠乳白色。薯块扁圆形，淡黄皮白肉，芽眼较浅，薯形美观，结薯集中。

块茎品质优良，干物质含量27.5%，淀粉含量20%，粗蛋白含量2.04%，100克鲜薯维生素C含量15.53毫克，还原糖含量0.22%。由于高淀粉、低还原糖特性，适宜全粉及面条等主食产品加工。抗病性强，高抗晚疫病，对花叶病毒病和卷叶病毒病具有很好的田间抗性。2012年全国种植面积150余万亩。

产量表现 丰产性较好，平均产量2000千克，高产可达每亩4000千克以上。

栽培要点 高寒阴湿、二阴地区一般4月中旬播种，半干旱地区4月上中旬播种，不宜迟播。播种时适当稀植，密度最大不要超过每亩4000株，以每亩2500～3000株为宜。实行早促快发、先促后控管理，重施底肥且氮磷配合，早施追肥，切忌氮肥过量。早除草，早中耕培土，垄要高而陡。收获前一周割掉薯秧，运出田地进行晒地，促进薯皮老化，提高收获质量。收获时轻拿轻放，尽量避免碰撞。

适宜区域 适宜甘肃省高寒阴湿、二阴及半干旱地区种植，也适宜宁夏固原、青海海南州、河北张家口及承德、内蒙古乌兰察布及武川等北方一作区推广种植。

5号选手

大西洋——
来自美国，扎根中华大地

选育单位　由农业农村部从美国引进

品种来源　B5141-6（Lenape）×旺西（Wauseon）

审定情况　2004年通过广西壮族自治区农作物品种审定委员会审定，2008年通过山西省农作物品种审定委员会审定，2014年通过黑龙江省农作物品种审定委员会审定

审定编号　桂审薯2004001、晋审薯2008002、黑审薯2014005

特征特性　中熟品种，生育期90天左右。株型直立，较矮小，约高50厘米，茎基部紫褐色，分枝数中等，花冠淡蓝紫色，茎秆粗壮，生长势较强。块茎圆形，淡黄皮白肉，表皮有轻微网纹，芽眼浅，块茎大小中等而整齐，结薯集中。

干物质含量20%左右，淀粉含量14.0%～17.9%，还原糖含量0.22%，适合进行马铃薯馒头等主粮化加工。植株易感晚疫病，较抗卷叶病毒病。块茎休眠期中等，耐贮藏。2012年全国种植面积130余万亩。

产量表现　平均亩产1500～1800千克，最高达2000千克以上。

栽培要点　宜选择地势高、土层深厚肥沃、富含有机质、排灌方便、3年内未种过茄科作物的中性或微酸性土壤种植。前茬以禾谷类或豆科作物为好。5月播种，播前15～20天晒种1、2天，置于18～20℃可见光条件下催芽至长出1、2厘米芽时切块，切成块重20～25克、具有2、3个芽眼的小块，并用50%多菌灵可湿性粉剂300倍液浸泡3分钟，稍干后拌草木灰。大田用种量为每亩150千克，播种密度为每亩5000～5500株，行距45厘米，株距25厘米。应及时采收，正常情况下大部分茎叶由黄绿色转为黄色时即可采收。采收选在天气晴朗、土壤比较干燥时进行。

适宜区域　适宜在内蒙古、黑龙江、河北、吉林、山东等北方一、二作区及南方冬作区种植。

6号选手

夏波蒂——
高纬度、高海拔显身手

选育单位　加拿大农业部马铃薯研究中心

品种来源　F58050×BakeKing

审定情况　2005年通过青海省农作物品种审定委员会审定

特征特性　中熟品种，生育期95天左右。株型开展，株高60～80厘米，主茎色绿粗壮，分枝数多，花冠浅紫色，花期长。薯块长椭圆形，白皮白肉，表皮光滑，芽眼浅，薯块大而整齐，结薯集中。

干物质含量19%～23%，淀粉含量14.7%～17.0%，还原糖含量0.2%。具有较好的主粮化性状，适宜进行马铃薯馒头、面条等主食化产品加工。对栽培条件要求严格，不抗旱、不抗涝，田间不抗晚疫病、早疫病，易感马铃薯X病毒、Y病毒、卷叶病毒病和疮痂病。适于机械化栽培。2012年全国种植面积90余万亩。

夏波蒂

产量表现 一般亩产1500～3000千克。

栽培要点 不耐高温、霜冻，适合高纬度、高海拔地区种植。5月初播种，9月中下旬收获。宜选择土层深厚、肥力中等以上、排水通气性良好、最好能浇水的沙壤土或轻沙壤土地块，不能选择低洼二阴、涝湿和盐碱地，更不能选择重茬地。栽培地土壤深翻30厘米，普施腐熟有机肥，并加适量过磷酸钙和草木灰，使土壤疏松肥沃。密度3500株/亩以上，播种行距60～70厘米，株距20～25厘米，播深7～8厘米。田间管理的重点是促进早出苗、早发棵、早结薯。齐苗15天后每亩追施硝酸铵50千克，浇水中耕，促发苗和发棵。封垄前追施硫酸钙50千克/亩，并培土1次，培土高12～15厘米。收获前5～7天停止浇水，促进薯皮老化，以利贮藏。及时控制病、虫、草害，严格防治晚疫病。

适宜区域 适于北方一作区的北部、西北部等高海拔冷凉干旱地区种植。

7号选手

东农303——
早熟就是优势

选育单位 东北农业大学

品种来源 白头翁（Anemone）×卡它丁（Katahdin）

审定情况 1996年通过全国农作物品种审定委员会审定

特征特性 极早熟品种，生育期50天左右。株型直立，株高60厘米左右，茎、叶淡绿色，花冠白色。块茎扁卵圆形，黄皮黄肉，表皮光滑，芽眼浅，块茎整齐。

干物质含量20%左右，淀粉含量13%左右，粗蛋白含量2.5%，每100克鲜薯维生素C含量14毫克。品质优，食味佳。田间较抗花叶病毒，轻感卷叶病毒和青枯病。2012年全国种植面积90余万亩。

东农303

产量表现 平均亩产2000千克。

栽培要点 通过催壮芽处理，使幼芽和薯皮绿化，再切块播种，可提早3～5天出苗。商品薯种植密度每亩4000～4500株，种薯种植密度每亩6000～6500株。选择土壤肥力偏上、土质疏松、排灌方便的地块种植，早春采用地膜覆盖，可提早上市10天，经济效益显著。结薯部位高，出苗至封垄前结合锄草培土2、3次，防止薯块裸露。

适宜区域 适合在东北、华北、江苏、广东、浙江等地种植。

8号选手

虎头——
干旱地区显身手

选育单位 河北省张家口市农业科学院马铃薯研究所

品种来源 紫山药×北京小黄山药

审定情况 1979年通过陕西省、河北省农作物品种审定委员会审定

特征特性 中晚熟品种。株高70～80厘米，株型稍扩散，主茎直立，分枝数中等，生长整齐，茎绿稍带紫色。叶深绿色，叶片肥厚粗糙，叶脉明显。花

冠白色，开花期短，开花少。薯块扁圆形，薯皮、薯肉浅黄色，芽眼较深。结薯较集中，薯块中等，大小整齐。休眠期短，耐贮藏。

淀粉含量18%左右，还原糖含量0.2%。抗马铃薯晚疫病、环腐病、X病毒，轻感卷叶病毒。抗旱性较强，适宜旱薄地种植。2012年全国种植面积20余万亩。

产量表现 平均亩产2000千克。

栽培要点 使用脱毒原种，采用育芽带薯移栽技术，以达到早出苗、苗齐、苗壮。重施有机肥，增施磷钾肥，追施芽肥。合理密植，适宜栽培密度为每亩3500~4000株。晚疫病防治可用70克35%的甲霜灵与160克50%的可湿性粉剂代森锰锌，加30千克水混合喷施，防效显著。为了杜绝土壤青枯病传染源，应尽量采用轮作制，切忌连作。大多数叶片变黄，表明已经成熟，应及时抢收。若块茎作种用，应散光薄摊贮藏，抑制腋芽滋长，以保持顶芽优势。

适宜区域 适宜在河北、内蒙古、山西、陕西、甘肃等地种植。

9号选手 费乌瑞它——来自荷兰，却成为中国出口佳品

选育单位 荷兰HZPC公司

品种来源 ZPC-35 × ZPC55-37

审定情况 2002年通过贵州省、内蒙古自治区农作物品种审定委员会审定

审定编号 黔审薯2002003、蒙认薯2002001

费乌瑞它

特征特性 早熟品种，生育期75天左右。株型直立，分枝数少，花冠蓝紫色，株高65厘米左右，茎紫褐色，生长势强。块茎长椭圆形，淡黄皮黄肉，表皮光滑，块茎大而整齐，芽眼少而浅，结薯集中。

干物质含量17.7%，淀粉含量12.4%～14.0%，还原糖含量0.3%，粗蛋白含量1.55%，100克鲜薯维生素C含量为13.6毫克。易感晚疫病、环腐病和青枯病，抗Y病毒和卷叶病毒。食用品质较好，适于鲜薯食用、主食化加工和鲜薯出口。2012年全国种植面积500余万亩。

产量表现 平均亩产1700千克，高产可达3500千克。

栽培要点 耕翻深度30厘米以上。华北平原早春气温低，应尽量提早播种。一般地膜覆盖，晚霜前40天为适宜播种期。河北中部保定等地3月中旬为适宜播种期，向南逐渐提早播种。山东和河南2月底、3月初即可播种。一般选用单垄单行或大垄双行高垄栽培，密度为每亩5000株。农家肥在耕翻地后撒施，随即旋耕。化肥沟施，追肥揭膜后撒施于苗两侧，随后中耕培土浇水。覆土后每亩用苗前除草剂（金都尔、乙草胺）均匀喷雾。从南向北，一般从5月下旬到6月中旬收获上市，收获时要注意选择晴好天气，收获后的薯块应适度放在太阳下晾干，去掉烂、破、病薯，然后按薯块大小进行分级。

适宜区域 适合在中原二作区及南方冬作区早春栽培，在山东、广东等地作为出口商品薯栽培。

10号选手

中薯5号——
鲜食请选我

选育单位 中国农业科学院蔬菜花卉研究所

品种来源 1998年从中薯3号天然结实后代系选育而成

审定情况 2004年通过全国农作物品种审定委员会审定

审定编号　国审薯2004002

特征特性　早熟鲜食品种，生育期67天左右。株型直立，株高50厘米左右，分枝数较少，花冠白色，生长势较强。块茎圆形或长圆形，淡黄皮淡黄肉，表皮光滑，芽眼极浅，块茎大而整齐，结薯集中。

干物质含量19%左右，淀粉含量13%左右，粗蛋白含量2%左右，每100克鲜薯维生素C含量为20毫克。炒食品质优，适宜馒头、面条等主食化加工。植株田间较抗晚疫病、卷叶病毒和Y病毒，不抗疮痂病，耐瘠薄。2012年全国种植面积50余万亩。

产量表现　一般亩产2000千克左右。

栽培要点　选用脱毒种薯，播前催芽，适时早播。华北平原早春气温低，进入5月后升温快，温度高。一般地膜覆盖，晚霜前40天为适宜播种期。河北中部保定等地3月上旬为适宜播种期，向南逐渐提早播种。山东和河南2月底、3月初即可播种。播种密度每亩5000株。底肥重施有机肥，注意氮、磷、钾肥配合施用。早施追肥，促早发棵、早结薯。齐苗时中耕锄草，并进行第一次培土，现蕾期进行第二次培土。注意轮作换茬。加强晚疫病等病害防治。

适宜区域　适宜在北京、山东、河南等中原二作区春秋两季种植，在辽宁、黑龙江等北方一作区早熟栽培，在广东、广西、江西、福建等南方冬作区冬季栽培，在重庆等西南地区二季栽培。

11号选手　湘马铃薯1号——在南方的冬季里成长

选育单位　湖南农业大学园艺园林学院

品种来源　Jemseg × Goldrush

审定情况　2007年通过湖南省农作物品种审定委员会审定

湘马铃薯1号

审定编号　湘审薯2007001

特征特性　早熟品种，出苗后60天内收获。株型直立，分枝数较少，株高50厘米左右，茎深绿色，茎基紫色，生长势强，花冠蓝紫色。块茎长椭圆形，黄皮黄肉，表皮光滑，芽眼浅而少，结薯集中，单株结薯6～8个。

干物质含量16.1%，淀粉含量10.3%，每100克鲜薯含维生素C 13.6毫克，还原糖含量0.41%。2012年全国种植面积10余万亩。

产量表现　春季露地地膜覆盖栽培平均亩产2000千克左右。

栽培要点　选择微酸性轻沙壤土栽培。选用3代以内的脱毒种薯，播种前进行消毒与切块处理，每亩用种量130～150千克。采用高垄栽培，垄宽80厘米，垄高25厘米，垄沟宽45厘米，每亩施纯氮10～12千克、五氧化二磷4～6千克、氧化钾22～26千克。冬作马铃薯的适宜播种期为12月中下旬。按每垄双行、株距24厘米，开穴施肥后进行播种，在播种后盖膜前，应采用芽前除草剂防止杂草生长。采用地膜覆盖畦面，幼苗出土顶膜时去掉地膜。植株高度20厘米时培土。生长期内注意防治蚜虫、蛴螬、早疫病、晚疫病、青枯病和环腐病等。一般3月下旬至4月下旬可收获上市。

适宜区域　适合在南方冬作区湖北、湖南、广东、广西等地栽培。

12号选手

中薯3号——
主粮化的舞台上，应该有我的身影

选育单位 中国农业科学院蔬菜花卉研究所

品种来源 京丰1号×EB77-4

审定情况 2005年通过国家农作物品种审定委员会审定

特征特性 早熟品种，对日照反应不敏感，出苗至成熟67天左右。株型直立，株高50厘米左右，单株主茎数3个左右，茎绿色，分枝数少，枝叶繁茂，生长势强，花冠白色。块茎椭圆形，淡黄皮淡黄肉，表皮光滑，芽眼少而浅，块茎休眠期60天左右，耐贮藏。

干物质含量19.1%，粗淀粉含量12.7%，还原糖含量0.29%，粗蛋白含量2.06%，100克鲜薯维生素C含量21.1毫克，具有较好的主粮化特性，适宜馒头、面条等主食化加工。抗花叶病毒病，不抗晚疫病。2012年全国种植面积140余万亩。

产量表现 平均亩产1500千克，高产达4000千克。

栽培要点 宜选择土质疏松、灌排方便的地块，忌连作，且不能与其他茄科作物轮作。前作晚稻收获后及时进行整地，要求细、匀、松，创造深厚疏松的土壤条件，以提高土壤的透气、蓄水、保肥和抗旱能力，以利于根系充分发育和薯块膨大。商品薯密度4500~5000株/亩；留种田密度6000~6500株/亩。播种后先灌满一次全沟"跑马水"以湿润土壤，同时用丁草胺防治杂草。成熟期水分不可过高，若过高易发生"烂薯"，雨后要及时清沟排渍。茎叶开始枯黄时即可收获，收获前10~15天停止浇水或灌水。收获时应选择晴天，挖薯时切忌伤到薯块，以确保成品薯质量。

适宜区域 适宜北京、山东、河南、浙江、江苏、安徽、广西等二季作区春秋两季种植。

13号
选手

兴佳2号——
白山黑水间的早熟品种

选育单位　黑龙江兴佳薯业有限责任公司

品种来源　Gloria × 21-36-27-31

审定情况　2014年通过黑龙江省农作物品种审定委员会审定

特征特性　早熟品种，出苗至成熟70天。株高65厘米，花冠白色。块茎长椭圆形，黄皮黄肉，表皮光滑，芽眼浅，大中薯率85%以上。田间较抗晚疫病。淀粉含量15%左右。

产量表现　平均亩产2100千克，高产达4000千克。

栽培要点　冬作区应在12月下旬或1月上旬播种，选择疏松肥沃、透气性良好的地块种植，采用深松、浅翻大垄密植栽培方式，每亩种植密度4500～5000株，施肥量50千克，同时要增施有机肥。三铲三耥，加强培土，生育关键时期遇到干旱应及时灌溉，适时收获。

适宜区域　适宜在黑龙江、吉林、辽宁、内蒙古、广东、福建等地种植。

兴佳2号

合作88

14号选手

合作88——
给点阳光就灿烂

选育单位　云南师范大学薯类作物研究所、会泽县农技中心

品种来源　I-1085×BLK2

审定情况　2001年通过云南省农作物品种审定委员会审定

特征特性　晚熟品种，生育期130天。株型直立，株高93厘米左右，茎绿紫色，叶深绿色，花冠紫色。块茎长椭圆形，红皮黄肉，薯皮光滑，芽眼少而浅。

　　干物质含量25.8%，淀粉含量19.9%，还原糖含量0.3%，抗氧化和抗变色能力较强，具有较好的主粮化特性。田间表现高抗癌肿病，中抗晚疫病。2012年全国种植面积140余万亩。

产量表现　亩产可达1500～4500千克。

栽培要点　该品种为典型的短日照品种，在日照时间渐长的春季不能正常结薯，表现为晚熟，只适宜在一季春播马铃薯种植区大春种植。需肥量较大，为充分发挥其增产潜力，种植时宜选择中上等肥力地，肥料以农家肥为主，

重施基肥，封行前辅以少量的磷钾复合肥。一般选用高垄双行或平作起垄的栽培方式，播种密度以每亩3000～3500株为宜。

适宜区域 适宜在西南混作区云南省一季春播马铃薯种植区种植。

15号选手 鄂马铃薯5号——南方丘陵任我行

选育单位 湖北恩施南方马铃薯研究中心

品种来源 392143-12×NS51-5

审定情况 2008年通过农业部审定

审定编号 国审薯2008001

鄂马铃薯5号

特征特性 中晚熟品种，从出苗到成熟90天左右。株型较扩散，株高60厘米左右，花冠白色。大薯长扁圆形，中小薯扁圆形，黄皮白肉，薯皮光滑，芽眼中等，结薯集中。

干物质含量22.7%，淀粉含量18.9%，还原糖含量0.16%，粗蛋白含量2.3%，100克鲜薯维生素C含量18.4毫克。较抗晚疫病，抗花叶病毒和卷叶病毒。2012年全国种植面积250余万亩。

产量表现 平均亩产2800千克。

栽培要点 使用脱毒薯，单作条件下种植密度亩均4000株为宜，株距33厘米，行距50厘米；套作条件下，可采用160厘米内双行马铃薯套双行玉米或其他作物，马铃薯种植密度亩均2400株为宜。每亩施用1000～2500千克腐熟的猪、牛栏肥或堆肥，15～25千克三元复合肥作底肥。在出苗达60%左右

鄂马铃薯5号薯田

时，每亩施尿素8～10千克，现蕾时根据苗情长势酌情施肥，可施尿素，同时进行中耕、锄草、培土。低海拔地区应注意防治二十八星瓢虫。

适宜区域　适宜在南方和西南海拔600米以上地区栽培。

16号选手

米拉——来自德国，喜雨喜湿

选育单位　从德国引进

品种来源　卡皮拉×B.R.A.9089

审定情况　1984年通过宁夏马铃薯品种审定委员会审定

特征特性　中晚熟品种，生育期105天左右。株型开展，株高60厘米左右，花冠白色。块茎椭圆形，黄皮黄肉，薯皮较粗糙，芽眼较多而深，休眠期长、耐贮藏。

干物质含量25.6%，淀粉含量17%～18%，还原糖含量0.25%，粗蛋白含量1.9%～2.3%，每100克鲜薯维生素C含量为14.4～15.4毫克。对晚疫病有较

强的水平抗性，轻感皱缩花叶病毒和卷叶病毒，易感环腐病。2012年种植面积530余万亩。

产量表现　平均亩产1500千克，高产可达2500千克以上。

栽培要点　应选用符合质量标准的脱毒原种或一级种薯，无病虫害和机械创伤，具有本品种特性，表皮完整鲜艳，无冻伤。基肥以农家肥为主，集中沟施。化肥应以磷肥为主，辅之以氮肥。由于植株繁茂，可适当稀植，每亩保苗4000株左右。齐苗后及时除草，结合培土起垄。注意适时收获，剔除病薯。

适宜区域　适合在无霜期较长、雨多湿度大、晚疫病易流行的西南一季作山区种植。

17号选手　丽薯6号——西南山区里的宝

选育单位　丽江市农业科学研究所

品种来源　10-39×NS40-37

审定情况　2008年通过云南省农作物品种审定委员会审定

丽薯6号

特征特性　中晚熟品种。株型半直立，株高67厘米左右，茎微紫绿色，叶绿色，花冠白色。块茎椭圆形，白皮白肉，单株结薯数5.8个，大中薯率83.9%，结薯集中，薯块休眠期长，耐贮性好。

干物质含量20%，淀粉含量14.24%，蛋白质含量2.06%，还原糖含量

0.16%，维生素C含量较高，每100克鲜薯维生素C含量为17.5毫克。高抗晚疫病，抗马铃薯花叶病毒病和卷叶病毒病。食味好，可作米粉加工。

产量表现　平均亩产量为2070千克。

栽培要点　选择土壤疏松、土层深厚、通透性好、排灌方便、肥力中上等、没有茄科类作物连作的田块种植。选用50克左右的优质整薯播种，自然见芽或用一定配比的赤霉素处理露芽后种植。实行垄作，每亩种植3500～4000株，施农家肥1500～2000千克，复合肥30千克、普钙30千克、尿素8千克作基肥。第一次锄草过程中，每亩追施尿素10千克，中耕锄草培土2、3次。及时防治病、虫、鼠害，并适时收获。

适宜区域　适宜在云南省怒江、迪庆、大理、保山、德宏、昭通、曲靖、文山、红河等州（市）以及四川凉山州、贵州贵阳市等地种植，尤其适宜在云南省南部地区作冬作种植。

18号选手

丽薯10号——
蒸煮炒食随君意

选育单位　丽江市农业科学研究所

品种来源　Serrana-inta × PB08

审定情况　2014年通过云南省农作物品种审定委员会审定

审定编号　滇审薯2014006

特征特性　中晚熟品种，生育期110天。植株田间长势强，株型半直立，株高67厘米，茎粗1.2厘米，叶

丽薯10号

丽薯10号马铃薯田

和茎秆绿色，花冠白色，开花性中等繁茂，天然结实性弱。块茎大小整齐度中等，田间现场评价好。块茎椭圆形，皮色白且光滑，肉色亮白，芽眼小且浅，单株结薯数6或7个，平均单薯重100克，中薯率72%。休眠期60天左右，耐贮性好。

淀粉含量约占1/5，每100克鲜薯含23毫克维生素C，蛋白质含量2.66%，还原糖含量0.16%，干物质含量23.50%。食味好，既适宜蒸煮和炒食，又可作马铃薯米粉加工。植株抗晚疫病，感轻花叶和重花叶病毒病。

产量表现　平均亩产量为1979～2447千克。

栽培要点　应选择土壤疏松、土层深厚、通透性好、排灌方便、肥力中上等、前作未种茄科类作物的田块。选用50克左右的优质整薯，芽长0.5～1厘米时播种。在当地最佳节令播种，云南丽江一般2月下旬至3月下旬播种。实行平播后起垄栽培，垄距80厘米，株距22～25厘米，每亩种植3500株左右。长期偏施氮肥的地区要控制氮肥，增施有机肥和磷钾肥。

适宜区域　适合在云南省中北部大春马铃薯区域种植。

19号选手

中薯18号——
商品薯率较高，卖得上价

选育单位　中国农业科学院蔬菜花卉研究所

品种来源　C91.628×C93.154

审定情况　2011年通过内蒙古自治区审定

特征特性　中晚熟品种，生育期100天左右。植株直立，株高60厘米左右，生长势强，分枝数少，枝叶繁茂，茎绿带褐色，叶绿色，花冠白色，天然结实性差。块茎长扁圆形，皮色淡黄，肉色乳白，薯皮略微麻，芽眼浅。商品薯率为74.9%。

干物质含量20.5%，淀粉含量12.5%，还原糖含量0.55%，粗蛋白含量2.49%，100克鲜薯维生素C含量20.7毫克。高抗马铃薯X病毒病和Y病毒病，轻感晚疫病。

产量表现　区试平均亩产1993.39千克，生产试验平均亩产2248.43千克。

栽培要点　适宜在4月下旬至5月上旬，当10厘米土层稳定通过8℃时播种，播前一个月出窖，之后进行催芽、切块、晒种。每亩种植密度3500～4000株，一般旱地采用垄作方式种植。生育期间及时中耕培土，有条件灌溉的要及时灌溉。7月中下旬至8月下旬及时防治晚疫病。

适宜区域　适宜在河北承德、山西北部、陕西榆林、内蒙古乌兰察布等一季作中晚熟区种植。

**20号
选手**

中薯19号——
我和中薯18号是"孪生兄弟"

选育单位 中国农业科学院蔬菜花卉研究所

品种来源 C92.187×C93.154

审定情况 2011年通过内蒙古自治区审定

特征特性 中晚熟品种，生育期出苗后100天左右。株型直立，株高60厘米左右，生长势强，茎绿带褐色，叶深绿色，花冠紫色，花繁茂，无结实性，匍匐茎短，结薯集中。薯块长扁圆形，皮色淡黄，肉色乳白，薯皮略微麻，芽眼浅。商品薯率为74.9%。

淀粉含量12.5%，干物质含量20.5%，还原糖含量0.55%，粗蛋白含量2.49%，每100克鲜薯维生素C含量为20.7毫克。高抗马铃薯X病毒和Y病毒，中感晚疫病。

产量表现 区试平均亩产1993.39千克，生产试验平均亩产2248.43千克。

栽培要点 适宜在4月下旬至5月上旬，10厘米土层稳定通过8℃时播种，播前一个月出窖，之后进行催芽、切块、晒种。每亩种植密度3500～4000株，一般旱地采用垄作方式种植。生育期间及时中耕培土，有条件灌溉的要及时灌溉。7月中下旬至8月下旬应及时防治晚疫病。

适宜区域 适宜在内蒙古一季作中晚熟区种植。

21号选手

陇薯8号——
天然结实，耐贮耐运

选育单位 甘肃省农业科学院马铃薯研究所

品种来源 大西洋×L9705-9

审定情况 2010年通过甘肃省审定

审定编号 甘审薯2010001

陇薯8号薯田

特征特性 中晚熟，生育期116天左右。幼苗生长势强，成株繁茂，茎绿色，局部带褐色网纹，叶绿色，花冠白色，天然结实性较强。薯块椭圆形，淡黄皮淡黄肉，薯皮粗糙，芽眼较浅，大中薯率80%以上。薯块休眠期长，耐贮运。

干物质含量平均31.59%，淀粉含量22.91%～27.34%、平均24.89%，粗蛋白含量平均2.96%，每100克鲜薯维生素C含量为13.32毫克，还原糖含量平均0.24%。

产量表现 平均产量1776.7千克/亩，比统一对照陇薯6号增产1.3%。

栽培要点 适期、适密播种，高寒阴湿、二阴地区以4月中旬播种为宜，半干旱地区4月上中旬为宜。不宜迟播，以免生长后期淀粉积累期太短影响薯块淀粉积累。播种密度一般每亩3500～4000株，旱薄地每亩2500～3000株。实行早促快发管理，重施底肥，氮、磷、钾肥配合。早施追肥，切忌氮肥过量。早锄草，早中耕培土，垄要高而陡。及时杀灭蚜虫，在蚜虫迁飞高峰期，即在团棵前后（6叶或8叶时）间隔7～10天防治蚜虫2次，一般用40%灭蚜净乳油1500～2000倍液、10%吡虫啉可湿性粉剂2000倍液、10%氯氰菊酯乳油3000倍液等药剂交替喷雾。对蚜虫的防治必须注意喷雾要彻底，叶面、叶背都要着药。

适宜区域 适宜在甘肃省高寒阴湿、二阴地区及半干旱地区推广种植。

22号选手

陇薯9号——
个子大，形状好，"颜值高"

选育单位 甘肃省农业科学院马铃薯研究所

品种来源 93-10-237×大同G-13-1

审定情况 2010年通过甘肃省审定

审定编号 甘审薯2010002

特征特性 中晚熟品种，生育期118天左右。幼苗生长势强，成株繁茂，茎、叶绿色，花冠白色，株型半直立，株高65～75厘米。结薯集中，单株结薯4、5个。薯形扁圆，淡黄皮淡黄肉，薯皮粗糙，芽眉不明显，芽眼较浅，薯形好，大中薯率95%以上。薯块休眠期长，耐运输，耐贮藏。

产量表现 平均亩产量1944.4千克。

栽培要点 适期、适密播种，高寒阴湿、二阴地区以4月中旬播种为宜，半干旱地区4月上中旬为宜，不宜迟播。因其株型较大可适当稀植，一般每亩

陇薯9号马铃薯田

播种密度为3500~4000株，旱薄地每亩2500~3000株。实行早促快发、先促后控管理，重施底肥，氮、磷肥配合。早施追肥，切忌氮肥过量。早锄草，早中耕培土，培土垄要高而陡。亩施有机肥3000千克以上。每亩施入20千克左右钾肥和2千克硫酸亚铁复合肥。生育后期应加强晚疫病防治，7月中下旬若出现连续降雨，田间出现晚疫病斑或中心病株时，用甲霜灵锰锌、代森锰锌、宝大森药液喷雾进行防治，坚持及早防治和多次防治的原则，每隔7~10天喷药，连续防治3、4次，防治期间应轮换、交替使用化学成分不同的药剂。

适宜区域 适宜甘肃省高寒阴湿、二阴地区及半干旱地区推广种植。

23号选手 庄薯3号——商品薯率高达90%以上

选育单位 庄浪县农技中心

品种来源 87-46-1×青85-5-1

审定情况 2005年通过甘肃省审定

特征特性 晚熟品种，全生育期160天以上。株型直立，株丛繁茂，生长势强，株高82.5~95厘米，茎绿色，叶片深绿色，叶片中等大小，分枝数3~5个，复叶椭圆形，对生，花淡蓝紫色，天然结实性差，植株生长整齐，结薯集中。薯块扁圆形，黄皮黄肉，芽眼淡紫色，薯皮光滑度中等，块茎大而整齐。商品薯率高达90%以上。

干物质含量26.38%，淀粉含量20.5%，粗蛋白含量2.15%，每100克鲜薯维生素C含量为16.22毫克，还原糖含量2.80%。较感晚疫病。

产量表现 每亩产量3000千克以上。

栽培要点　精选种薯，种薯出窖后要严格挑选，选择品种特征明显、薯形规则、表皮光滑、芽眼深浅一致的幼龄和壮龄块茎，淘汰薯形不规则、表皮粗糙老化及芽眼凸出、破头、龟裂、皮色暗淡等非健康标志的薯块。种薯切块与处理，最好选用30克左右的小整薯，薯块在70克以上应切块。种薯在切块前进行催芽和散射光处理，使薯芽微露。种薯的切块要在播种前1、2天进行，切块的方法是先纵切薯块后将顶芽一分为二，然后再切成楔状，不用薯块尾芽，每个切块含有2、3个芽眼，平均单块重量要达到40～50克。切块过程中要将切刀消毒，将多把切刀浸泡在0.20%高锰酸钾溶液中消毒，轮换使用，每切一个薯块，更换一次切刀。切好的薯块经2、3小时晾晒后，用石膏粉或滑石粉加入4%～8%的甲基托布津均匀拌种并风干，防止切块腐烂。

为防治种植过程中的一些病害，可用以下方法处理种薯：用0.20%高锰酸钾浸种20～30分钟可以防治黑胫病；用0.05%硫酸铜浸泡种薯10分钟可以防治环腐病；用40%福尔马林200倍液浸种5分钟，或将种薯浸湿，再用塑料布盖严闷2小时，晾干后播种可以防治白粉病与茎痂病；用50%多菌灵可湿性粉剂500倍液浸种10分钟可以防治立枯病及丝核菌病；用58%甲霜灵锰锌可湿性粉剂按种子量的0.30%拌种可以防治晚疫病。

适宜区域　适宜在甘肃省平凉市、天水市、定西市、武都市以及宁夏回族自治区种植。

24号选手

云薯201——
彩云之南的优秀品种

选育单位　云南省农业科学院马铃薯研发中心

品种来源　S95-105×内薯7号

审定情况　2004年通过云南省审定

特征特性 中晚熟品种，生育期107天。株型半扩散，分枝数较少，株高68.5厘米，茎秆绿色，叶绿色，叶腋部位有紫色素分布，花冠白色，花柄节有色素，花梗有紫色素分布，偶尔有天然结实，结薯集中。薯形长椭圆，表皮较粗糙，芽眼较浅，黄皮黄肉，休眠期较短。商品薯率78.3%。

干物质含量28.6%，淀粉含量22.30%，蛋白质含量2.24%，还原糖含量0.13%。植株中抗晚疫病，无卷叶病和青枯病表现，轻感普通花叶病；块茎未发现晚疫病、粉痂病和环腐病，轻感疮痂病。

产量表现 在前期试验中，每亩平均产量2313千克，较对照合作88增产35%。在2003—2004年云南省高淀粉区域试验中，两年每亩平均产量2559千克，较米拉增产9.9%，增产显著；每亩淀粉产量450千克，较米拉增产21.7%，增产极显著。

栽培要点 该品种植株较矮，田间中等繁茂，喜水肥。应选择肥力中上、阳光充足、病害少、前茬非马铃薯的地块，两犁两耙后种植。播种前应剔除烂、病薯和衰老块茎，选择生理状态好的健康种薯。每亩种植密度以3500～4500株为宜，特别适合间套作种植。每亩施腐熟农家肥2000～3000千克，化肥适量作底肥，播种时随种薯一次性施入。在苗期和现蕾期进行2、3次中耕，并根据植株长势强弱情况每亩适量追施尿素5～20千克。生育期间注意去杂除草、拔除病株和防治晚疫病。在90%茎叶枯黄、块茎成熟时及时收获。

适宜区域 适宜在云南省马铃薯玉米间套作地区（宣威市、会泽县、昭阳区、鲁甸县等）和大春中海拔马铃薯产区及生态气候条件与这些地区类似的区域推广种植，即适合在云南省昭通市、曲靖市和昆明市种植。

25号
选手

宣薯4号——
红壤土奏响春天序曲

选育单位 云南省宣威市农业技术推广中心

品种来源 国际马铃薯研究中心（CIP）杂交组合994016实生籽后代选育

审定情况 2009年通过云南省审定

特征特性 晚熟品种，全生育期112天。株型直立，生长势强，株高89.8厘米，叶片绿色，茎秆绿色略带褐色，花冠白色，开花繁茂，天然结实性弱，结薯集中，块茎大小整齐。薯块圆形，表皮光滑，芽眼少，皮色、肉色均为黄色。单株结薯7.3个，单薯重97克，商品率为82.2%。

淀粉含量18.73%，蛋白质含量1.75%，每100克鲜薯含23.7毫克维生素C，总糖含量0.33%，还原糖含量0.14%，干物质含量23.8%。抗马铃薯晚疫病、花叶病和卷叶病。

产量表现 平均亩产2458千克，比对照品种米拉增产417千克，增幅20.4%，比对照品种合作88增产37.2%。

栽培要点 宜在大春季节3月10日至20日播种。采用高垄双行栽培模式，大行90厘米，小行40厘米。每亩施农家肥1500～2500千克，马铃薯专用肥60～

宣薯4号田

宣薯4号

80千克；或农家肥1500～2500千克，硫酸钾30～40千克，尿素12～17千克，普通过磷酸钙40～50千克。及时中耕培土，生长中期注意防治病、虫、草害，结薯至成熟期注意排涝防渍。

适宜区域　适宜在云南东北部海拔2000～2600米、pH5.5～6.5的微酸性红壤土作大春季种植。

26号选手　川芋5号——品质高，口感好

选育单位　四川省农业科学院作物研究所

品种来源　LT-1×377970.3

审定情况　2000年通过四川省审定

特征特性　中早熟食用及食品加工类型品种，生育期79天左右。株高54厘米左右，生长势较强，叶色绿，真叶较小。薯块扁圆形，黄皮黄肉，表皮光滑，芽眼较浅，有时呈紫色。休眠期较短，为59天，耐贮藏。商品薯率64.9%。

干物质含量19.4%，淀粉含量13.66%，还原糖含量0.15%，每100克鲜薯含维生素C 16.7毫克，熟食口感好。高抗晚疫病，抗马铃薯重型花叶病毒。品质优良，商品性及食味好。

产量表现　每亩平均产量2000千克以上。

栽培要点　宜选择沙壤土和坡台地等排水性好且向阳的地块种植，以有机底肥为主，施肥不宜过重。春季要求尽量早播，秋播以带芽小整薯播种。

适宜区域　适宜在四川省主产区作一季种植或在中低山、平丘区作春、秋季净作和间套种植。

27号选手

中薯20号——
北方南方都有我的身影

选育单位 中国农业科学院蔬菜花卉研究所

品种来源 LR93.050×92.187

审定情况 2014年通过国家审定

特征特性 中熟品种，生育期97天。株型直立，生长势强，茎绿色，叶深绿色，花冠白色，天然结实性中等，匍匐茎短。薯块长圆形，黄皮白肉，芽眼浅，株高59.3厘米，单株主茎数2.1个，单株结薯数6.8个，平均单薯重134.2克。商品薯率74.2%。

干物质含量21.6%，淀粉含量14.0%，粗蛋白含量2.17%，还原糖含量0.54%，每100克鲜薯含维生素C20.2毫克。抗轻花叶病毒病，中抗重花叶病毒病，感晚疫病。

产量表现 北方一作区和南方冬作区一般亩产2500～3000千克，高产可达4000～5000千克。

栽培要点 宜在4月下旬至5月上旬，10厘米土层稳定通过8℃时播种，播前一个月出窖，之后进行催芽、切块、晒种。每亩种植密度3500～4000株，一般旱地采用垄作方式种植。生育期及时中耕培土，有条件灌溉的要及时灌溉。7月中下旬至8月下旬及时防治晚疫病。

适宜区域 适宜在北方一作区河北北部、内蒙古中西部、山西北部、宁夏、甘肃和南方冬作区广东、福建、广西种植。

28号选手

冀张薯8号——
适合蒸食的品种

选育单位　河北省高寒作物研究所

品种来源　720087 × X4.4

审定情况　2016年通过国家审定

特征特性　鲜薯食用型品种，生育期99天。株型直立，生长势强，株高68.7厘米左右，茎、叶绿色，单株主茎数3.5个，花冠白色，花期长，天然结实性中等。块茎椭圆形，淡黄皮，乳白肉，芽眼浅，薯皮光滑。单株平均结薯数5.2个，平均单薯重102克。商品薯率75.8%。

冀张薯8号

干物质含量23.2%，淀粉含量14.8%，还原糖含量0.28%，粗蛋白含量2.25%，每100克鲜薯维生素C含量为16.4毫克。高抗马铃薯X病毒和Y病毒，轻度至中度感晚疫病。蒸食品质极佳。

产量表现　生产试验每亩平均产量1388千克，比对照紫花白增产21.5%。

冀张薯8号薯田

栽培要点　河北北部、内蒙古宜在4月底5月初播种，播种前18～20天将种薯提前出窖，以10厘米厚度平铺于暖室，18℃催芽12天，待芽基催至0.5～0.7厘米时转到室外晒种8天，9月中下旬收获。其他省（区）按当地晚熟品种的

冀张薯8号薯田

播种、收获期确定。每亩播种密度3500~4000株。施足基肥，及时中耕培土，适时收获。及时喷施农药，防治马铃薯晚疫病等病害，田间及时拔除病株。

适宜区域 适宜在河北张家口和承德、山西大同和忻州、内蒙古呼和浩特和乌兰察布、陕西榆林等中晚熟华北一作区种植。

29号选手

滇薯6号——
制粉、鲜食两相宜

选育单位 云南农业大学

品种来源 从国际马铃薯中心提供的实生籽中选育而成

审定情况 2006年通过云南省审定

滇薯6号

高产攻关试验
品种：滇薯6号
面积：1.06亩
指标：4吨

滇薯6号田

特征特性 中晚熟品种，生育期120天左右。株型直立，株高90厘米左右，茎秆绿带微紫色，叶色深绿，生长繁茂，白花，天然不结实，结薯集中，商品薯率高。薯形为球形，浅黄皮黄肉，表皮光滑，芽眼少而浅。

淀粉含量17%左右，薯块见光后容易变绿。耐贮藏，适宜加工淀粉、全粉和鲜食。较抗晚疫病和卷叶病，易感疮痂病。

适宜区域 适宜西南二作区如云南等地种植。

桂农薯1号

选育单位 广西农业科学院能源作物研究所

品种来源 日本品种Dezma与日本北海道品系长系65号

审定情况 2013年通过广西壮族自治区审定

特征特性 生育期80~90天；一般亩产2000~2500千克，高产可达3500千克。抗逆性强、耐寒、耐寡照、耐酸碱，是南方马铃薯冬种区推广种植品种中唯一的耐寒品种；抗病性强，抗晚疫病，是南方马铃薯冬种区推广种植品种中唯一的抗晚疫病品种；耐退化，未经脱毒的第15代亩产仍能达2000千克。

产量表现 结薯集中，大小均匀，一般结薯6个左右，每个重100~150克；黄皮黄肉，100克块茎中的维生素C含量达15.7毫克；适合加工马铃薯米粉、米线等地域特色马铃薯主食。

栽培要点 适合秋冬季在南方冬闲田区域种植，幼龄果园间套种，香蕉枯萎病和柑橘黄龙病发病地替代种植。

适宜区域 北方宜在早春种植；长江流域宜与油菜套种。

③ 专用品种始育成

科学技术正以一日千里的速度进步着，从生物技术来说，基因技术、分子技术正在改变着过去的传统行业，当然也包括传统农业的各个方面。除了利用常规育种方法培育优良品种，科学家现在也可以利用前沿的基因技术、分子技术，更加随心所欲而且高效快速地培育新品种。在马铃薯主粮化项目的推进过程中，怎能少了这些新技术的身影呢！

在项目推进过程中，马铃薯主食化品种分子育种已经取得了突破性进展。为了适应马铃薯全粉的加工需求，科研人员重点针对多酚氧化酶性状开展了马铃薯分子育种研究。他们对部分马铃薯品种多酚氧化酶性状及加工适应性进行评价，初步确定将大西洋和夏波蒂两个马铃薯品种作为分子改良目标品种。在技术方面，他们利用先进的基因编辑技术，已经在双单倍体马铃薯中获得成功。而且，他们正在摸索四倍体栽培种马铃薯的遗传转化体系，目前在底西瑞品种中获得了稳定表达的阳性植株，为下一步分子改良奠定了技术基础。

在常规育种方面，项目组科学家在甘肃、河北等地，按照马铃薯主粮化品种的指标要求进行主粮化专用品种选育，开展了材料选择、杂种实生苗育苗、选种试验、株系和品系鉴定、品系比较等试验工作。截至2018年底，常规育种培育的品质优良、加工性状好的马铃薯主粮化专用品种1个、品系3个，干物质含量都在26%以上，最高达29%。

陇薯14号

陇薯14号由甘肃省农业科学院马铃薯研究所以L9712-2为母本、L0202-2为父本配制杂交组合而成，2016年通过省级审定（甘审薯2016001），原代号为L0527-4。

该品种晚熟，出苗后生育期121天。株型半直立，株高65厘米左右，生长势较强，分枝数中等，茎绿色，复叶较大，叶缘平展，叶绿色，花冠白色，天然结实性强，匍匐茎短，结薯集中。植株高抗晚疫病，对卷叶病毒病具有较好的田间抗性。适宜甘肃省高寒阴湿、二阴地区及半干旱地区种植，平均亩产1820千克左右、高产可达3000千克，大中薯率82.0%。使用脱毒种薯作种，在4月中下旬播种，密度一般为每亩3500～4000株，重施底肥，氮、磷、钾配合，适时追肥，切忌氮肥过量。

块茎椭圆形，淡黄皮淡黄肉，表皮粗糙，较大而整齐，芽眼浅。2015年试验田数据显示，块茎干物质含量平均26.03%、最高31.20%；2018年淀粉含量平均20.26%、最高24.73%，粗蛋白含量平均2.63%，100克鲜薯维生素C含量为16.23毫克，还原糖含量平均0.20%。薯块煮食口感和风味好，是极佳的全粉与主食加工专用品种。

L1149-2品系

2017年完成育种程序，是由甘肃省农业科学院马铃薯研究所培育的品系。

晚熟品系，生育期126天左右。株型直立，株高80厘米左右，茎绿色，叶片深绿色，花冠白色，天然结实中等。结薯集中，单株结薯5.2个，大中薯率80%以上。薯块休眠期长，耐贮藏、运输。田间植株高抗晚疫病，对花叶病毒病具有较好的田间抗性。在2015—2016年甘肃省区域试验中，平均折合亩产2164.4千克，比统一对照品种陇薯6号平均增产36.3%，比当地对照品种平均增产49.8%。

该品系稳产性好，适应性较强，适宜甘肃省高寒阴湿、二阴地区及半干旱地区推广种植。高寒阴湿、二阴地区4月中旬播种，半干旱地区4月上中旬播种。密度一般为每亩3500～4000株。重施底肥，氮、磷、钾配合，早施追肥，切忌氮肥过量。选用脱毒种薯，或建立种薯田，选优选健留种。

薯块扁圆形，淡黄皮黄肉，芽眼浅，薯皮微网纹。薯块干物质含量平均25.60%，淀粉含量平均18.57%，粗蛋白含量平均2.30%，100克鲜薯维生素C含量为9.60毫克，还原糖含量平均0.28%。食味优，具有适宜淀粉、全粉及主食加工的特征，是较好的主食加工原料薯。

LZ111品系

由甘肃省农业科学院马铃薯研究所选育，2015—2016年参加甘肃省区域试验，2017年参加国家马铃薯区试中晚熟西北组会川点试验，2018年参加国家马铃薯品种区域试验。

晚熟品系，生育期123天左右。株型直立，株高70厘米左右，生长势强，分枝数中等，茎绿色，叶绿色，花冠白色，无天然结实。结薯集中，单株结薯3.3个，薯块商品率81.5%。抗旱性较强，植株田间抗晚疫病，对花叶病毒病和卷叶病毒病具有较好的田间抗性。亩产2000千克左右，较高可达3000千克。适宜在甘肃省半干旱地区及高寒阴湿、二阴地区种植。

薯块椭圆形，淡黄皮淡黄肉，薯皮光滑，芽眼浅。干物质含量26.66%，淀粉含量20.72%，粗蛋白含量2.71%，100克鲜薯维生素C含量16.50毫克，还原糖含量0.15%。煮食口感和风味优良，适宜马铃薯主食加工。

L08104—12品系

由甘肃省农业科学院马铃薯研究所选育，2016年参加甘肃省区域试验，2017年参加甘肃省多点联合试验（省区试），2018年参加甘肃省马铃薯新品种生产试验。

晚熟品系，生育期112天左右。株型直立，株高70厘米左右，生长势强，分枝数中等，茎绿色，叶绿色，花冠白色，天然结实性强。结薯集中，大中薯率80.0%以上。抗旱性强，植株田间高抗晚疫病，对花叶病毒病和卷叶病毒病具有较好的田间抗性。亩产2000千克左右，较高可达3500千克。适宜在甘肃省半干旱地区及高寒阴湿、二阴地区种植。

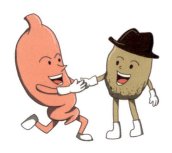

薯块圆形，淡黄皮白肉，表皮粗糙，芽眼浅。鲜薯中干物质含量29.17%，淀粉含量21.99%，粗蛋白含量2.69%，100克鲜薯维生素C含量为18.87毫克，还原糖含量0.17%。煮食口感和风味优良，适宜马铃薯主食加工。

4 静待开发的营养宝藏——彩色马铃薯

在马铃薯家族中，有一群色彩缤纷的成员，因其色彩艳丽且富含花青素等特别营养物质，被业内专家誉为马铃薯家族中一颗璀璨的明珠。

多年来，彩色马铃薯在我国并不被消费者认可，还经常被误认为转基因产品。其实，彩色马铃薯是天然作物，最早发现于南美洲安第斯山区（主要集中于秘鲁和玻利维亚诸国），颜色虽然深浅不同，但均富含花青素及其他微量元素。近年来彩色马铃薯的营养价值被西方国家广泛认可，并越来越受到世界各国消费者的喜爱。

花青素是一种强有力的抗氧化剂，能够保护人体免受自由基损伤，具有抗氧化、抗突变和预防心脑血管疾病、保护肝脏等药理作用，是人类截至目前发现的最有效清除人体内氧化自由基的物质，能有效地保护肌肤、延缓人体衰老、提高视力、预防恶性肿瘤。同时，花青素也被广泛应用于高档日用化妆品和预防肿瘤药物之中。

美国宾夕法尼亚州立大学的科研人员在彩色马铃薯里发现了有助于杀死结肠癌干细胞并抑制癌细胞扩散的化合物；日本东京大学医学部生物研究人员在小鼠身上的临床实验结果表明，彩色马铃薯中的花青素能有效抑制胃癌细胞的滋生与扩散。

为深入研究彩色马铃薯中花青素的药用机理，我国科研人员围绕彩色马铃薯适宜功能食品原料筛选，开展了不同品种营养成分及功能成分检测，在适宜生态种植区域开展了试验种植点等相关工作。经过持续研究，科研人员已经初步掌握了彩色马铃薯的种收、储运及加工特性，厘清了不同品种需求及种植区域气候条件。已经完成了全国主产区推广种植彩色马铃薯的调查，初步筛选出了适宜作为功能食品原料的品种。引种和培育了红美、黑金刚、黑美人、桂农薯1号等品种，广泛种植于华北、东北、西北乃至西南地区，

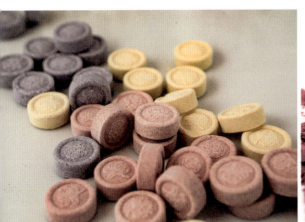

已开发的彩色马铃薯产品

同时，根据花青素类在植物体内代谢积累的适宜生长条件，确立了7个种植区作为种植试点。

　　但是，我国对彩色马铃薯花青素等营养成分的开发利用才刚刚起步，近年来，国内对彩色马铃薯的深加工主要有彩色马铃薯片、彩色马铃薯条、彩色马铃薯丁等健康休闲食品系列。彩色马铃薯花青素提炼保健品、彩薯粉、天然保健彩色马铃薯饮品等保健品的开发已启动，天然彩色马铃薯生态循环产业链博物馆、特色马铃薯主食化农家餐饮连锁店、天然彩色马铃薯育种种植花期观光园等正待开发。此外，彩色马铃薯还有很多需深度开发的产品，如彩色薯泥、薯粥、果酒、薯汁饮料、浓缩彩薯汁、花青素提纯品等，这些产品都深受国际市场欢迎。因此，彩薯深加工项目经济效益明显，开发前景非常广阔。目前，农业农村部食物与营养发展研究所正致力于研究开发基于彩色马铃薯营养物质的食物、保健品与饮品等。

　　毋庸置疑，富含花青素的天然彩色马铃薯不仅是未来人类的健康主食，也是营养保健价值极高的经济类作物，其全产业链开发前景将非常可观。未来几年，彩色马铃薯全产业链的开发启动，必将带动华北、东北乃至西北、西南地区数万户薯农种植彩色马铃薯，同时可直接或间接带动育种、种植、物流、加工、销售等各个链条数万人就业。所以，彩薯是一座待开发的宝藏，满蕴商机。

5 未来的马铃薯会是什么样子？

马铃薯主食产业化需要适于加工马铃薯主食的品种，而要从头开始培育一个马铃薯主粮化品种，至少需要8至10年，因此对现有的主栽品种进行主粮化评价，并加以利用，就成为马铃薯主粮化发展初期的"权宜之策"。目前，先进的科学技术已经成为马铃薯主粮化项目推进过程中的重要利器，项目组科研人员正在以科技为武器，以马铃薯品种为材料，向着美好的马铃薯主粮化未来挺进。

马铃薯品种改良目标与技术调整

我国马铃薯科学研究，特别是育种、加工研究，过去都是沿用欧美的体系，为加工薯条、薯片服务。马铃薯品种的选育目标是还原糖含量低、芽眼浅，形状为长形或圆形，长形的可以炸薯条，圆形的可以炸薯片，还原糖含量低是为了油炸以后不变黑，色泽金黄美观。总的来讲，育种目标长期沿用欧美的标准，与开发我国特色的马铃薯主食的原料要求有较大的距离。马铃薯主食产业化最大的挑战之一是调整马铃薯的选育标准，将现行的主要关注淀粉含量、外观、还原糖含量、出粉率、抗性、熟性等几个方面，调整为关注产量、全营养型、抗逆性、主食加工性能、熟性等几个方面。

随着育种目标的调整，育种方法也要进行相应的创新。关于育种方法的创新，需要建立主粮化品种的评价体系，对现有的主栽品种进行再评价，为主粮化利用迅速筛选出优良品种。然后有针对性地根据主粮化的要求收集和保存新的种质资源，再从分子层面开展基因编辑、分子设计育种，并与传统的育种技术结合起来，对现有主栽品种不足的方面做重点性状的改良，提高育种效率。

霜冻不再是马铃薯丰产的克星

马铃薯虽然耐寒、耐贫瘠，但霜冻对马铃薯还是有很大杀伤力的，如果不幸遇上低温霜冻，就会造成严重损失。可资利用的抗寒资源缺乏，以及抗寒机理不明，致使马铃薯抗寒育种长期止步不前。

分选后的微型薯

科学家通过筛选抗寒野生种，利用转录组和代谢组结合的策略，经过多年努力，发现多胺代谢途径中与腐胺合成相关的基因在低温条件下特异上调表达，且腐胺受冷诱导特异累积。通过进一步比较马铃薯对低温敏感程度的基因型，明确了精氨酸脱羧酶所调控的腐胺合成是响应低温的重要途径，其中ADC1基因发挥了关键作用。体外腐胺施用和转基因功能研究进一步证实，ADC1基因参与的腐胺代谢是马铃薯驯化抗寒的重要机制，通过4℃低温驯化处理14天，再在−2℃条件下放置8天后测试，施用腐胺的植株电解质渗透率由66.17%下降到了40.51%。两个超量表达ADC1基因的株系则由58.77%下降到了11.98%和13.2%，植株的抗寒性得到了显著提升。这一研究还首次证明转录因子CBF信号途径参与了ADC1基因调控的马铃薯驯化抗寒。

这一研究结果的应用转化，有望降低因极端天气造成的马铃薯减产风险。

马铃薯将告别褐变

褐变是食品中普遍存在的一种变色现象，尤其是新鲜果蔬原料进行加工时或经贮藏或受机械损伤后，食品原来的色泽变暗，这些变化都属于褐变。

在一些食品的加工过程中，适当的褐变是有益的，如酱油、咖啡、红茶、啤酒的生产和面包、糕点的烘烤。而在另一些食品的加工中，特别是在水果、蔬菜的加工过程中，褐变是有害的，它不仅影响风味，而且有碍品相，更主要的是降低营养价值。马铃薯的褐变，就属于后一种情况。褐变按发生机理分为酶促褐变和非酶促褐变两大类，马铃薯的褐变属于酶促褐变，也就是生化褐变。马铃薯褐变是指马铃薯一旦去皮或切开并与空气接触就容易变褐变黑，褐变发生的原因是薯块中含有酚类化学物质和多酚氧化酶，切割破坏了薯块内部细胞膜的结构，导致隔离的多酚类物质流出，与外界氧气接触，在多酚氧化酶催化作用下形成一种叫邻醌的物质，再相互聚合或与蛋白质、氨基酸等作用形成高分子络合物，从而使薯块切割面发生褐变，这个过程称为"酶促褐化反应"。在生活中，我们也有这样的经验，切开的马铃薯不是马上变黑，而是在空气中放置一段时间后才变黑，这是因为在褐变这一生化反应中，相关物质的聚合、变化和新物质的生成也是需要一个过程的。把切好而不能马上加工的马铃薯放在水中防止变黑的方法，其实就是驱氧处理。目前处理褐变的方式还有热处理、酸处理以及底物改性等。为了从源头上彻底根除马铃薯褐变的发生，一劳永逸地解决马铃薯褐变的问题，马铃薯主粮化项目组科学家尝试通过基因改造来攻克马铃薯褐变这一难题。

多酚氧化酶属核编码含铜金属酶，广泛存在于真菌、植物乃至哺乳动物体内。多酚氧化酶促使酚类物质氧化成褐色的醌类物质，使马铃薯块茎产生褐变，加工性能明显降低。课题组创建"三步走策略"，奠定了创制多酚氧化酶含量较低的马铃薯材料的基础。

研究表明，与褐化相关的3种化学物质——多酚氧化酶活性、过氧化物酶活性和总酚——在马铃薯块茎内部存在空间分布的差异性。通过基因表达分析，科研人员确定了在块茎中控制这些化学物质表达的基因，也就是所谓的"靶标基因"，这些基因在一些马铃薯品种中是存在的。如果对这些基因进行编辑、改造，就有可能攻克马铃薯褐变！

针对我国马铃薯主粮化的品质要求及马铃薯主食产品加工的性状要求，项目组提出了马铃薯主粮化品种四级评价指标体系，明确了马铃薯主粮化品种筛选的侧重点。并以适宜马铃薯主食产品加工为核心，修正了马铃薯主粮化品种的育种目标，把干物质含量的下限提高到25%，降低对薯形、芽眼等外观特征的考量，同时着重考虑还原糖的含量，为培育马铃薯主粮化新品种指明了方向。

在马铃薯主粮化专用品种育种目标的指导下，科研人员构建了1～6级马铃薯多酚氧化酶性状高效评价体系，选出了综合加工性能较好但褐化程度较严重的2个马铃薯品种，分别是大西洋和夏波蒂；易氧化褐变品种9个，分别是滇薯6号、中薯7号、中薯3号、下寨65、乐薯1号、陇薯10号、中薯12号、中薯26号、新大坪；抗氧化褐变品种4个，分别是兴佳2号、中薯17号、中薯4号、冀张薯8号。

在对上述材料的分析中，找出了与褐化相关的原因主要有3个，分别是多酚氧化酶活性、过氧化物酶活性和总酚。同时进一步完善了多酚氧化酶活性测定方法，检测出马铃薯中含有9个多酚氧化酶基因，分别命名为 *StuPPO1* 至 *StuPPO9*。

针对上述9个基因，通过序列分析，在其外显子上寻找合适的靶位点设计CRISPR/Cas9介导的基因编辑载体，并转化马铃薯主粮化品种大西洋和夏波蒂。在转基因阳性植株中鉴定并筛选靶基因的纯合突变体。

青薯9号是筛选出的优秀主粮化适宜品种，适宜做马铃薯馒头等主食产品加工，但易发生酶促褐变，影响加工品质。任务组通过2个基因编辑载体对青薯9号的 *StuPPO2* 进行编辑，检测获得多株转基因植株，检测均为Kan阳性植株。目前，科学家们正在对改造后的品种进行微型薯繁种，为下一步块茎耐褐变性状评价准备材料。

如果说通过基因改造克服褐变只是科技人员小试牛刀的话，那么接下来的技术绝对就是"放大招"了！

两个 CRISPR/Cas9 基因编辑载体信息

载体名称	靶点位置	靶点序列	靶基因
CP180-T2	314-414	CCCTTCTATGACTAAGCTCCGT	PGSC0003DMT400048684
	77-95	CCACTCCTAAGCCCTCTTCAAC	(StuPPO2/POT32)
PBI21-POT32	1393-1412	CCATTGGCTAAACTCGACAAAGC	PGSC0003DMT400048684 (POT32)

CP180-T2/青薯9号转基因植株　　CP180-T2/青薯9号转基因植株筛选标记检测

箭头所指为Kan阳性植株

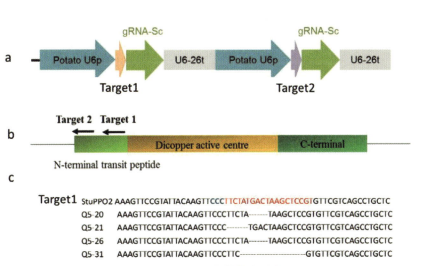

q5转基因植株基因编辑靶点检测

a表示基因编辑载体结构；b表示基因结构及靶点位置；c表示靶点编辑情况

PBI121-POT32/青薯9号转基因植株

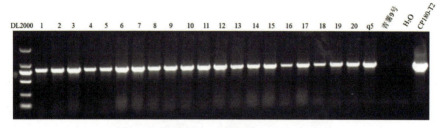

PBI121-POT32/青薯9号转基因植株Kan筛选标记检测

1～20为转基因植株；q5和CP180-T2为阳性对照；青薯9号和H₂O为阴性对照

播下"种子"：马铃薯育种和繁殖方式的颠覆性创新

种子是农业生产中最基础的、内因的、无法替代的、决定性的因素，是一种作物推广种植、高产丰收的主要依托。马铃薯的食用方式虽然多种多样，可种植方式却一如最初——薯块种植。马铃薯的繁殖靠的是其营养器官——块茎，这不仅使得马铃薯繁殖用种量大，比如，种植1亩地的小麦用种量为6～10千克，而种植1亩地的马铃薯却要用200～300千克的马铃薯块，而且，马铃薯块含水量高，易腐烂，储存和运输成本高，还很容易携带或染上病虫害，这给马铃薯的推广种植、提高种植效益带来了很大的障碍。

能不能想出一种办法，让马铃薯的播种像小麦、玉米一样便捷、节省而安全高效呢？马铃薯的种植问题吸引了世界科学界的目光。面对提高效益、便于推广等一系列假设出的"科学难题"，马铃薯主粮化行业科学家们迎难而上，给出了自己的答案，他们用基因组学和合成生物学的方法，终于解决了马铃薯的种植难题。

2018年8月13日，世界顶级期刊《自然》（Nature）杂志的子刊《自然·植物》（Nature Plants）在线发表了中国农业科学院"优薯计划"的重要成果之一，即利用基因组编辑技术，克服马铃薯"自交不亲和"。中国科学家的研究结果显示，马铃薯的自交不亲和特性是受一种核糖核酸酶基因控制的，他们通过拼接获得了该基因的全长序列，并利用基因组编辑技术，对此基因进行了定点突变，成功获得"自交亲和"的二倍体马铃薯，并通过自交，获得了不含有任何外源基因片段但是自交亲和的马铃薯新材料，可以直接应用于育种，培育出可用于播种的马铃薯种子。

　　未来人们种马铃薯，可能就不是种薯块，而是直接种马铃薯种子！就是这样一粒粒小小的马铃薯，不仅包含了多种营养素，而且凝聚了人类科学的智慧，当然，也有其自身为了繁衍的欲望而进化的结果。真是太神奇了！

　　"当马铃薯完全利用种子种植时，只需要2克的种子就能种出1亩马铃薯。"科研人员这样说。这一研究成果将会对马铃薯的生产方式带来革命性的改变。

　　以上这些已有的、未来的马铃薯品种，真是让人大开眼界，浮想联翩。马铃薯主粮化专家和广大的农业科技人员，正在不断努力让不同的马铃薯品种都能在主粮化战略中贡献自己的一份力，最终让我们消费者大饱口福！

种子

　　关于种子的定义，有不同的划分。植物学上的种子指植物在有性世代中所形成的雌、雄性配子相结合以后，由受精胚珠发育而成的真种子，它包括种皮和胚珠，如瓜类植物和豆科、十字花科、部分茄科植物的种子等。农业上的种子指可以作为播种和繁殖的材料，不仅包括植物学上的种子，而且也包括一些作为无性繁殖材料的营养器官及用组织培养技术等方法培育出来的人工种子，包括籽粒、果实、根、茎、苗、芽、叶等繁殖材料。

6

主食香从磨砺出

马铃薯主食产品开发

马铃薯对国家发展、百姓生活意义重大。2008年被定为国际马铃薯年；2013年我国政府开始论证发展马铃薯产业的国计民生、可持续发展功能；2015年启动马铃薯主食产业化战略，同年启动马铃薯主粮化行业专项。

如果一种作物被作为国家战略来推进，那么它对国家发展的意义，对人们生活的作用不言而喻，马铃薯就是这样一种作物。2008年被定为国际马铃薯年；2013年，我国政府开始论证发展马铃薯产业的国计民生、可持续发展功能；2015年启动马铃薯主食产业化战略，同年启动马铃薯主粮化行业专项。一系列上层的制度安排，让普通百姓即使不懂吃了马铃薯有啥好，不明白发展马铃薯产业怎样利国利民，也肯定会对马铃薯刮目相看，从而彻底改变对马铃薯沙雕土气的偏见。

随着马铃薯主粮化项目的推进，项目组的科学家们经过卓绝的努力，攻克了马铃薯主食加工过程中的卡脖子问题，陆续发明了3大类、60余种、300多款花样丰富、营养好、颜值高的马铃薯主食！之所以说发明，并非故意夸大，因为马铃薯主食的研制不是简单揉揉捏捏就能成功的，除了想象力，技术的含量也是不可小觑的，大部分主食产品不仅有名称标签，还有出生证明——发明专利呢。

① 解锁卡脖子问题——加工难、成本高

当品类丰富、花样翻新的马铃薯主食产品陈列在展台、摆放在超市、端上你的餐桌时，你或许只顾品尝它的健康美味，但马铃薯主食产品的研制开发，却是凝聚了无数名科学家科技和想象力的结晶。正所谓生活中每一个你所认为的理所当然的背后，都有人在夜以继日地付出，你以为的岁月静好，其实是有人在替你负重前行。

马铃薯主粮化项目组在对马铃薯全粉加工特性、机理的深入研究和对马铃薯主食加工多次试验改进的基础上，攻克了马铃薯主食加工过程中黏度大、成型难、发酵难、易开裂、易断条等技术瓶颈，研制出了以马铃薯全粉、马铃薯泥、浆、渣、鲜马铃薯等为原料，35%～60%马铃薯占比的马铃薯馒头、面条、米粉、米线、馕、热干面、大列巴、饼干、糕点、土豆烧、彩薯奶酪等传统大众型、地域特色型与休闲功能型3大类、60余种、300多款马铃薯主食产品。马铃薯主食产品日渐丰富，马铃薯的添加比例逐步提高，而且已经研制出了全马铃薯食品，为马铃薯主食消费提供了多样化、个性化的选择。

农业农村部副部长余欣荣现场指导马铃薯主食研发

攻克黏性大、成型难、拉伸力差等技术难点

马铃薯以营养全面著称，富含膳食纤维、多种维生素、矿物质等营养成分，不仅具有降低血脂、血糖，增强免疫力，减少高血压发病率，延缓衰老和抗癌等功效，还具有防治糖尿病、白血病等多种"现代病"的作用，是全球公认的营养食物。然而要把马铃薯做成符合中国人消费习惯的馒头、面条等主食产品，在项目启动之初，受到种种制约：我国马铃薯加工技术水平低、装备落后，多依赖对国外技术与装备的引进与模仿，因此产品形式单一、品质差、能耗高、发酵熟化难度大，成型、整型难实现，蒸制、烘焙标准化程度低，包装产品易老化与氧化，特别是在马铃薯主食化加工技术与装备研发方面尚属空白，远远不能满足我国城乡居民对高营养马铃薯主食化产品的需求。

针对马铃薯主食产业化存在的技术瓶颈，项目组依靠科技，联合攻关，开展高效清洗去皮、高效热处理加工、低剪切分散制泥、高效节能干燥、超声波变频振动高效分离等新型马铃薯全粉、薯泥、生粉加工关键技术研究，防止营养损失，改善色泽与风味；研制新型护色及蒸制装备、低剪切搅拌制泥及分散装备、低能耗闪蒸干燥设备、同步分切护色及干燥装备等马铃薯主食产业化原料处理装备，提高马铃薯原料处理设备的能效比，在保证马铃薯全粉、薯泥、生粉高品质、高营养的基础上，有效降低马铃薯原料处理装备的能耗，实现加工废弃物零排放。此外，针对我国马铃薯淀粉产品少、综合利用水平低的现状，开展适合马铃薯主食化淀粉及副产物中的蛋白质、多

酚、膳食纤维及果胶等功效成分生产的关键技术及配套装备研发，实现马铃薯主食生产原料处理节能与高品质化。

为解决马铃薯全粉发酵熟化难度大的问题，科学家深入研究原料配比、发酵剂种类、加水量、搅拌温度与速度、发酵熟化温度、湿度、时间、次数等对马铃薯主食产业化产品品质的影响，研发恒温恒湿一次与二次发酵技术，揭开马铃薯馒头、面包等主粮化产品中蛋白与蛋白、蛋白与淀粉等成分间的相互作用机制，改善其流变学特性，提高其发酵性能；开发面团智能化控温装置、面团智能化数控发酵装置、馒头与面包自动化醒发装置等核心发酵熟化装备，实现发酵熟化温度、湿度、时间智能化控制，提高发酵熟化效率。

由于马铃薯不含面筋蛋白，马铃薯全粉添加进馒头、面条后带来了黏性大、成型难、发酵难、难形成面带、拉伸力差等问题。项目组通过添加植物蛋白的办法克服了这一难题，并于2014年研制成功添加30%马铃薯的馒头和面条。实验室成功后，要规模化生产进入社会，需要到食品加工的工厂进行试验。

当科学家把实验室里的马铃薯主食制作工艺和配方带到主食生产厂家以后，发现厂家的设备和工艺完全没有办法"对付"薯麦混合粉，馒头不发酵、不成型，面条、面带黏度大、破损严重，出成率只有34%。

科学家转而研究面团的流变特性和加工机理。频率扫描实验显示，随着频率的增加，马铃薯的弹性模量和黏性模量也会增加，也就是说随着全粉添加得越多，面团的弹性越大，这给馒头成型和面条轧面造成了极大的困难。找出产生问题的原因后，科学家一方面着力"改造"马铃薯主食加工原料的配方，一方面在加工设备的设计和研制改造方面大做文章，先后研制出了一体成型、真空和面、一次性熟化箱等设备，最终实现了马铃薯馒头与面条的大型生产线的投产。

加工技术的突破为创建马铃薯主食加工生产线奠定了基础，在此基础上，马铃薯主食产品在九省七市百余家企业规模化生产，成果在全国推广，实现了马铃薯主食规模化、自动化、标准化、工业化生产。这在延长马铃薯产业链、带动农业增效、农民增收方面效果显著。

科技创新引领马铃薯主食控制成本

项目研究者一开始就注意到，原本主要用于加工薯条、薯片的马铃薯全粉加工成本很高，每吨大概在1万元左右，与同样作为食品加工原料的小麦粉相比，高出了大约1倍。这就意味着，马铃薯主食中添加的马铃薯粉越多，原料成本就越高。而且，更主要的是，马铃薯主食的加工成本更加惊人，要处理熟化程度高、黏性大的马铃薯粉需要更多的技术、人工、设备等成本，加工成本也比传统的小麦粉主食高出很多。那就意味着，一个马铃薯馒头的加工成本得比同样大小的一个小麦粉馒头的加工成本高出至少1倍。这就限制了马铃薯主食在市场上的被接受程度。

为了控制马铃薯主食的成本，项目组把研究目光转向了成本相对较低的马铃薯生粉，因为生粉在加工过程中没有经过熟化的过程，减少了加工动力成本；而且没有熟化，也降低了马铃薯粉的黏性，更利于加工。马铃薯主食加工原料从马铃薯全粉转换为生粉后，一方面降低了成本，从原来的1万元降低到7000元，降低30%；同时在技术上提高了马铃薯主食中马铃薯粉的占比，真是一石二鸟。

有了原料转变降低成本的成功经验后，研究人员脑洞大开，先后开展了用马铃薯泥、马铃薯渣等为原料的马铃薯主食加工试验，薯泥的成本每吨只有2800元，薯渣是提取淀粉后的马铃薯冗余物质，用来作为马铃薯主食加工原料，属于"废物利用"，成本就更低，而且因为去淀粉的处理，营养物质不但没有损失，营养密度反而有所提高。为了使大家能吃上既营养又便宜且口感好、易制作的马铃薯主食，科学家仍在探索改进中。

项目首席科学家陈萌山与项目专家一同考察马铃薯主食生产基地

② 深受人们喜爱的传统大众型主食产品

以小麦面粉为原料的馒头、面条，以大米为原料的米饭、米粉是我国传统的大众型主食产品，是中国居民一日三餐最重要的主食，具有消费数量大、消费频率高、居民接受快等优势。然而由于马铃薯不含面筋蛋白，在制作馒头、面条等主食产品时存在成型难、醒发难、硬度大和面条易断条、不耐煮等问题。

为此，国家相关部门早已开始探索适宜的加工技术和工艺。截至目前，国家马铃薯主粮化项目组已成功开发出马铃薯全粉占比35%的马铃薯面条、占比40%的马铃薯馒头、占比15%的马铃薯米粉等主食产品配方和加工工艺。

马铃薯馒头

马铃薯主食不但口感好、味道佳，而且花式多样、营养丰富，食之使人身体健康长智慧，西南地区的民间就流传着"吃洋芋长智慧"的说法。

马铃薯馒头：第一批上市的马铃薯主食

经过精心挑选配料，认真测试配方，并进行多轮试验后，科学家研发出马铃薯馒头。

为了研制出马铃薯馒头，研究人员通过研究添加不同比例马铃薯全粉对馒头比容、高径比、色泽、质构特性和风味的影响，明确了马铃薯全粉对馒头品质的影响规律，并确定了马铃薯全粉的适宜添加量；然后通过研究添加不同比例蛋白粉（谷朊粉、大豆蛋白和花生蛋白）对马铃薯馒头品质的影响，确定了添加蛋白粉的种类和适宜添加量；最后通过对马铃薯淀粉、干酵母、食盐等辅料配比的研究，确定了马铃薯馒头自发粉的最佳配方，研发出马铃薯馒头自发粉产品，并通过研究自发粉与水的比例、手工揉制时间、发酵时间、发酵温度、醒发时间和蒸熟时间等，制定了马铃薯馒头的家庭烹调方法。

　　通过以上技术加工出的马铃薯馒头，以优质马铃薯全粉和小麦粉为主要原料，具有马铃薯特有的风味，同时保存了小麦原有的麦香风味，芳香浓郁，口感松软，易于消化吸收，维生素、膳食纤维和矿物质含量丰富，营养均衡，男女老少皆宜。

　　第一代马铃薯馒头于2015年6月1日在北京上市，并登上《新闻联播》，真是一件鼓舞人心又惠及大家健康的事情。第一代马铃薯馒头含35%马铃薯全粉，以优质马铃薯全粉和小麦粉为主要原料，采用新型降黏、优化搅拌和发酵工艺，利用由外及里再由里及外的独创醒发工艺和多项专利技术蒸制而成。马铃薯馒头必需氨基酸含量丰富，可与牛奶、鸡蛋的蛋白质相媲美，更符合世界卫生组织（WHO）、联合国粮农组织（FAO）的氨基酸推荐模式，易于消化吸收；维生素、膳食纤维和矿物质（钾、磷、钙等）含量丰富，营养均衡，抗氧化活性高于普通小麦馒头，男女老少皆宜，是一种营养保健的新型主食。

　　时隔一年，项目组通过进一步优化配方，改良工艺参数，改造设备等手段，成功研制出了马铃薯全粉占比55%的第二代马铃薯馒头等发酵类主食产品，实现产业化生产。与第一代马铃薯馒头及小麦馒头相比，第二代马铃薯馒头必需氨基酸评分均在90%以上，基本不存在限制性氨基酸；每100克含0.30毫克维生素B_1、0.07毫克维生素B_2、3.11毫克维生素B_3、32.66毫克维生素C、400.55毫克钾、97.49毫克磷、1.00毫克锌、4.81毫克硒、2.71克膳食纤维，而脂肪含量仅为0.39克，是名副其实的营养丰富、低能量的全营养健康食品（见"马铃薯馒头营养成分表"）。第二代马铃薯馒头于2016年6月在北京成功上市销售，得到广大消费者的一致好评。目前京津冀地区600余家超市每天销售各类马铃薯主食约10吨。

马铃薯馒头营养成分表

营养成分	马铃薯馒头 （每100克）	小麦馒头 （每100克）	营养成分	马铃薯馒头 （每100克）	小麦馒头 （每100克）
能量	963.8千焦	934千焦	磷	62.9毫克	107毫克
蛋白质	6.6克	7.0克	钾	199.1毫克	138毫克

（续）

营养成分	马铃薯馒头（每100克）	小麦馒头（每100克）	营养成分	马铃薯馒头（每100克）	小麦馒头（每100克）
脂肪	0.39克	1.1克	钠	4.3毫克	165.1毫克
碳水化合物	49.3克	47.0克	镁	35.6毫克	30毫克
维生素B$_1$	0.2毫克	0.04毫克	铁	1.0毫克	1.8毫克
维生素B$_2$	0.1毫克	0.05毫克	锌	0.3毫克	0.71毫克
维生素C	19.2毫克		硒	5.1微克	8.45微克
烟酸	1.5毫克		铜	0.1毫克	0.10毫克
钙	9.8毫克	38毫克	锰	0.2毫克	0.78毫克

注：数据由马铃薯主粮化项目相关任务组提供。

马铃薯面条：千锤百炼始出品

面条因为要在水中煮制，因而在制作过程中要考虑其黏性与成型的问题，而且要在制成后考虑下锅水煮过程中的糊化浑汤等问题。为了研制马铃薯面条，科研人员以优质马铃薯全粉和精制小麦粉为主要原料，制成马铃薯面条复配粉。同时，针对高占比马铃薯面条在加工中存在的成型难、易破损、烹调损失大等技术难题，通过将马铃薯面带纵横交互折叠后再次复合压

马铃薯面条

延，使面带形成纵横交错的面筋网络结构，从而研发了马铃薯面带绞织复合压延技术。该技术一方面突破了高占比马铃薯面条加工关键技术，把面条中的马铃薯粉占比提高到50%；另一方面对马铃薯面条的筋道度、弹滑度等口感均有所改善。实验团队研发了一次熟化强力轧面、二次熟化成型的马铃薯面条新工艺，解决了中试流程中的面带破损问题，大大提高了生产能力。之后，科学家们先后研发出了真空和面、一次性熟化箱等设备。为了解决马铃薯面条规模化生产中可能出现的种种问题，科学家在调试过程中坚守生产一线半个月，突破了马铃薯面条规模化生产中加工成型难的问题。

通过以上加工技术和设备制作的马铃薯面条口感筋道、爽滑，风味独特，富含维生素C、B族维生素、膳食纤维及钙、锌等矿物质，脂肪含量低，氨基酸组成合理，含有18种氨基酸，包括人体不能合成的各种必需氨基酸，营养丰富，全面均衡（见"35%马铃薯面条营养成分表"）。马铃薯面条可蒸、可煮，食用方便，是上班一族理想、时尚的主食选择。

35％马铃薯面条营养成分表

营养成分	35%马铃薯面条（每100克）	小麦面条（每100克）	营养成分	35%马铃薯面条（每100克）	小麦面条（每100克）
碳水化合物	73.1克	61.9克	维生素C	53.3毫克	--
蛋白质	13.1克	8.3克	钙	2.9毫克	11.0毫克
脂肪	1.0克	0.7克	磷	352.2毫克	162.0毫克
膳食纤维	5.9克	0.8克	钾	273.9毫克	135.0毫克
钠	668.0毫克	28.0毫克	镁	26.5毫克	39.0毫克
维生素B$_1$	0.2毫克	0.2毫克	铁	1.0毫克	3.6毫克
维生素B$_2$	0.1毫克	0.03毫克			

注：数据由马铃薯主粮化项目相关任务组提供。

马铃薯复配米：形状与营养双强大米

有了馒头和面条，怎么能少了米饭！

马铃薯复配米以优质马铃薯和稻米为主要原料，通过配方工艺革新、核心装备创制，采用多项专利技术和创新工艺制作而成，无须添加剂，突破了马铃薯复配米产品中存在的易粘连、不耐煮、外形易松散等技术难题，富含维生C、B族维生素、膳食纤维及钙、锌等矿物质，脂肪含量低，氨基酸组成合理，含有18种氨基酸，包括人体不能合成的各种必需氨基酸，营养丰富，全面均衡。马铃薯复配米外形光滑美观，可蒸、可煮、可炒，食用方便，口感细腻，富有弹性，具有易煮和耐煮的特性，可与大米及其他谷物等一起煮粥，是一种营养品质高的复配米，适合不同人群（如高血压、糖尿病病人等）食用。

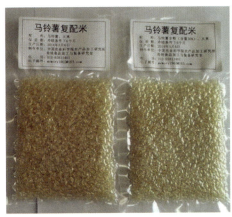

主食烹调复配米、复配粉

③ 地域特色型主食产品闪亮登场

中国地域辽阔，不同区域、不同民族生活习惯差异明显。为了顺应我国地方区域特色和民族饮食习惯，科研人员开发出了马铃薯地域特色型主食产品，主要有新疆的烤馕，广西的米线，南方的汤圆，浙江的年糕，山东的煎饼，西北窝窝、凉面以及马铃薯莜面等系列产品，还有节日点心，如粽子、汤圆、月饼等，为马铃薯地域性产业化推进奠定了产品基础。目前科研人员正在重点开展以马铃薯全粉和小麦面粉复配原料为主要原料的地域特色主食产品的加工关键技术、配方优化、设备创制研究，涉及产品10余种，不久将形成地域特色主食产品加工技术体系，以更好满足消费需求。

马铃薯米粉：快速打开线上市场的爆款

正如一只馕为新疆人的一天注入满满的元气一样，一碗热腾腾的米线开启了南方人追梦的一天。米线宜干宜汤，老少皆宜，夏天吃着开胃，冬天吃着驱寒，非常具有既饱暖美味又养生享受的民生气质，是南方数省份人们经常食用的米制品。

米线又名米丝、米面或米粉，既可作为主食，又可作为小吃，是我国南方地区历史悠久的传统食品，早在隋唐时期就有关于米线的记载。成书于魏

马铃薯米粉

晋南北朝时期的《食馔次第法》（也称《食次》）中记米线为"粲"，意为"精制餐食"。贾思勰在《齐民要术》中记录了"粲"之制作方法："先取糯米磨成粉，加以蜜、水，调至稀稠适中，灌入底部钻孔之竹勺，粉浆流出为细线，再入锅中，以膏油煮熟，即为米线。"宋代的米线洁白光亮，细如丝线，可作为礼物馈赠他人，而且还可作为贡品"颇思奉君王"。诗人陈造在《江湖长翁诗钞·旅馆三适》中记述了自己生病了不想吃面食，只嗜好粉之且缕之，一缕百尺繮的"米缆"，并赋诗"江西米丝作窝，吴国香玉为粒"赞美粉细丝滑光洁润泽的米线。"米缆丝作窝"，大概其时所制作的米线卷曲散乱，有如鸟巢状，也被称之为"乱积"。明代宋诩所著的《宋氏养生部》第二卷"米食制"中，将其又记为"米糷"，并记载了米线的两种做法。第一种是"粳米甚洁，碓筛绝细粉，汤溲稍坚，置锅中煮熟。杂生粉少许，擀使环节，折切细条，暴燥。入肥汁中煮，以胡椒、施椒、酱油、葱调和"。第二种方法是"粉中加米浆为糷，揉如索绿豆粉，入汤入釜中，取起"。这比《齐民要术》中"粲"之制作又有改进。

其实，随着时代的发展，多样化食料的开发，特别是人们对吃得好、吃得营养健康的不懈追求，米线的制作工艺也在不断精进，品类也越来越丰富，依据其产品的干湿程度不同分为干米粉和湿米粉．其中包括湿榨米粉、湿切米粉、干榨米粉、干切米粉；依据产品形状的不同分为榨粉和切粉，挤压成型得到榨粉，即直条米粉，因各地食用习惯不同，有粗条、中条、细条等，调整挤压机内压力与出丝速度，也可以得到波纹米粉。蒸浆切条则得到切粉，切粉具有一定的宽、厚度，因各地食用习惯不同，有中宽条、细宽条；依据其产品在食用前的处理方式不同分为普通米线、精制干米线、方便米线、保鲜湿米线；依据各地饮食文化，独特的制作和食用方式，还发展出螺蛳粉、桂林米粉、罗秀米粉等地方特色米线、红米线，米线碗里有乾坤，煮的、烫的、凉的、卤的、炒的；焖肉、脆臊、炸酱、三鲜；肠旺、叶子、鳝鱼、牛肉、豆花儿……人们发挥想象，食用方法应有尽有。

如今，在人们对美好生活追求，对营养健康食品崇尚的大背景下，马铃薯主食产业的开发，更拓展了传统米线的原料，马铃薯主粮化项目组已经利用本地筛选出的马铃薯主粮适宜品种，研制开发出马铃薯及其制品含量为15%~55%的各种马铃薯米线20余种，大部分均实现中试生产，其中的老友粉、罗秀粉等已经在线上销售，深受消费者喜爱。马铃薯米线的加入，使得以米线为主食的消费者，膳食结构成功升级。

马铃薯米粉以优质马铃薯和早籼米为主要原料，通过配方工艺革新、核心装备创制，采用多项专利技术和创新工艺制作而成，无须添加剂，突破了马铃薯米粉产品中存在的易断条、易粘连、难松丝、易浑汤等技术难题，富含维生素C、B族维生素、膳食纤维及钙、锌等矿物质，脂肪含量低，氨基酸组成合理，含有18种氨基酸，包括人体不能合成的各种必需氨基酸，营养丰富，全面均衡［见"15%马铃薯米粉（直条）营养成分表"］。马铃薯米粉可蒸、可煮、可炒，食用便捷，口感筋道、爽滑、柔软，是餐桌上一道崭新的健康主食。

15%马铃薯米粉（直条）营养成分表

营养成分	15%马铃薯米粉（每100克）	籼米粉（每100克）	营养成分	15%马铃薯米粉（每100克）	籼米粉（每100克）
碳水化合物	75.5克	78.3克	维生素C	13.0毫克	--
蛋白	9.0克	8.0克	钙	2.6毫克	--
脂肪	0.7克	0.1克	磷	152.0毫克	53.0毫克
膳食纤维	3.9克	0.1克	钾	133.2毫克	43.0毫克
维生素B_1	0.1毫克	0.03毫克	镁	10.5毫克	23.0毫克
维生素B_2	0.1毫克	--	铁	0.6毫克	1.4毫克

注：数据由马铃薯主粮化项目相关任务组提供。

火龙果马铃薯米线、菠菜马铃薯米线和胡萝卜马铃薯米线

此外，科技人员还已经开发出了五彩缤纷的马铃薯米线！

近年来，由于消费者对膳食营养均衡的重视与相关认知水平的提高，彩色食品由于富含花青素而备受消费者的青睐。为迎合消费者对多种营养彩色食品的追求偏好，马铃薯主粮化项目组在成功开发出马铃薯米线、马铃薯鲜湿米线等产品，并成功推动产业化生产，将产品投入市场后，又通过在马铃薯米线原料中添加新鲜水果与蔬菜，研制出了果蔬、马铃薯、大米粉占比分别为5%、30%、65%的火龙果马铃薯米线、菠菜马铃薯米线和胡萝卜马铃薯米线等果蔬系列彩色马铃薯米线。

果蔬系列彩色马铃薯米线集合薯类、蔬菜、水果与谷物的营养，以优化的鲜湿米粉加工工艺制成，不仅营养丰富，味道鲜美，而且缤纷的色彩也勾人食欲，将会成为儿童、时尚一族、追求新意与高品质饮食生活的人们的食物新宠。

马铃薯煎饼：简便快捷、高颜值早餐的新选择

马铃薯煎饼既保留了传统煎饼的本色，又增加了马铃薯的全营养，富含维生素C、B族维生素、膳食纤维及钙、锌等矿物质，脂肪含量低，氨基酸组成合理，含有18种氨基酸，包括人体不能合成的各种必需氨基酸，营养丰富，全面均衡。

马铃薯煎饼

马铃薯煎饼以薯麦混合粉为原料，采用特制配方制作而成，具体做法是：

将薯麦混合粉加水搅成糊状，摊在特制的平底锅上，磕上一枚柴鸡蛋，再裹入精制好的薄脆和作料，最后加上几丝奶油，美味的马铃薯煎饼就出炉了。

马铃薯莜面

马铃薯莜面采用马铃薯莜面系列产品复配粉制作而成。马铃薯莜面系列产品复配粉以优质马铃薯全粉和有机莜麦面为主要原料，通过配方优化与家庭烹饪制作工艺创新制成，无须添加剂，所制的马铃薯莜面系列产品复配粉烹饪工艺简单，所需时间短，适合家庭厨房制作。

马铃薯莜面

马铃薯莜面系列产品在最大限度地保留了传统莜面产品的风味与口感的基础上，富含维生素C、B族维生素、膳食纤维及钙、锌等矿物质，脂肪含量低，氨基酸组成合理，含有18种氨基酸，包括人体不能合成的各种必需氨基酸，营养丰富，全面均衡。马铃薯莜面系列产品口感筋道、风味浓郁。

马铃薯油条

马铃薯无矾油条：中式早餐，还可以吃得更健康

马铃薯无矾油条以优质马铃薯全粉和小麦粉为主要原料，通过配方工艺创新，采用先进的发酵与油炸技术制作而成，不添加明矾等化学添加剂，制得的马铃薯无矾油条松脆可口、色泽金黄、香味浓郁。马铃薯无矾油条富含维生素C、B族维生素、膳食纤维及钙、锌等矿物质，氨基酸组成合理，含有18种氨基酸，包括人体不能合成的各种必需氨基酸，营养丰富，全面均衡。

马铃薯胡辣汤：马铃薯油条的绝佳搭配

马铃薯胡辣汤以优质马铃薯全粉、绿色蔬菜以及优质牛、羊、猪、鸡等畜产品为主要原料，采用先进赋味与干燥技术制作而成，最大限度地保留了原料的营养价值与风味，所制的马铃薯胡辣汤系列产品富含维生素C、B族维生素、膳食纤维及钙、锌等矿物质，氨基酸组成合理，含有18种氨基酸，包括人体不能合成的各种必需氨基酸，营养丰富，全面均衡。马铃薯胡辣汤食用时仅需加入适量开水搅拌均匀即可，口感细腻爽滑，风味独特，和马铃薯油条是绝佳搭配。

马铃薯麻酱烧饼

北京人把麻酱烧饼统称烧饼，烧饼是大众化的小吃品种。马铃薯麻酱烧饼则是在传统的基础上，使用一定比例的马铃薯雪花全粉和精致小麦粉作为原料，外皮加上芝麻，中间涂麻酱为酥层，烤至色泽金黄、外焦里嫩、香味浓厚，一刀切开，层次清晰、均匀，一般十五六层，非常地道。芝麻具有防治皮肤炎症、养血护肤、滋补养生、通便、促进骨骼发育、延年益寿、预防高血压、维护头发健康的功效。由于加入了马铃薯雪花全粉，使其富含维生素C、B族维生素、膳食纤维及钙、锌等矿物质，而且脂肪含量低，氨基酸组成合理，含有18种氨基酸，包括人体不能合成的各种必需氨基酸，营养丰富，全面均衡，是家庭餐桌上最佳主食之一！

马铃薯馕：有情怀的异域主食

馕在新疆人的膳食生活中具有举足轻重的地位，当地流传有"可以三日无肉，不可一日无馕"的谚语。新疆本地人常常用馕开启一天的生活——早晨起床，烧壶茶，煮好奶，取出馕，掰成小块直接食用或以茶以奶蘸食，为新的一天注入满满的元气。

马铃薯馕

"馕"是波斯语，意为面包，它随着伊斯兰教的传入而被维吾尔族人吸收应用到生活中，这之前，维吾尔族人把馕叫作"埃特买克"。馕很早就成为新疆人的重要食物了。生活在新疆南部的居民以农耕为生，在沙漠绿洲中往来迁徙，需要营养丰富、容易保存、方便携带的食物，馕饼是最好的选择。馕以小麦粉为原料，易制作、耐贮藏，突破了时间和空间的限制，一直传承至今。

《续汉书》中有"灵帝好胡饼，京师皆食胡饼"的记载，这里所说的胡饼即馕，这点在诗人沈苇所著的《新疆词典》里，专门有"馕"这一词条加以说明："馕在古汉语文献中称为胡饼、炊饼。"无独有偶，唐代大诗人白居易写给好朋友杨万州的诗中也谈到了香脆适口的胡饼："胡麻饼样学京都，面脆油香新出炉。寄与饥馋杨大使，尝看得似辅兴无。"

新疆一带有许多关于馕的谚语，"馕是信仰，无馕遭殃"便是其中一句。馕是维吾尔族人的传统食物，被看作是生命之源，馕与当地人的生活息息相关，婚丧嫁娶，馕都不能缺位。在维吾尔族人的传统婚礼上，新郎要一大早来到新娘家，在一众男性亲友的陪同下与新娘一起分享馕，寓意二人的婚姻像馕一样圆满。

　　到维吾尔族人家做客，馕是必备的食物，没有食物打不开的话匣子，主客取掰开的馕食用，其乐融融相处甚欢。如今，随着各民族的交流融合，馕已经成为新疆各族人民都喜爱的食物。不过，新疆各地的馕因工艺与配料的不同各有特点。以牛奶与盐水和面的哈萨克族馕醇厚质朴，馕饼比较厚，口感松软；维吾尔族的馕样式丰富，面饼较薄，口感酥脆生香。白馕在和面时只加水和盐；油馕是在此之外，再加些油进去；奶子馕则是用牛奶和面；窝窝馕，比普通的馕小和厚，中间有一个极深的小窝，上面撒满芝麻；疙瘩子馕形如一个馒头，馕出馕坑的时候在表层涂抹牛奶；皮芽子馕、瓜子馕是分别在馕的表层涂抹皮芽子和瓜子；还有甜馕、肉馕等。这些馕，有的被放在新疆人家里的餐桌上，有的被人们带在路上当干粮，还有的被当做礼物出现在遥远的他乡。总之，历史悠久、满是故事的馕，已经成为新疆人的精神图腾。就像那句维吾尔族谚语所说："异国他乡的一只烤全羊，不如家乡的一个热馕。"

　　多姿多彩的馕，无论其样式的改变还是加油加奶，其主要原料均为小麦粉，这在一定的程度上局限了新疆各民族主食的多样性，限制了其从多样的食材中摄取多重营养。人们提出了食物丰富与营养多样均衡的膳食升级需求。

　　为了丰富馕的品种，更为新疆各民族的膳食多样，营养丰富均衡，马铃薯主粮化项目组立足于改善新疆地区居民的膳食营养水平，倡导并大力支持开发马铃薯馕，丰富新疆人民的主食，平衡营养，促进健康新疆的建设。

项目组领导在项目督导会议上多次强调，一定要做好地域性马铃薯主食的研制开发工作，并协调项目组科学家共同支持帮扶，经新疆农科院加工所相关工作人员的努力，突破马铃薯馕冷坯、成形、烤制等技术难题，目前已经开发出10%~50%的马铃薯生粉馕、熟粉馕、薯泥馕，以及马铃薯芝麻馕、玫瑰酱馕、洋葱馕、辣椒馕等10余种马铃薯馕，优化馕的配方和工艺，不仅将马铃薯馕推向了新疆的市场，而且把加工制作马铃薯馕的方法推广给广大家庭，新疆消费者不仅能在市场购买马铃薯馕，而且可以根据工艺配方，制作适口有营养多样的马铃薯馕，调节生活，均衡营养。

馕作为新疆的主食，历史悠远，经漫长时光的浸染，已不仅是一种满足新疆人的口腹之欲食物，还是一种民俗文化的象征，是当地民族饮食习惯和心理的代表。马铃薯馕，让新疆馕这张独特的地理名片焕发出新时代的生机，传递着国家项目对新疆人民健康的心愿与祝福。

马铃薯馕是怎么做出来的

制作马铃薯馕，需要解决两个基础问题，一个是挂壁技术，一个是减低成本。由于馕的熟制需要在馕坑里进行，因而需要解决的第一个问题就是把马铃薯馕成功地挂在馕坑里，简称挂壁。新疆农科院加工所的专家们，通过采用护色及热泵干制技术，实现马铃薯生全粉的制备，并采用热烫生粉技术，实现了马铃薯馕百分百挂壁，有效解决了马铃薯馕挂壁难的问题，同时改善了生粉馕制品的口感，把马铃薯馕的成本降低20%~30%，得以批量生产加工，上市销售。

马铃薯馕冷坯制备工艺以马铃薯新鲜块茎为原料，经去皮—切块—蒸煮—捣泥熟化后，与68%的小麦面粉及辅料混合制备馕坯，用家庭小烤箱烤制。经过研究，确定了制备马铃薯馕坯过程，面团醒发最佳条件是温度35℃，醒发时间50分钟；辅料配比方面，糖、盐、酵母等辅料最优添加比例为5%、0.5%、1%。马铃薯馕的贮藏条件为冷藏温度4℃、冷藏时间30分钟、冷藏保质72小时，或冷冻温度−30℃急冻、冷冻时间30分钟，−18℃保质3个月、解冻温度20℃、解冻时间60分钟。按上述工艺烘焙出的马铃薯馕，感官品质评价得分与全麦馕相近，风味更佳。

鉴别马铃薯馕的"银针"

对比以马铃薯生粉、熟粉、薯泥复配烘焙馕与小麦粉馕的几种主要营养素含量，结果显示，不同形式马铃薯原料馕的蛋白质、脂肪、钾、钠和灰分的含量均与小麦粉馕存在显著差异，各类马铃薯馕的脂肪含量均低于小麦粉馕，钾与灰分含量均高于小麦粉馕；小麦粉馕的蛋白质含量高于马铃薯馕，但其中赖氨酸含量显著低于马铃薯馕。

不同形态马铃薯原料制作的馕的营养素含量也存在显著差异，熟粉馕的钾、蛋白质和灰分的含量高于生粉馕与薯泥馕，薯泥馕的钠含量最高，脂肪含量低于其他两种马铃薯馕。

马铃薯馕营养全面、风味独特、成本相对高。为了防止市场上出现以普通馕冒充马铃薯馕、马铃薯添加比例少的馕宣称高占比等情况，马铃薯馕任务组开发了马铃薯馕的"测薯"技术，通过气相离子迁移色谱技术，30分钟内可以建构不同馕的风味物质图谱，通过专业软件分析，图谱点形成面积，得到马铃薯馕中高挥发物甲硫基丙醛。这项技术犹如一枚银针，可以快速判断馕饼中是否添加了马铃薯粉，从而有效鉴别马铃薯馕的真假，保证马铃薯馕在市场推广中的价值优势，同时也保障消费者的食品营养安全。

马铃薯馕多次亮相展会，获得了消费者的高度赞美，频频打听哪里能买到，听说目前只在新疆市场销售，都表示出对新疆人民的羡慕。

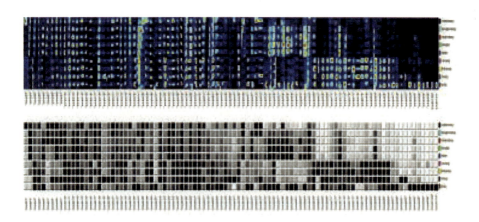

不同馕产品风味物质测定比较

南方马铃薯汤圆

汤圆是中国传统小吃，是用糯米粉做的球形食品，大多有馅儿，煮熟后带汤吃香甜软糯。汤圆兴起于宋朝，不同地区人们根据不同的饮食习惯，制成了风味不同的汤圆，如北京的奶油元宵、天津的蜜馅元宵、上海的酒酿汤圆和乔家栅鲜汤圆、重庆的山城小汤圆、泉州的八味汤圆、广西的龙眼汤圆、安庆的韦安港汤圆、台湾的菜肉汤圆等。汤圆营养丰富，其主要成分糯米粉中含有脂肪、碳水化合物、钙、铁、核黄素、尼克酸等营养元素，其中脂肪含量在所有谷类食物中是最高的。

马铃薯汤圆中添加了20%左右的马铃薯全粉，或者更高比例的马铃薯泥，制作的汤圆口感更加滑弹，而且添加了马铃薯的汤圆能够有效稀释传统汤圆中的高热量和高脂肪，同时增加一些维生素和矿物元素。

江浙马铃薯年糕

年糕一般是用黏性大的糯米或米粉蒸成的糕，宁波的水磨年糕是用当年新产的晚粳米制作而成，经过浸泡、磨粉、蒸粉、操捣，分子进行重新组合，口感得以改善，吃起来柔韧筋道。操捣后的米粉团在案板上经过使劲揉压，再揉搓成长条，一条最普通的脚板年糕就做好了。年糕营养丰富，但热量较高，是米饭的数倍，且年糕含水分少，不容易消化。

以糯米粉和粳米粉（混合比为1∶1）为基础原料，添加10%~20%的马铃薯全粉，就混合成了马铃薯年糕原料粉。这样制成的马铃薯年糕在弹性、可恢复形变、咀嚼性、胶着性等方面表现最佳。马铃薯年糕不仅在传统年糕的基础上增加了更多种类的营养成分，而且相比全部用糯米制作的年糕，热量较低，且容易消化。

中秋马铃薯月饼

普通月饼通常以小麦粉制成的面坯为皮，其内有馅，馅料多种多样。除中国传统的广式月饼、苏式月饼、京式月饼、

马铃薯月饼

火腿月饼（云南）、冰皮月饼（香港）外，具有保健功能的药膳月饼、杂粮月饼和融合外国元素的法式月饼近年来也受到消费者的青睐。月饼内馅多采用植物性原料的种子，如核桃仁、杏仁、瓜子、红小豆等，这些种子富含不饱和脂肪酸，以油酸、亚油酸居多，对软化血管、防止动脉硬化有益；富含矿物质，有利于提高免疫力，预防儿童锌缺乏、缺铁性贫血；一些种子富含维生素E，具有抗衰老、润皮肤、乌须发的作用。不过，月饼油多、糖多，其中以鸭蛋黄为馅的月饼胆固醇含量高。总体来讲，月饼是高热量食品，糖尿病患者、肥胖者都不宜多吃。

　　而以马铃薯为原料制作的月饼，可以有效降低月饼含糖量，从根本上改善了月饼的营养价值。

④ 休闲及功能型产品异彩纷呈

上面这些区域特色马铃薯食品已经让您食指大动了吧？先别急着动筷子，更好的还在后面呢！

在满足消费者对马铃薯主食需求的基础上，作为对主食产品的补充，我国已经加快了马铃薯休闲及功能型食品研究工作。尤其是近年来，随着马铃薯全粉加工产业的发展，全粉产品质量持续向好，应用开发与消费渠道持续扩大，为休闲食品发展提供了有力保障。

目前，我国正在传统薯条、薯片的基础上重点进行薯条、薯片等新型休闲产品非油炸技术、有害物形成调控技术等工艺优化和革新；研究面包、糕点等新型主食产品的加工特性、最佳配方、关键技术及相应标准；开展针对肥胖、高血压、高血脂、高血糖等特殊人群的功能型产品的加工关键技术、配方优化、设备创制研究。迄今为止，已经初步完成了马铃薯饼干、蛋糕、冲调羹、薯泥等系列休闲和功能型产品的试制生产工作。

马铃薯面包

马铃薯面包以优质马铃薯全粉和小麦粉为主要原料，采用新型降黏技术等多项专利技术、创新工艺及3D环绕立体加热焙烤而成。马铃薯面包风味独特，集马铃薯特有风味与纯正的麦香风味为一体，鲜美可口，软硬适中。蛋白质、维生素、膳食纤维和矿物质含量丰富，营养均衡，是一种新型的营养健康主食产品（见"马铃薯面包营养成分表"）。

为了制作马铃薯面包，科研人员专门研制了马铃薯面包自发粉，通过研究添加不同比例马铃薯全粉对面包比容、高径比、色泽、质构特性和风味的影响，明确了马铃薯全粉对面包品质的影响规律，并确定了马铃薯全粉的适宜添加量；然后通过研究添加不同比例蛋白粉（谷朊粉、大豆蛋白和花生蛋白）对马铃薯面包品质的影响，确定了添加蛋白的种类和适宜添加量；最后通过对马铃薯淀粉、干酵母、食盐等辅料配比的研究，确定了马铃薯面包自发粉的最佳配方，研发出马铃薯面包自发粉产品；并通过研究自发粉与水的比例、手工揉制时间、发酵时间、发酵温度、醒发时间和焙烤时间等，制定了马铃薯面包的家庭烹调方法。

马铃薯面包

马铃薯面包营养成分表

营养成分	马铃薯面包 （每100克）	小麦面包 （每100克）	营养成分	马铃薯面包 （每100克）	小麦面包 （每100克）
能量	948.7千焦	1308千焦	磷	61.9毫克	107.0毫克
蛋白质	6.5克	8.3克	钾	196.0毫克	88.0毫克
脂肪	0.3克	5.1克	钠	314.2毫克	230.4毫克
碳水化合物	48.5克	58.6克	镁	35.0毫克	31.0毫克
维生素B$_1$	0.2毫克	0.03毫克	铁	1.0毫克	2.0毫克
维生素B$_2$	0.1毫克	0.06毫克	锌	0.3毫克	0.8毫克
维生素C	18.9毫克	—	硒	5.1微克	3.2微克
烟酸	1.5毫克	1.7毫克	铜	0.1毫克	0.3毫克
钙	9.6毫克	49.0毫克	锰	0.2毫克	—

注：数据由马铃薯主粮化项目相关任务组提供。

马铃薯蛋糕

马铃薯蛋糕以马铃薯全粉、精制小麦粉为主要原料，添加鸡蛋、黄油、白砂糖等辅料，采用高静水压技术和先进的焙烤工艺制作而成，蛋糕扎实细腻、薯香浓郁、口感润泽。与传统蛋糕相比，马铃薯蛋糕氨基酸组成更符合世界卫生组织和联合国粮农组织的推荐模式；维生素、膳食纤维和矿物元素（钾、磷、钙等）含量更加丰富。此外，马铃薯蛋糕的抗氧化活性也高于传统蛋糕。

马铃薯蛋糕

马铃薯蛋糕营养成分表

营养成分	马铃薯蛋糕（每100克）	小麦蛋糕（每100克）	营养成分	马铃薯蛋糕（每100克）	小麦蛋糕（每100克）
能量	886.3千焦	1456千焦	钙	77.5毫克	39毫克
蛋白质	12.9克	8.6克	磷	130.4毫克	130.0毫克
脂肪	10.5克	5.1克	钾	140.1毫克	77.0毫克
碳水化合物	50.4克	67.1克	钠	102.3毫克	67.8毫克
维生素A	165.7微克	86.0微克	镁	20.8毫克	24.0毫克
维生素E	1.5毫克	2.8毫克	铁	1.8毫克	2.5毫克
维生素B_1	0.2毫克	0.09毫克	锌	1.0毫克	1.0毫克
维生素B_2	0.2毫克	0.09毫克	硒	12.2微克	14.1微克
维生素C	4.4毫克	——	铜	0.1毫克	1.2毫克
烟酸	0.6毫克	0.8毫克	锰	0.1毫克	1.0毫克

注：数据由马铃薯主粮化项目相关任务组提供。

马铃薯饼干

马铃薯饼干

马铃薯饼干以马铃薯全粉、精制小麦粉为主要原料，添加鸡蛋、黄油、白砂糖等辅料，经过先进冷冻及焙烤工艺精制而成。马铃薯饼干口感酥脆，薯香浓郁，回味无穷。与传统饼干相比，马铃薯饼干氨基酸组成更符合世界卫生组织和联合国粮农组织的推荐模式；维生素、膳食纤维和矿物元素（钾、磷、钙等）含量更加丰富。此外，马铃薯饼干的抗氧化活性也高于传统饼干。

马铃薯曲奇饼干营养成分表

营养成分	马铃薯曲奇饼干（每100克）	小麦曲奇饼干（每100克）	营养成分	马铃薯曲奇饼干（每100克）	小麦曲奇饼干（每100克）
能量	3211.6千焦	2286千焦	钙	90.3毫克	45毫克
蛋白质	11.3克	6.5克	磷	104.2毫克	64.0毫克
脂肪	55.8克	31.6克	钾	256.5毫克	67.0毫克
碳水化合物	85.2克	59.1克	钠	282.6毫克	174.6毫克
维生素A	68.0微克	—	镁	35.3毫克	19.0毫克
维生素E	0.9毫克	6.0毫克	铁	2.1毫克	1.9毫克
维生素B$_1$	0.3毫克	0.06毫克	锌	0.8毫克	0.3毫克
维生素B$_2$	0.2毫克	0.06毫克	硒	9.7微克	12.8微克
维生素C	13.5毫克	—	铜	0.1毫克	0.1毫克
烟酸	1.5毫克	1.3毫克	锰	0.4毫克	0.3毫克

注：数据由马铃薯主粮化项目相关任务组提供。

马铃薯麻花

马铃薯麻花是一种用马铃薯雪花全粉和精制小麦粉为主料和面，将两三股条状的面拧在一起，以油炸而成，颜色为棕黄的食品。麻花主要产地为湖北省崇阳县、天津和山西稷山县。马铃薯麻花口感酥脆香甜，回味悠长，老少皆宜，富

马铃薯麻花

含维生素C、B族维生素、膳食纤维及钙、锌等矿物质，脂肪含量低，氨基酸组成合理，含有18种氨基酸，包括人体不能合成的各种必需氨基酸，营养丰富，全面均衡。

马铃薯冲调羹系列产品

马铃薯冲调羹系列产品以优质马铃薯全粉、绿色蔬菜以及优质牛、羊、猪、鸡等畜产品为主要原料，采用先进造粒干燥与赋味技术制作而成，最大限度地保持了原料的营养价值与风味，富含维生素C、B族维生素、膳食纤维及钙、锌等矿物质，氨基酸组成合理，含有18种氨基酸，包括人体不能合成的各种必需氨基酸，营养丰富，全面均衡，风味浓郁。马铃薯冲调羹系列产品分为鸡肉味、牛肉味、猪肉味、羊肉味4种不同风味，可满足不同消费者的需求，食用时仅加适量热水搅拌均匀即可，口感细腻爽滑，风味浓郁。

马铃薯营养代餐粉

马铃薯营养代餐粉以马铃薯雪花全粉为主料，以黄豆粉、杏仁粉和木糖醇调制口味，使用80℃左右的热水一冲即可食用，加6～8倍的热水可调制粥状饮用，加3～5倍的热水可调成"土豆泥"，不但食用方式灵活，而且营养丰富，口感独特。马铃薯营养代餐粉富含蛋白质，最接近动物蛋白；还含有一般粮食所不可比的丰富的赖氨酸和色氨酸，以及钾、锌、铁等微量元素。它所含的蛋白质和维生素C均为苹果的10倍，维生素B_1、维生素B_2、铁和磷含量也比苹果高得多，营养价值相当于苹果的3.5倍！

马铃薯花青素胶囊、片剂类

为提高马铃薯产品营养水平，扩大马铃薯消费潜力，项目组开展了马铃薯特定营养成分功效评价工作，针对马铃薯花青素开发了功能型保健产品。

花青素是一种有较强效果的抗氧化剂，能够保护人体免受自由基损伤，具有抗氧化、抗突变和预防心脑血管疾病、保护肝脏等药理作用。科研人员通过对采自8省区的9个主栽品种的马铃薯进行检测，选取了花青素含量较高的14个样品，测定其营养成分及功能活性物质，探明彩色马铃薯中含有6种花色苷类物质，并对彩色马铃薯花青素改善免疫损伤的功能功效进行试验评价。结果表明，彩色马铃薯中的花青素对机体免疫功能具有改善效果。

科研人员有针对性地研发出了彩色马铃薯色素类功能成分提取技术，该技术可将从彩色马铃薯中提取的花青素纯度提高到70%左右，并在此基础上成功研制出胶囊、紫色片剂咀嚼片和粉色片剂咀嚼片3种成本低、附加值高的彩色马铃薯花青素功能型产品。

马铃薯饮料

"什么？马铃薯也能当饮料喝？"

"当然能喝！"

众所周知，水果中富含维生素，人们食用水果，除了因其口感好，主要目的之一是补充体内所需的维生素。由于马铃薯兼具果、蔬、粮所有营养成分的优势，维生素C的含量是苹果的10倍，B族维生素的含量是苹果的4倍，花青素和多酚堪比蓝莓，因此能够被用来加工饮料。

你也许会质疑，马铃薯都不能生吃，加工的饮料也不能直接喝吧，是不是要加热煮熟？事实上，马铃薯饮料不需要煮熟饮用，那样的话维生素、花青素以及多酚类活性物质就会受到破坏，营养价值就大打折扣了。但是鲜榨的马铃薯汁的确是不能直接喝的，因为马铃薯含有淀粉，没有经过熟化的生淀粉会因人而异地引起肠胃不舒服，因而需要进行短暂的沉淀，分离掉淀粉后的马铃薯汁就可以直接饮用了。马铃薯汁不仅爽口美味，而且可以抗衰老。

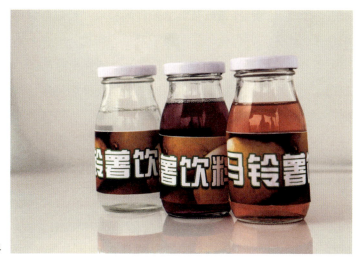

马铃薯饮料

彩薯奶类休闲食品：朋友圈高赞食物

　　西方人在长期食用马铃薯的基础上得出结论：马铃薯与牛奶便能提供人生存需要的全部营养素。将马铃薯与优质奶源结合，不仅可以补充蛋白质和钙，也使得奶片这一休闲小吃能够担负供能代餐的使命。科研人员在此基础上进一步提升，选择花色苷含量较高的彩色马铃薯与优质奶源结合，通过对护色等加工工艺的优化，研制出了紫色、粉色、绿色与黄色的马铃薯奶片与奶酪系列产品共8种。这些产品不仅保持了鲜艳的色泽，而且可以有效补充我国居民长期摄入不足的花色苷，增进居民体质健康。此外，绿色奶片还复配一定比例的螺旋藻，可以有效补充藻蓝素，促进健康。彩薯奶类系列产品色彩艳丽，奶片紧致酥脆，奶酪软糯滑爽，可满足不同消费者感官偏好，进一步丰富了马铃薯主食的品类，为消费者提供了赏心悦目又健康美味的休闲食品。

3D打印食品

液态马铃薯+3D打印，让一切皆有可能。

对于科技发展日新月异的现代社会来说，马铃薯做成馒头、面条、馕、米线，甚至汤圆、年糕、麻花……应该都不算新鲜事，但液化马铃薯+3D打印食品，也许会让你眼界大开。

据报道，澳大利亚发明家Andrew Dyhin通过实验室设备和方法发现了液化马铃薯的途径，就如同奶酪融化一样把马铃薯融化。在过去的12年中，这位发明家用融化后的"液化马铃薯"创造了一系列的食物替代品。

这位来自墨尔本的发明家认为，他的发明将会给食品加工行业带来一场革新，为奶酪、牛奶、乳蛋糕和冰激凌等创造安全可靠的植物替代品，而且可以保持马铃薯的稳定性，通过合适的包装就可以直接摆在货架上销售，而不必制冷。

这项技术一旦实现商业化，马铃薯将不仅仅是供应给超市或餐桌，它将会有更广阔的市场应用前景。

3D打印的马铃薯食品

一旦实现液化，依据厨房烹饪的需要，可将生马铃薯变成任何需要的形状；一旦重新变干，它又可以用于快餐食品。通过添加香精和盐，马铃薯可以转化成一系列类似奶制品的食品，如奶酪、奶油冻甚至冰激凌，其中马铃薯的含量甚至可以超过96%。

"我们看到粮食安全在当今世界上是多么重要，需要从一英亩的土地尽可能多地获取食物。在现有的马铃薯食用中，马铃薯加工的副产品和废料都被丢弃了。"Andrew Dyhin说，"液化马铃薯可以解决浪费问题，几乎可以百分百地利用马铃薯，并最终得到一个用途广泛的产品。"

而3D打印食品还可以针对我们的营养健康需求开展个性化营养靶向设计，对马铃薯主食原料进行科学配伍，通过马铃薯主食产品3D打印机，打印出色、香、味、形俱佳的马铃薯3D打印食品。

⑤ 马铃薯主食原料粉

为了满足百姓在家制作马铃薯主食的意愿，同时也为推进马铃薯主食产业化的工业化生产与家庭烹调两条腿走路，科学家在研发品类丰富、花样翻新的马铃薯主食产品的同时，不断优化马铃薯主食制作原料粉的配方，生产出马铃薯馒头粉、马铃薯面条粉、马铃薯面包粉、马铃薯蛋糕粉等一系列薯面混合粉，供百姓按需选择，展示厨艺，制作个性化的马铃薯主食。

马铃薯彩虹粉

马铃薯馒头复配粉

在马铃薯馒头的研制过程中，科研人员发现添加少量的谷朊粉、大豆蛋白和花生蛋白可以改善馒头的质构，增加比容，但受这些蛋白本身色泽的影响，制作的馒头色泽发暗。而添加少许海藻糖不仅可以增加马铃薯馒头的比容，还可以明显改善馒头的色泽。将60%马铃薯全粉作为主要原料，通过研究添加不同比例的大米粉、小米粉、玉米粉对马铃薯馒头复配粉加工性能与产品口感和观感等各方面特征的影响，科研人员确定了马铃薯馒头复配粉的最佳配方，并生产出马铃薯全粉占比分别为15%、30%、45%、55%、60%的马铃薯馒头复配粉。

马铃薯面包混合粉

在研究确定马铃薯面包最佳工艺与配方的基础上，科研人员研发生产出了马铃薯全粉占55%，添加羟丙基甲基纤维素、阿拉伯树胶、魔芋胶、苹果果胶等的马铃薯面包粉，制作的面包硬度、弹性、黏结性、黏合性、回复性、咀嚼性、水分含量等质构特性均得到优化。

薯渣复配粉

成本问题是制约马铃薯主食产业化技术向生产、市场、社会转移的主要障碍，项目组多次强调项目研究要聚焦控制成本的技术和工艺。为此，项目组在马铃薯主粮化品种生产、原料选取、主食加工等全产业链的各个环节进行了控成本、增效益的探索研究，取得了一定成效。

在马铃薯主食原料加工技术研发方面，对高效节能薯渣营养复配粉加工关键技术进行了深入研究，成本核算结果表明，干薯渣、玉米淀粉与鸡蛋蛋白按一定比例混合而成的薯渣营养复配粉成本价为每吨4720元，显著低于市售马铃薯全粉每吨8000~12000元的价格，与小麦粉价格（3000~6000元/吨）相当。

薯渣营养复配粉混配用量与成本核算

成分	成本（元/吨）	用量（吨）	合计（元）
薯渣	3000	0.64	1920
玉米淀粉	2500	0.32	800
鸡蛋蛋白	50000	0.04	2000
合计	—	—	4720

注：1吨干薯渣的成本按能耗1500元、人工1000元、设备折旧500元计算，合计3000元。

更主要的是，马铃薯薯渣复配粉在淀粉、蛋白质含量方面与冻干粉和全粉接近，总糖含量较低，膳食纤维的含量明显高于全粉和冻干粉；马铃薯薯渣复配粉在持水性方面明显低于全粉，略高于冻干粉。由此可见，马铃薯薯渣复配粉含糖量较低，抗性淀粉含量较高，属于高纤维低能量的原料粉，而且加工特性也优于马铃薯全粉。

薯麦混合粉

薯麦混合粉以优质马铃薯全粉和精制小麦粉为主要原料，按照黄金配比进行研磨混合而成，薯麦混合粉烹饪工艺简单，所需时间短，适合家庭厨房制作各种面食。薯麦混合粉富含维生素C、B族维生素、膳食纤维及钙、锌等矿物质，脂肪含量低，氨基酸组成合理，含有18种氨基酸，包括人体不能合成的各种必需氨基酸，营养丰富，全面均衡。

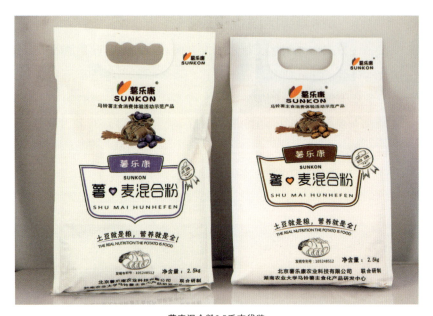

薯麦混合粉2.5千克袋装

主食厨房马铃薯主食

7

加薯抵万金

揭秘马铃薯主食营养知识

有没有这样一种主粮，既能使人们一日三餐吃饱，还能吃好，更能吃出健康呢？经过我国农业科学家、营养学家的共同努力，马铃薯主粮化系列全营养产品问世，为14亿中国人对营养型主食的期盼提供了新的选择。

今天，中国人一边享受着舌尖上的幸福，一边承受着肥胖、高血压、高血脂、糖尿病等慢性疾病的困扰。有没有这样一种主粮，既能使人们一日三餐吃饱，还能吃好，更能吃出健康呢？经过我国农业科学家、营养学家的共同努力，马铃薯主粮化系列全营养产品问世，为14亿中国人对营养型主食的期盼提供了新的选择。

马铃薯主粮化系列全营养产品具有以下特点：一是加工便利，蒸煮皆宜。马铃薯主食专用粉与面粉一样，可加工成馒头、面条、米粉等，家庭烹制、工厂化生产都十分方便；在烹制方式上能煮能蒸，完全适合中国人主食产品的制作习惯。二是营养丰富，全面均衡。富含维生素C、膳食纤维、B族维生素、胡萝卜素，以及钙、钾等矿物质，被称为"十全十美"的营养产品。三是有益健康，延年益寿。脂肪含量低，有利于抑制体重增长、预防肥胖；富含纤维素，有助于清理肠道、预防消化系统病变；蛋白质品质高，能提供人体自身不能合成的必需氨基酸。中医界认为，马铃薯具有和胃调中、健脾益气的保健功效。

在不断追求膳食多元和营养健康的今天，马铃薯及其主粮化系列全营养产品必将为优化居民膳食结构、增强体质、弘扬饮食文化发挥独特的作用。

香甜的蒸马铃薯

1 营养当量，改写马铃薯折粮历史

营养当量作为食物对人体所需营养素满足程度的综合评价指标，可反映食物整体营养价值的大小。同等重量的食物，营养当量值越大，对人体营养素需求的满足程度也就越高。同类食物间可采用营养当量来评价和比较营养价值。

时代的转型与角色的改变

长期以来，马铃薯在保障我国粮食安全、消除贫困中发挥了重要作用。与其他粮食作物相比，马铃薯具有种植效益高且对土壤及水资源等环境要求低的特点。近十年来，我国马铃薯种植面积和总产量一直维持在8000万亩和9000万吨左右，产量位居各粮食品种第四位，占粮食产量的比重稳定在3%以上。在许多马铃薯主产区，马铃薯的日常消费量几乎可以达到主食的程度。

然而，要让马铃薯成为令人信服的主食，就必须有科学的数据做支撑，证明马铃薯在营养和健康功效上优于其他主食品种，或者在某些领域具有不可替代的作用。

从1964年起，我国在农业生产统计中将马铃薯鲜薯产量按照5:1进行粮食折算统计，即每5份（按重量计）马铃薯鲜薯折算成1份粮食后进行统计。这种折算方法很简单，主要突出和强调了粮食作物对人体的能量供给能力。但是，它却并未考虑除能量以外的其他营养素的供给情况。

因此，马铃薯主粮化战略的推进，要求对马铃薯主食营养和健康功效有更科学和更全面的研究。

于是在2015年，农业部举办了"马铃薯与三大主粮营养当量折算研究"研讨会，研讨会集合了来自中国疾病控制预防中心、北京大学、军事医学科学院等营养学界的专家，以及马铃薯主粮化项目组的各位专家。研讨会为客观反映马铃薯与三大主粮的营养价值对比从方法论上厘清了思路。

农业部食物与营养发展研究所的各位专家承担起了研究重任。他们通过将马铃薯与稻米、小麦、玉米的营养当量进行折算比较，论证了马铃薯的各方面营养价值。

从5：1到2.5：1

伴随着我国马铃薯主粮化战略的推进，马铃薯和稻米、小麦、玉米将共同承担起居民日常膳食中的主食角色。因此，十分有必要将马铃薯与稻米、小麦、玉米三大主粮按照营养贡献大小进行折算研究，除考虑供能和营养素外，还将人体所需的其他营养素也考虑在内。

因此，用营养当量来评估马铃薯的营养价值，相比原来简单地按照以干物质含量为主的5：1折算系数更为科学。

科研人员根据《中国食物成分表》《中国居民膳食营养素参考摄入量》等资料提供的营养素参考标准，选择了能量、脂肪、碳水化合物、蛋白质、膳食纤维、维生素A、维生素B_1、维生素B_2、烟酸、维生素C、维生素E、钙、磷、钾、钠、镁、铁、锌、硒、铜、锰共21种指标营养素，来比较马铃薯与其他主食在营养当量上的差异。

经过研究发现，按照100克食物量计算，马铃薯、稻米、小麦及玉米的营养当量值分别为0.07、0.12、0.23和0.18。马铃薯与三大主粮的营养当量折算比分别为：马铃薯与稻米1.7：1；马铃薯与小麦3.3：1；马铃薯与玉米2.5：1。如果将马铃薯与三大主粮的平均营养当量进行折算，则比值为2.5：1。也就是说，从营养贡献的角度而言，每2.5份（按重量计）马铃薯与1份主粮（稻米、小麦和玉米）的营养贡献相当。现在，我们不能再简单地说5份马铃薯相当于1份主粮了。

更细致地看，通过与稻米、小麦及玉米营养成分的比较，可以发现马铃薯含有人体所需的多种营养素。马铃薯含有丰富的碳水化合物，且以淀粉为主，每100克含量为17.2克，这也是马铃薯能够发展成为主粮的基础条件。另外，马铃薯也含有脂肪和蛋白质，每100克含量分别为0.2克和2.0克。除三大供能营养素外，马铃薯还含有丰富的矿物质、维生素等营养素，尤其是钾和维生素C含量更为丰富。每100克马铃薯的钾元素含量为342毫克，远高于其他蔬菜和主粮；维生素C的含量为27.0毫克，可达每日人体推荐摄入量的25%。而马铃薯在以5∶1进行折粮时，所具有的这些营养特性并未得以体现。运用营养当量折算比2.5:1进行计算，已将马铃薯所具有的这些营养特性均包含其中。

② 衡短论长，凸显马铃薯主食的营养优势

科研人员并没有满足于为马铃薯的营养价值正名，他们还在不断努力，把研究"进行到底"。

横向比较，马铃薯主食原料营养丰富

将马铃薯主食的制作原料——马铃薯全粉与其他主食的原料——小麦粉进行比较，可以发现马铃薯全粉具有很多营养优势。

比如，在粗纤维、碳水化合物、淀粉、灰分与还原糖等几项成分的含量上，马铃薯全粉均显著高于小麦粉，而平均能量则与小麦粉相当。从氨基酸成分上看，马铃薯全粉中共有16种氨基酸被检出，其中必需氨基酸6种、非必需氨基酸5种、半必需氨基酸5种。马铃薯蛋白赖氨酸的含量十分丰富，明显高于小麦蛋白，因此马铃薯可作为弥补赖氨酸缺乏的优质食物，并可与小麦互补。

从矿物质含量上看，马铃薯全粉中铜的平均含量是小麦粉的10倍，镁的平均含量是小麦粉的4倍多，钾、钠的平均含量高出小麦粉3倍，磷、铁的平均含量均接近小麦粉的2倍，锌的平均含量约为小麦粉的1.8倍，硒的平均含量也显著高于小麦粉，锰的平均含量与小麦粉相当，钙的平均含量略低于小麦粉。所以，马铃薯全粉可作为优质、安全、环保的矿物元素来源。

再比如维生素，除维生素E外，马铃薯全粉中其他维生素指标都远高于小麦粉。从抗氧化活性的角度来看，马铃薯全粉与小麦粉相比具有明显的优势，可作为开发主粮化产品的优质原料。

纵向比较，加工过程中营养素的变化

马铃薯和马铃薯全粉的营养价值高，马铃薯主食的营养价值就一定会高吗？这确实是个问题。也就是说，马铃薯原料在加工成主食的过程中，营养成分会不会流失或者改变？科学家显然没有放过这个问题，他们从鲜薯—全粉—产品三个阶段对22个品种的马铃薯鲜薯、马铃薯全粉、马铃薯馒头和马铃薯面条的营养成分进行了检测。检测的营养成分指标包括蛋白质、脂肪、碳水化合物等宏量营养素，也涉及常见维生素和矿物质含量指标，此外，还包括淀粉含量、还原糖含量、抗氧化活性、总酚含量、多酚氧化酶活性、氨基酸构成、龙葵素含量等各项指标。

科研人员以小麦面条及大西洋、夏波蒂两个品种的马铃薯面条为研究对象，对其在鲜面、干面、鲜面煮后、干面煮后四个状态下的宏量营养素及维生素、矿物质、膳食纤维、氨基酸含量及组成进行了对比分析。结果表明，添加了35%马铃薯全粉的面条产品粗蛋白、粗纤维、灰分、还原糖、维生素B_1、维生素B_2、维生素B_3、维生素C、多数矿物元素、膳食纤维、氨基酸含量显著高于小麦面条。煮制及干制工艺会降低面条维生素B_1、维生素B_3及矿物元素的含量，但煮制及干制后，大西洋、夏波蒂两个品种的马铃薯面条的维生素B_1、维生素B_3及矿物元素等营养成分含量仍高于小麦面条。

不同种面条营养质量指数值比较

项目	100%小麦挂面		35%大西洋马铃薯挂面		35%夏波蒂马铃薯挂面	
	男性	女性	男性	女性	男性	女性
蛋白质	1.0007	1.0104	1.1057	1.1163	1.1965	1.2081
维生素B$_1$	0.7134	0.6723	0.9217	0.8685	1.1824	1.1142
维生素C	2.2921	2.0056	4.0764	3.5668	3.4140	2.9872
钙	0.0274	0.0240	0.0262	0.0229	0.0321	0.0281
磷	2.0464	1.7906	3.5790	3.1317	4.0681	3.5596
钾	0.1542	0.1349	0.9740	0.8523	0.9731	0.8515
钠	1.7866	1.5633	1.9663	1.7205	1.8666	1.6333
镁	0.1895	0.1658	0.5380	0.4707	0.6482	0.5672
铁	0.0863	0.0566	0.4832	0.3171	0.7284	0.4780
锌	0.0000	0.0000	0.0655	0.0716	0.0873	0.0955
铜	0.3419	0.2992	0.4504	0.3941	0.6071	0.5312
铬	0.4246	0.3715	1.1183	0.9785	1.8042	1.5787
钼	0.0000	0.0000	1.2358	1.0814	1.2597	1.1022

注：数据来源于实验室检测结果。

利用营养质量指数比较三种面条，可以发现马铃薯面条的营养价值高于小麦面条，且夏波蒂马铃薯面条优于大西洋马铃薯面条。这也表明，在营养特征上，马铃薯主食各有各的优势，但它们共同的优势就是都比小麦面条的营养价值高。

同类比较：各美其美，美美与共

在对马铃薯主食的原料进行检测的过程中，科学家发现不同品种的马铃薯制作的全粉，基本成分之间也存在显著性差异。换句话说，马铃薯和马铃薯不一样，马铃薯全粉与马铃薯全粉也不一样。

项目组专家参照AOAC标准与国家标准，对22个马铃薯品种（包括紫花白、一点红、夏波蒂、青薯9号、黑金刚、青薯6号、费乌瑞它、大西洋、龙薯3号、龙薯6号、龙薯7号、中薯2号、中薯3号、中薯5号、中薯7号、中薯9号、中薯10号、中薯11号、中薯13号、中薯16号、红美、克新1号）的全粉进行了较为系统的营养成分测定。

基本成分分析

通过基本成分分析，发现不同品种马铃薯全粉基本成分存在显著性差异。100克马铃薯全粉中，水分含量平均为5.3克左右，粗蛋白含量为6.57～12.84克，蛋白质含量为9.4克左右，粗脂肪含量为0.15～4.70克，上述三项营养素指标平均含量均显著低于小麦粉。但马铃薯全粉中的粗纤维、碳水化合物、淀粉、灰分与还原糖等几项成分的含量均显著高于小麦粉。

氨基酸组成及含量

马铃薯全粉中共检出16种氨基酸，其中必需氨基酸6种，非必需氨基酸5种，半必需氨基酸5种。含量最高的氨基酸为天冬氨酸，含量最低的氨基酸为酪氨酸。马铃薯蛋白赖氨酸的含量相对丰富，虽然相比于WHO/FAO的推荐值略低，但却明显高于小麦蛋白赖氨酸的含量，因此，马铃薯可作为弥补赖氨酸缺乏的优质食物，并可与小麦互补。

马铃薯全粉与小麦粉基本成分对比

基本成分	马铃薯全粉	小麦粉	基本成分	马铃薯全粉	小麦粉
水分 [克（每100克含量）]	5.30±1.09	11.98±0.02	淀粉 [克（每100克含量）]	64.15±4.65	60.96±1.22
粗蛋白 [克（每100克含量）]	9.40±1.70	11.39±0.01	还原糖含量 [克（每100克含量）]	5.49±2.70	0.65±0.02
粗纤维 [克（每千克含量）]	19.57±4.16	6.36±0.04	能量 （焦耳/克）	16005±147	14815±1.30
粗脂肪 [克（每千克含量）]	2.33±1.22	6.75±0.20	灰分 [克（每100克含量）]	4.60±0.63	0.48±0.01
碳水化合物 [克（每100克含量）]	83.81±1.48	73.73±0.06			

注：马铃薯全粉值为22个品种平均值。

矿物元素含量

22个品种马铃薯矿物元素的平均含量按从多到少排列为：钾>镁>磷>钙>钠>锰>铁>锌>铜>硒。其中，铜的平均含量是小麦粉的10倍；镁的平均含量是小麦粉4倍还高；钾、钠元素的平均含量高出小麦粉3倍；磷、铁的平均含量均接近小麦粉的2倍；锌的平均含量约为小麦粉的1.8倍；硒的平均含量也显著高于小麦粉；锰的平均含量与小麦粉相当；钙的平均含量略低于小麦粉。重金属元素砷和铅的平均含量很低，分别为每千克0.03毫克和0.06毫克，远远低于GB2762-2012食品中污染物限量标准规定的限值0.5毫克和0.2毫克。从以上结果可以看出，马铃薯全粉可作为优质、安全、环保的矿物元素来源。

马铃薯全粉与小麦粉矿物元素含量对比（每100克）

矿物元素	马铃薯全粉（微克）	小麦粉（微克）	矿物元素	马铃薯全粉（微克）	小麦粉（微克）
钾	5393	1730	锰	3.97	4.3
镁	941.1	206.4	铜	1.61	0.12
磷	602.8	361.2	锌	3.67	2
钙	167.9	201.2	硒	7.49	5.98
钠	36.06	20.2	砷	0.03	未检出
铁	20.01	11.4	铅	0.06	0.3

注：马铃薯全粉值为22个品种平均值。

维生素含量

不同品种马铃薯全粉中的维生素含量存在显著性差异。维生素B_1、维生素B_2、维生素B_3的平均含量均显著高出小麦粉；维生素C的含量有高有低，低的为40.93毫克，高的为139.81毫克，而小麦粉中未检出维生素C；维生素E只在陇薯3号、陇薯6号、陇薯7号、中薯3号、中薯5号、中薯9号和红美7个品种中被检出，其余15个品种中均未检出，而被检出品种中维生素E的平均含量均低于小麦粉。因此可以说，除维生素E外，马铃薯全粉中其他维生素指标都远高于小麦粉。

马铃薯全粉与小麦粉维生素含量对比（每 100 克）

样品	维生素B$_1$（微克）	维生素B$_2$（微克）	维生素B$_3$（微克）	维生素C（微克）	维生素E（微克）
马铃薯全粉	0.36±0.12	0.35±0.13	4.36±0.42	90.37±49.44	30.57±15.45
小麦粉	0.26±0.01	0.04±0.00	0.91±0.01	未检出	689.97±3.17

注：马铃薯全粉值为22个品种平均值。

总酚含量及抗氧化活性

多酚是广泛存在于高等植物中的一类次生代谢产物，对水果、蔬菜及其他植物的感官品质和营养特性有着重要的影响。多酚类物质的基本结构为芳香环上连有一个或多个酚羟基，包含单体酚类物质以及由单体酚聚合而成的高分子聚合物。多酚类物质因分子中存在多个酚羟基，是良好的氢供体，具有较高的抗氧化活性。天然植物多酚可作为抗氧化剂和防腐剂在食品生产中得以应用，可有效改善食品品质，延长贮藏期；除此之外，研究证明植物多酚具有多种生理功能，如保护机体免受氧化损伤、抑制癌症、预防心血管疾病、延缓衰老等。

22个品种马铃薯全粉总酚含量范围为7.13～30.64毫克，平均总酚含量远远高于小麦粉，抗氧化活性接近小麦粉的2倍。因此，从抗氧化活性的角度来看，马铃薯全粉与小麦粉相比具有明显的优势，可作为开发主粮化产品的优质原料。

马铃薯全粉与小麦粉多酚氧化酶活性、总酚含量及抗氧化活性对比

样品	多酚氧化酶活性	总酚含量[毫克（每100克含量）]	抗氧化活性（微克/毫克）
马铃薯全粉	0.25±0.09	14.51±5.16	2.27±0.13
小麦粉	0.097±0.005	4.30±0.02	1.42±0.01

注：马铃薯全粉值为22个品种平均值。

马铃薯主食产品，使食用者营养素摄取更均衡

通过营养素度量法对稻米、小麦、马铃薯和玉米四种主粮的营养素，以及以这四种主粮为原料的一次加工食品和熟食类食品进行评价，数据显示，马铃薯主食产品能有效促进食用者营养素均衡摄取。

比较鲜食的马铃薯和玉米，前者营养评价值为173.4，是后者的1.71倍。在一次加工食品方面，马铃薯粉的营养评价值高出稻米、小麦粉、玉米面和玉米淀粉的3～8倍。比较30%全粉占比的马铃薯馒头与小麦粉馒头，可以看出马铃薯馒头营养价值略高于小麦粉馒头。

纵向比较分析得出，马铃薯粉和小麦粉在未经深加工成为馒头、花卷和面条等熟食类食品时，营养评价值均高于熟制加工后的可直接食用食品。

不同主食结构供能和营养素总量

能量和营养元素	替代前	30%马铃薯主食替代后	替代后营养元素增加比例(%)
蛋白质（万吨）	2314.35	2448.11	5.78
脂肪（万吨）	258.57	265.34	2.62
膳食纤维（万吨）	261.63	1189.89	354.80
维生素A（吨）	0.00	1.95	+∞
硫胺素（吨）	385.92	599.92	55.45
核黄素（吨）	167.85	194.75	16.03
维生素C（吨）	0.00	10530.00	+∞
烟酸（吨）	5212.80	7430.65	42.55
维生素E（吨）	2037.06	2653.75	30.27
钙（吨）	5.13	5.75	12.00
磷（吨）	32.66	51.16	56.61
钾（吨）	32.15	58.29	81.34
钠（吨）	8860.50	13892.33	56.79

（续）

能量和营养元素	替代前	30%马铃薯主食替代后	替代后营养元素增加比例(%)
铁（吨）	6955.20	9037.83	29.94
锌（吨）	4065.21	5197.49	27.85
铜（吨）	927.18	956.80	3.19
锰（吨）	3264.93	5181.03	58.69

《关于推进马铃薯产业开发的指导意见》提出，到2020年实现马铃薯产量达到1.3亿吨，马铃薯主食消费占马铃薯消费量的30%。科研人员对马铃薯替代前后我国主粮消费结构及我国居民膳食营养健康现状进行了分析和测算，对替代前后不同主食结构为我国居民提供的营养素进行了比较。数据表明，替代后的主食结构中，多种营养元素摄取比例均有所增加，特别是膳食纤维和钾元素，分别可以增加354.8%与81.34%，从而有效改善目前这两种营养元素摄入不足的问题，促进我国居民营养均衡。

③ 对照试验，马铃薯主食健康功效显著

如果说实验室检测得出的数据是检测机器给出的答案，只能代表马铃薯主食在理论上的优势，那么，作为消费者的人在食用马铃薯主食后表现出的生理生化指标的变化必定是现实的，是可以表征马铃薯主食的功效的。为了验证马铃薯的现实功效，项目组通过严格的设计，对马铃薯馒头、马铃薯米线、马铃薯面条在中学生、糖尿病人群与老年人群中分别进行了对照试验，结果令我们对马铃薯主食的健康功效有了极大的自信，也给了消费者选择马铃薯主食的坚定信念。

维持肠道菌群的稳态水平

人体营养状况及健康水平与体内肠道菌群构成存在一定相关性，不同膳食结构及食物摄入会影响肠道菌群结构。长期连续摄入马铃薯主食产品

是否会对体内肠道菌群结构产生一定影响？为了探明这一问题，项目组进行了随机对照试验，抽取高中在校的青少年群体作为受试群体，先采集这些被抽取学生的身高、体重、肠道菌群丰富程度等体质指标信息作为前测数据，这些数据代表没有对他们进行食物改变干预的体质情况；然后将受试群体以班级为单位随机分为3组，在接下来的8周中，第1组学生每天食用的主食是第一代马铃薯馒头（30%马铃薯全粉+70%小麦粉制成），第2组学生每天食用的主食是100%小麦面粉馒头，第3组学生的膳食情况不改变，按照本来的膳食习惯进行；8周后，对这些学生再进行一次体检，采集他们的身高、体重、肠道菌群丰富程度等体质指标信息，作为后测数据。对比前测与后测的体质指标信息，结果发现，与前测体质信息相比，后测体质信息中食用小麦馒头组、食用马铃薯馒头组和不改变膳食组的肠道菌群的类型数量变化幅度不同，其中食用小麦馒头组的变化幅度最大，为－12.9%；其次是没有改变饮食习惯的不改变膳食组，变化幅度为－5.1%；食用马铃薯馒头组的变化幅度最小，为+3.3%。在生物学中"门"这一分类等级上，拟杆菌门、硬壁菌门、蛋白菌门、放线菌门这4门主要菌群的丰度变化幅度也表现为食用马铃薯馒头组的变化幅度最小。在更细的生物类别划分中的"属"这一等级上，普氏菌属、梭状芽孢杆菌属、柔嫩梭菌属、罗氏菌属、双歧杆菌属、萨特氏菌属和瘤胃球菌属7个属的丰度水平也表现为食用马铃薯馒头组的变化幅度最小。这些经过一段时间改变主食的体质指标数据反映出长期连续食用马铃薯全粉占比30%的马铃薯馒头，人体肠道菌群结构处于相对稳态的水平。

肠道菌群的丰度变化情况

分组	干预前	干预后	变化
小麦馒头组	124.2±28.6	108.6±33.3	-15.6
马铃薯馒头组	91.2±17.3	94.6±19.5	+3.4
不改变膳食组	118.2±32.9	112.4±34.9	-5.8

平衡血脂效果明显

经过严格的试验得出食用马铃薯主食有益于人体健康这一基本结论后，项目组开始把目光转向对马铃薯主食特殊健康功效的评估设计。因为，马铃薯主食的开发初衷之一就是看中了马铃薯富含膳食纤维、维生素、矿物质等的优良品质，期许它对人的健康发挥特殊贡献。

项目组科学家在广西开展了马铃薯主食对老年人群的健康功效评估试验，对300多名60岁以上的老年人开展了为期3个月，每周食用4包（每包重200克）马铃薯米线的功效评估活动，以期探明食用马铃薯主食对人体主要体质指标的影响。由于这次测试的人群主要是老年人，因此对他们的体质指标中的血压、血红蛋白、血脂、血糖、同型半胱氨酸等信息特别关注，同时收集了受试群体对马铃薯主食的主观评价。当地的老年人积极参与，受试者普遍反映马铃薯米线口感较好，易消化，很喜欢吃。

食用马铃薯米线对血糖变化的影响

性别	时间	对照组（毫摩尔/升）	食用组（毫摩尔/升）	F值	P值
男性	前测	5.77（0.83）	5.92（1.07）	8.23	0.0045
	后测	5.95（0.69）	5.74（0.93）		
	差值	0.18	-0.18		
女性	前测	5.91（0.65）	5.9（0.64）	24.91	<0.0001
	后测	6.31（0.65）	5.87（0.75）		
	差值	0.4	-0.03		

通过对食用与不食用马铃薯米线前后体质指标的比较可以看到，马铃薯米线食用组的血糖得到了控制，甚至有些许降低，无论男女都表现出这样的趋势，女性平均降低0.03个单位，男性平均降低0.18个单位。

食用马铃薯米线对胆固醇也有一定的影响。食用马铃薯米线能有效控制胆固醇指数，如在男性中，食用马铃薯米线3个月后，总胆固醇、高密度脂蛋白胆固醇与低密度脂蛋白胆固醇都有不同程度的降低，甘油三酯虽没有降低，但比不食用马铃薯米线的对照组升高得少。在女性中，虽然这几项体质指标没有显著降低，但相较于不食用马铃薯米线的对照组，升高的程度要小。

食用马铃薯米线对血脂变化的影响

指标	时间	男性		P值	女性		P值
		对照组	食用组		对照组	食用组	
总胆固醇 (毫摩尔/升)	前测	3.61 (1.3)	4.44 (1.39)	0.0004	3.55 (1.32)	3.94 (1.25)	0.7577
	后测	4.01 (1.66)	4.02 (1.25)		3.95 (1.32)	4.27 (1.44)	
	差值	0.8	-0.42		0.4	0.33	
甘油三酯 (毫摩尔/升)	前测	0.93 (0.72)	1.31 (1.06)	0.0221	0.92 (0.78)	1.03 (0.88)	0.0178
	后测	1.34 (0.66)	1.45 (0.9)		1.36 (0.67)	1.21 (0.57)	
	差值	0.41	0.14		0.44	0.18	
高密度脂蛋白 胆固醇 (毫摩尔/升)	前测	1.27 (0.44)	1.6 (0.62)	0.0011	1.23 (0.39)	1.36 (0.45)	0.9478
	后测	1.31 (0.44)	1.4 (0.45)		1.35 (0.45)	1.47 (0.44)	
	差值	0.04	-0.2		0.12	0.11	
低密度脂蛋白 胆固醇 (毫摩尔/升)	前测	1.91 (0.91)	2.24 (0.88)	0.008	1.9 (0.87)	2.11 (0.78)	0.3825
	后测	2.08 (1.22)	1.98 (0.84)		1.98 (0.92)	2.29 (1.09)	
	差值	0.17	-0.26		0.08	0.18	

控制"三高"，改善便秘

马铃薯主食在老年人群中的功效评估结论给项目组的科学家以很大的信心，他们有底气向社会宣称：马铃薯主食不仅是健康的食品，而且是有健康功能的食品。于是，他们终于敢把马铃薯主食功效评估的目标人群指向"三高"人群。这一次，不仅在受试人群上又往前迈了一步，而且试验期限也进一步延长至6个月。没有对马铃薯主食产品健康功效的绝对把握，是没有胆量做出这样的试验设计的。

2018年，项目组在北京丰台区招募240名受试者，这些受试人群均为"三高"患者，他们有的血糖高，有的血压高，有的血脂异常，还有的集数"高"于一身。

这些"三高"患者每天食用100克马铃薯全粉占比30%的马铃薯挂面，6个月后，奇迹发生了。首先是血糖指标，空腹血糖平均降低了0.3个单位，尤其是男性受试者，降低0.9个单位，非常显著。在舒张压方面，男性的这

一项指标都有所上升，但吃了马铃薯挂面的男性人群的舒张压上升程度低于没有吃马铃薯挂面的男性人群；吃了6个月马铃薯挂面的女性舒张压明显下降，而没有食用马铃薯挂面的女性没有显著改变；收缩压方面存在类似的情况，食用了马铃薯挂面的男性收缩压上升的程度低于没有食用马铃薯挂面的男性，食用马铃薯挂面的女性组的收缩压降低了一个单位，而没有食用马铃薯挂面的女性上升了9.2个单位。

食用马铃薯挂面前后"三高"症状比例变化情况（%）

	对照组		食用组	
	男性	女性	男性	女性
高血压	78.4	69.4	66.0	64.6
糖尿病	37.3	37.5	24.5	39.0
血脂异常	39.2	55.6	52.8	63.4
高血压+糖尿病	25.5	25.0	15.1	24.4
高血压+血脂异常	35.3	40.3	35.8	41.5
糖尿病+血脂异常	15.7	19.4	9.4	29.3
高血压+高血糖+血脂异常	13.7	18.1	9.4	20.7

这些生理指标数据充分证明，食用马铃薯主食能够有效地控制老年人的"三高"症状，在某些情况下还可以缓解一些症状。因为，对于年老的"三高"患者来说，症状是在日益加重的，能够维持现状就相当不容易了，如果症状能够得到控制，并在部分指标上有所降低缓解，实在是可喜的效果。

另外，试验中吃了马铃薯主食与没吃马铃薯主食的两组人群中还有一项指标有了显著的变化，那就是腰围。吃了马铃薯主食的人群的腰围显著减小。进一步询问了解到，吃了马铃薯主食后，便秘的症状得到了逐步的改善，排便用力减小了。这可能与马铃薯主食中富含膳食纤维，能够促进胃肠蠕动有关。

④ 主题研究，马铃薯独特的健康功效

揭开马铃薯主食减肥的秘密

众所周知，肥胖对健康不利，肥胖的人易患高血压、心血管疾病、糖尿病和其他的代谢综合征。因此，人们一般会认为正常体重才是健康的，也符合大众的审美。然而，保持苗条身材是一项挑战，为什么我们的体重总是增加容易减少难呢？

体重增减原理——能量守恒

虽然有的人总是在节食，但就算吃得再少，体重还是会上升，治本之道在于了解身体机制。体重的增减主要取决于热量供给与消耗之间的关

> 体重增减原理：
> 摄取热量－消耗热量<0，体重减小
> 摄取热量－消耗热量>0，体重增加

系，当吃食物摄取的热量大于身体消耗的热量时，人的体重就会增加，没有用完的热量会以脂肪的形式储存在体内。

因而减肥的办法就是少食多动，促使热量消耗大于供给。

道理很简单，真正要做到却很难。如果通过剧烈运动来增加能量消耗，会让你吃更多的食物补回来；但是，如果通过限制热量摄取，靠燃烧体内储存的脂肪提供能量，就得忍饥挨饿，这滋味很不好受，肚子饿的时候，强烈的食欲迟早会迫使你屈服。而且越是肥胖的人基础代谢率越高，因此一般情况下，胖人消耗的热量要比瘦人多，这就好比车子，大车消耗的油比小车多。

因而，减肥的关键在于控制食欲，如果能够轻松地控制我们想吃的欲望，那么保持苗条的身材，维持健康，减少疾病带来的疼痛与财富损耗，就会成为一件比较轻松的事情。对形体之美和对健康的追求吸引了很多科学家孜孜不倦地研究，以期揭示人类食欲的运作机理。

揭开食欲之谜——下丘脑、瘦体素与胃饥素的互作机理

人类的食欲非常复杂，有三个要素起着关键作用，它们是下丘脑、瘦体素与胃饥素。

下丘脑位于丘脑沟的下方，构成第三脑室的下壁，向下延伸与垂体柄相连。下丘脑面积虽小，但接收很多神经冲动，不仅通过神经和血管途径调节脑垂体前、后叶激素的分泌和释放,而且还参与调节自主神经系统,如控制代谢、调节体温、摄食、睡眠、生殖、内脏活动以及情绪等，是调节内脏及内分泌活动的中枢。科学家在研究下丘脑综合征时，发现下丘脑受损会导致摄食异常，历经诸多研究终于确定了下丘脑是管控食欲的司令部，它含有两种能产生相反作用的神经元，分别是抑制食欲的POMC神经元和促进食欲的AGRP神经元，它们接收来自身体的"我饿了"与"吃饱了"的信号，并做出反应，处理后开启相应的进食与节食开关，从而调控身体对能量的摄取与消耗。

链接POMC和AGRP神经元的分别是瘦体素与胃饥素，它们像是两个信差，分别向下丘脑传递"吃饱了"和"我饿了"的信息。

瘦体素是由ob基因（位于人类染色体7q32）编码的一种分泌型蛋白质，是肥胖基因的表达产物，有人称之为肥胖蛋白，但由于它具有显著降低机体肥胖程度的功能，因此也被称为瘦蛋白。

自1950年发现肥胖型小鼠以来，科学家就开启了探索肥胖型基因表达研究的漫漫征途。1994年，Zhang等人提出肥胖型鼠是由于缺失肥胖基因的表达物而造成肥胖的，并将这种表达物命名为瘦体素。1995年，Halase等报道了瘦体素具有显著降低肥胖型鼠的体重和采食量的功能。这拉开了对瘦体素的生物学功能和分子生物学特性进行研究的帷幕，出现了大量的相关报道以及临床医药的开发利用。

最早的研究报道认为瘦体素对动物体能量平衡有巨大影响，瘦体素表达及分泌量的增加会显著降低动物的体重和采食量，同时具有加强机体能量的分解代谢及产热反应的作用。

2009年6月美国出版的《细胞—代谢》杂志上刊登的研究报告指出：瘦体素能对中枢神经系统内的下丘脑部分产生作用。在小鼠的实验中，研究人员仅仅通过激活瘦体素对POMC神经元的作用，就可以抑制老鼠食欲，从而达到减肥效果。后续研究还发现，瘦体素还能控制血糖水平，影响人的活动欲望。

瘦体素的发现引起了不小的轰动，再加上后来发现的其他化学物质，共同形成了一串食欲信息链，向中枢神经系统内的下丘脑部分传输"吃饱了"的身体信号。进一步的研究揭示出，作为信差，瘦体素主要是向脑部报告身体的脂肪水平，它们在机体的脂肪组织中合成和分泌，在血液中流动，抵达下丘脑，链接POMC神经元，脑部就会收到身体瘦体素水平上升的信号，从而发出抑制食欲的命令。

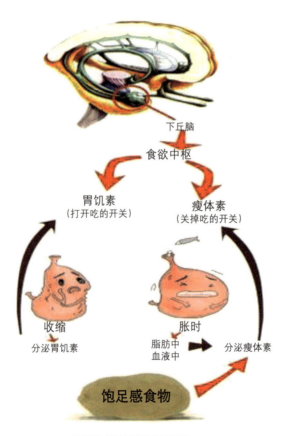

马铃薯减肥生理机理示意图

向大脑传递"我饿了"信号的主要是由叫作胃饥素的信差来完成。胃饥素是生长激素促分泌素（GHS）受体的内源性配体，主要参与机体的能量代谢调节。

科学家最早从大鼠的胃肠黏膜中提取出具有促生长激素释放作用的小分子活性肽，即胃饥素。随后的一些研究发现，胃饥素与生长激素分泌、摄食和体重调节及胰岛素分泌密切相关。人类的胃饥素基因定位于3号染色体p25—p26区，共计5199个碱基。人体内胃饥素的分泌呈现昼夜节律性，在未受时间、食物干扰，自由进餐的情况下，餐前时刻胃饥素水平升高，餐后一小时胃饥素降至正常，且餐后胃饥素的抑制程度同摄入的能量呈正相关，这显示胃饥素可作为机体的饥饿信号及摄食起始信号。

后续的研究表明，人体内的胃饥素水平变化与肥胖关系密切，胃饥素对摄食及能量代谢调节作用显著，当胃里没有食物时，胃部肌肉收缩，分泌胃饥素，通过血液传送到脑部，等到下丘脑接收到足量的胃饥素时，接通AGRP神经元，人就感到饥饿，大脑于是便下达"快吃饭"的命令；当胃被食物塞满时，胃壁会扩张，里面只剩下微量的胃饥素，血液不再有足量的胃饥素向脑部传送，阻断与AGRP神经元的链接，下丘脑就会关上脑部"我饿了"的开关。

机体就是这样通过感知并向血液中释放瘦体素和胃饥素，引起下丘脑调节食欲，做出摄食和停止进食反应，从而主宰我们的体态与健康。

持久的饱腹感——减重之关键

一旦了解了体重增减原理、下丘脑的工作机理，以及瘦体素、胃饥素和其他食欲信差的运作机制，控制食欲这一塑造形体的关键便不言自明了。因此，寻找能够产生持久饱腹感的食物，对于轻松减重就显得尤其重要。

饱腹感是饥饿感和食欲的对立面，是指吃喝完毕后的生理和心理饱足感。一般来说，饱腹感是一个人所吃的食物的数量所起的作用，比如，要想有饱腹感，通常需要吃下一整个汉堡而非只吃一口。而且，营养学家的研究还表明，食物的固有特性，如水分、膳食纤维以及宏量营养素的含量也会对饱腹感产生影响。

富含水分的食物容易引起饱腹感，这是因为水分增加了体积，但不含热量，从而使食物的整体热量降低，科学表述为"水分减低了食物的能量密度"，食用能量密度低的食物是保持健康体重的明智之举。

纤维质的热量非常低，但它会增加体积。另外，吃高纤维食品通常要花多一点时间咀嚼，所以吃东西的过程就满足了食欲，同时也减慢了吃的速度，让大脑有时间处理从身体里传来的"不用再吃"的激素信号。最后，因为纤维难消化，在胃和小肠停留的时间会较长，所以大脑从胃肠收到的信号一直是"我还很饱"的信息。

提供食物热量的宏量营养素有三种——碳水化合物、蛋白质和脂肪。脂肪是能量密度最大的宏量营养素，每克脂肪大约含有37.7焦耳热量，碳水化合物和蛋白质所含热量不及脂肪的一半。一直以来，人们认为"肥肉耐饿"，然而研究表明脂肪在胃部停留的时间并不长，蛋白质和碳水化合物实际上更能让人有饱腹感。

营养学家们认为，利用饱腹感的原理对日常主食进行调整，在同等热量的情况下，选择饱腹感强的食物，就能让人在保证不饿肚子的同时，降低能量的摄入。为了确定哪些食物能带来更持久的饱腹感，澳大利亚悉尼大学的苏珊娜·赫特（Susanna Holt）博士制定了一个名为"饱腹感指数"的评价量表，通过主题评价小组对代表着所有主食群组的38种不同食物中的每1005焦耳的分量进行了评价，以一份白面包的饱腹指数作为基准100，研究出各种食物填饱肚子的饱腹指数，发表在《欧洲临床营养学杂志》上。在饱腹感指数排名中，名列前茅的食物都具有富含水分和膳食纤维且脂肪含量低的特征，这印证了营养学家的研究。

减肥专家马铃薯

马铃薯是一种热量密度极低的食物，与其他主食相比，马铃薯水分含量高，平均可达70%以上，而脂肪、碳水化合物与蛋白质三大宏量营养素含量显著较低，这完美对应了高饱腹指数食物的特征。在苏珊娜·赫特博士发表的食物饱腹指数中，马铃薯分数高达323，雄踞第一，是油炸面包圈（68）的4.75倍，白面包（100）的3.23倍，也高出燕麦（209）114分。

马铃薯与三大主粮主要物质含量比较

	热量（焦耳）	碳水化合物（克）	脂肪（克）	蛋白质（克）	膳食纤维（克）	水分（克）
马铃薯	322	17.2	0.2	2.0	0.7	79.8
小麦	1327	75.2	1.3	11.9	10.8	10
大米	1448	74.2	1.2	12.7	0.6	13.3
玉米	444	22.8	0.9	4	2.9	13.4

注：按100克可食部分计算，由于碳水化合物与膳食纤维具有包含关系，统计测算时会有交叉。

被冠以饱腹将军美名的马铃薯，由于含水量较大，纤维和水分会形成较大的食团占据胃，却不会增加多余的热量，只是让你觉得肚子一直很饱。然而，却因较高的淀粉含量而往往为减肥塑形人群所避之不及。事实上，食用等分量的食物，马铃薯的热量仅相当于白面包的1/4，而它同时富含维生素、纤维素和一些其他的营养物质，能在维持长时间饱腹感的同时获取多种营养素，而不必担心节食带来的饥饿反弹与营养缺乏，简直是塑形与减肥者的福音。

这年头好东西是藏不住的，关于马铃薯主食的开发利用，早已是铺天盖地，你可以不喜欢它，但从减肥效果而言，真没有什么理由拒绝。

马铃薯食品是运动后的极佳食物选择

关于运动后该吃什么，一直以来都是人们研究和讨论的话题。研究表明，马铃薯食品是运动后的极佳食物选择。

运动后应选择能提供大量钾、膳食纤维、钙和维生素D的食物，同时要少摄入钠、饱和脂肪酸和反式脂肪酸，避免人为添加过多的糖和盐。马铃薯几乎同时满足了上述所有要求。钾可以钝化人体中钠的副作用，从而降低血压。除此以外，体内富含的钾离子还可以减少罹患肾结石和骨质疏松的风险。在钾的食物源中，马铃薯位列指南推荐的首位。

运动时机体主要依靠碳水化合物来参与供能，为肌肉提供能量。与蛋白质和脂肪不同，身体中的碳水化合物储备非常有限。当经过锻炼出汗之后，急需补充碳水化合物，在低脂的优质碳水化合物提供者中，马铃薯是佼佼者，它不但提供了人体所必需的营养素，还可以避免过多的能量摄入和储存，所以马铃薯被称为"减肥蔬菜"。

《今日营养》杂志最近发表了一份报告——《高质量碳水化合物与体能表现》，该报告由Mitch Kanter博士撰写，是五位运动营养研究人员和从业人员的研究总结。报告中详细介绍了优质碳水化合物与身体体能表现之间的关系。报告表明，多摄入富含碳水化合物的天然食物，尤其是营养丰富的马铃薯，可能是提高运动员耐力表现的最佳途径，该结论是对过去四五十年大量研究结果的再次印证。

鉴于马铃薯食物的诸多营养优势，特别是它能提供钾和纤维两种重要营养素，而这两种营养素是美国饮食指南咨询委员会确定的主要缺乏性营养素，因此美国马铃薯促进报告鼓励运动员食用马铃薯食品。

白色食物马铃薯受营养专家推崇

据世界营养研究权威杂志《营养学进展》报道，包括马铃薯在内的白色食物是健康、均衡膳食的重要组成部分，可以促进稀缺营养素（主要是纤维、钾和镁）的吸收。该研究一经发布，朴实无华的马铃薯便迅速引起了人们的关注。

　　作为白色食物中的重要一员，马铃薯的营养价值和在膳食中所发挥的功效再一次得到普遍认可。通常意义上，消费者被推荐摄入深绿色和橙色食品。然而，白色食物却从未上榜，逐渐沦为被遗忘的营养之源。据调研，大众对白色食物的理解大都存在偏见和误解，低估了它的营养价值。

　　普渡大学著名营养学教授康妮·韦弗博士表示："钾是维持正常血压的重要营养素，但只有3%的美国成年消费者达到每天推荐摄入量。"这一数据严重打破了营养界提倡的膳食平衡。如今，正确、健康的营养观念应该重新树立。事实上，颜色并不能代表食物的营养价值。白色食物的健康功效，丝毫不亚于颜色鲜艳的水果、蔬菜。

彩云之南的蘸水烤土豆

第一，马铃薯含有丰富的钾。钾是人体不可或缺的必要营养素。缺钾导致浑身无力、疲乏、心跳减弱，严重的还会加重厌食症状。在烈日炎炎的夏季，随着气温逐渐上升，人体的代谢增加，大量出汗后更要注意钾的补充。而马铃薯恰好富含钾元素。美国农业部信息显示，在20多种最经常食用的新鲜蔬菜和水果中，马铃薯钾含量最高，一个中等大小的带皮马铃薯（148克）含有620毫克钾元素，这相当于人体每日建议摄取量的18%。据世界卫生组织发表的膳食盐及钾的新指南显示，全球日益增多的高血压和心脏病患者大多数均存在钠元素摄取过量，而钾元素摄取严重不足的问题。世界卫生组织指出，为降低心血管疾病的风险，全世界大多数儿童和成人都应该少摄入钠、多摄入钾。同时建议，成人每天摄入的钠应小于2克（即5克盐），钾应大于3510毫克。这是世界卫生组织首次建议儿童少摄取钠、多摄取钾，应受到全球主妇们的高度重视。经常食用马铃薯将有效预防或改善这一情况，提升健康机能。

第二，马铃薯富含多种维生素。马铃薯是所有粮食作物中维生素种类最全的，特别是马铃薯中含有谷物类粮食所没有的胡萝卜素和维生素C，其所含的维生素C是苹果的10倍，且耐加热，带皮的马铃薯蒸40分钟维生素只损失20%左右，是全部食物中维生素保存最好的。有营养学家做过实验，0.25千克的新鲜马铃薯便够一个人一昼夜消耗所需要的维生素。当人在承受强大的心理压力时，身体会消耗比平时多8倍的维生素C。兼顾职场与家庭的白领常常会承受这种紧张，选择马铃薯则是不错的膳食选择。一个中等大小的带皮马铃薯（148克）可提供我们每日所需维生素C的一半。经常性摄入能够帮助人们提高免疫力，预防疾病，同时高效抗疲劳，使身体随时保持良好的状态。维生素C还可防止坏血病，刺激造血机能等。马铃薯还含有其他多种维生素和无机盐，具有抗衰老的功效。马铃薯中还含有维生素A、维生素B_1、维生素B_2（核黄素）、维生素B_3、维生素E、维生素B_6、维生素M和生物素H等，对人体健康都是有益的。

第三，马铃薯中含有丰富的膳食纤维。有资料显示，马铃薯中的膳食纤维含量与苹果一样多，因此胃肠对马铃薯的吸收较慢，食用马铃薯后，停留在肠道中的时间比米饭长得多，所以更具有饱腹感，同时还能帮助带走一些油脂和垃圾，具有一定的通便排毒作用，有利于瘦体。以往对马铃薯不利于控制体重的认知应被打破，因为它真正能做到美味、减肥两不误。从营养价值来看，马铃薯富含能增加饱腹感的膳食纤维，并且不含脂肪、钠和胆固醇，能够调节血糖。

第四，马铃薯含有2%的优质蛋白，容易消化、吸收，优于其他作物的蛋白质。马铃薯的蛋白质含有18种氨基酸，包括人体不能合成的各种必需氨基酸，如赖氨酸、色氨酸、组氨酸、精氨酸、苯丙氨酸、缬氨酸、亮氨酸、异亮氨酸和蛋氨酸。此外，马铃薯中的无机盐如钙、磷、铁、钾、钠、锌、锰等，也是人体健康和幼儿成长发育不可缺少的元素。

马铃薯还有药用价值，可以用来治疗胃痛、痈肿、湿疹、烫伤，是和胃健脾药和解毒消肿药。中医认为马铃薯性平、味甘、无毒，能健脾和胃，益气调中，缓急止痛，通利大便，对脾胃虚弱、消化不良、肠胃不和、脘腹作痛、大便不畅的患者效果显著。现代研究证明，马铃薯对调节消化不良有特效，是胃病和心脏病患者的良药及优质保健品。马铃薯富有营养，是抗衰老的食物之一。

《2016中国平衡膳食指南》建议，每人每周应食薯类5次左右，每次摄入50～100克。每100克马铃薯含钾高达300毫克，是20多种经常食用的蔬菜、水果中含钾最多的。日本一个研究发现，每周吃五六个马铃薯，可使中风概率下降40%。

国外研究显示，马铃薯中含有的抗菌成分有助于预防胃溃疡，它不仅有抗菌功效，同时不会造成抗药性。

马铃薯的营养价值高，但是需要合理烹调才能最大程度地保留营养价值。马铃薯主粮化项目组开发了马铃薯馒头、面条等传统主食，米线、馕等地域特色主食，以及蛋糕、面包、饼干、花青素胶囊等休闲功能型食品，共计300余种食品，是保全马铃薯营养的较佳食用方法。

科学引导消费

科普宣传与消费引导

马铃薯主食化，百姓主动消费是关键。因此，提高马铃薯主食的知名度，让老百姓认识马铃薯，了解吃马铃薯的好处是重点，让老百姓愿意吃、喜欢吃马铃薯主食产品。

　　马铃薯主食如何才能进入广大消费者的视野，成为消费者的选择呢？马铃薯主食化，百姓主动消费是关键。因此，提高马铃薯主食的知名度，让老百姓认识马铃薯，了解吃马铃薯的好处，让老百姓愿意吃、喜欢吃马铃薯主食产品。但如果大家都知道好，可是却不知道哪里能买到，也是不能把潜在的消费意愿变为现实消费的。所以，还必须提高马铃薯主食产品的可获得性，把马铃薯主食产品摆在消费者身边，以方便大家体验与购买，让马铃薯主食与消费者亲密接触。为此，项目组一方面进行多形式、全方位、立体化的科普宣传，一方面又在马铃薯主食产业开发9省7市试点区组织有步骤、有重点、分地区、分产品、分人群的"膳食平衡，营养健康"马铃薯营养知识宣传暨主食消费引导系列活动。宣传主题包含马铃薯主食健康认知、马铃薯主食健康食品、马铃薯主食健康食用消费方式等。其间还穿插了"品评马铃薯主食，了解马铃薯知识——马铃薯主食认知与消费行为数据采集""营养100——马铃薯主食营养知识有奖调研""马铃薯主食的营养与食用方式说明会"等多项活动，并先后举办了"回家吃饭""健康主食生活"等社区居民制作马铃薯主食比赛活动，提高居民对马铃薯主食的认知水平与辨识度，普及马铃薯主食产品家庭制作烹调工艺，同时也激发了人们对马铃薯主食产品消费与制作的兴趣。

1 "立体化"科普宣传体系

　　项目组深入开展各种贴近实际、贴近生活、贴近群众的科普宣传活动，重点打造科普纪录片、科普展示基地、科普视频、科普讲座、科普网站、微博、微信平台、资源共享QQ群、报纸、电视、广播等全方位、立体化的大科普宣传格局，拓宽公众获取马铃薯主食相关知识的渠道，为提高公众的食物营养认知水平和科学健康生活能力竭尽全力。

充分发挥传统媒体的作用

组织"专家谈马铃薯主食"专题栏目，在报纸、网站进行播报，从马铃薯主粮化战略、马铃薯主粮化品种选育、马铃薯主食开发和装备研制、马铃薯主粮化布局与效益、马铃薯主食营养及其功效等多个方面，向大众传播相关知识。编印马铃薯主食科普小品文、科普宣传册、科普宣传画、科普挂图等十余种，免费发放给消费者阅读。

在部分马铃薯主粮化试点区，建立马铃薯主粮化科普展示教育基地，采用各具特色的科普展示橱窗、宣传栏、造型牌等形式，把造型艺术美与马铃薯田间美景、马铃薯美食等融合在一起，成为一道靓丽的马铃薯主粮化科普宣传景观，各有侧重地向观众展示马铃薯主粮化相关方面的知识。

大力发挥新媒体的功能

项目组建设了马铃薯主食科普网　马铃薯主食产业化信息网，内容丰富，版面新颖，阅读方便。打造微信平台——食物与营养，定期推送有关马铃薯主食项目的最新进展与马铃薯主食营养知识，目前已集成了科普文章、科普挂图、科普影视、科普活动资源包、科普折页、科普手册等形式多样的科普资源，分类分批上传到微信公众平台。制作"马铃薯主粮化"系列动画视频，分别从马铃薯主粮化概念、马铃薯主食营养、马铃薯主粮化品种品质特性、马铃薯主食健康功效、马铃薯主食食用搭配等方面，以通俗易懂、风趣幽默的形式，对马铃薯主粮化相关知识进行科学普及。开发"马铃薯主食营养小喇叭"智能机器人，以语音、文字等多种形式解答人们对马铃薯主食的各种问题，基本达到了马铃薯主食相关知识全覆盖，消费者可以按照自己的需求和兴趣进行点播。

合作开展大科普宣传

项目组与中央电视台农业频道合作，录制并展播三季《舌尖上的马铃薯》大型纪录片，向公众介绍马铃薯主食的食用方式、制作工艺、营养功能、健康保健、生态环保、栽培种植，以及马铃薯对家庭、社会乃至国家的重要性。节目贴近民生，深受观众喜爱，为提高观众的马铃薯认知水平做出了极大贡献。

马铃薯主食消费体验活动

与马铃薯主食加工企业、马铃薯主食专卖店、马铃薯主食主题餐厅合作，进行时间全覆盖，主题定期更换，并不定期推出多种形式的科普宣传活动。各项活动极大提高了马铃薯主食的知名度，马铃薯主食的口感风味以及体验品尝活动均得到了消费者的一致认可。据问卷数据统计，马铃薯主食作为一项新生事物，其知晓率迅速提升至70%以上，并成为人们日常见面聊天的话题之一。

② 线上线下消费引导，让马铃薯主食走向东南西北

丰富的马铃薯主食产品消费体验活动和多种媒体形式的宣传，为居民提供了马铃薯主食产品的消费体验平台和营养知识信息获取渠道，进一步加深了马铃薯主食在老百姓心中营养、安全、健康的食物形象，引导更多消费者科学食用马铃薯主食，养成良好的消费导向，起到了宣传马铃薯主粮化战略，提高马铃薯主食营养认知，推广马铃薯主食消费的良好效果。

马铃薯主食产品走进北京社区，首都人民有口福了

随着马铃薯主食与产业开发国家战略的深入推进，马铃薯馒头、面条、点心等食品相继研制成功，多种产品已经上市。为了让居民了解和体验马铃薯主食产品的产品形式、营养价值、烹制工艺与购买渠道，由农业部食物与营养发展研究所主办、北京薯乐康农业科技有限公司承办的"均衡营养、健康生活"马铃薯主食产品消费体验活动2016年5月拉开了序幕。

体验活动的首站在北京市西三旗育新花园。科技专家介绍了本次活动的背景、意义和要求，指出马铃薯主食产品消费体验活动旨在通过组织广大消费者通过看宣传手册、听专家介绍、试吃产品等形式，增进对马铃薯主食产品的了解和认识，借此向居民传递马铃薯主食营养知识，引导消费者科学消费马铃薯主食产品。介绍了马铃薯产业国际发展形势，以及欧美地区马铃薯消费形式。

在首站活动上，展出了50余种马铃薯主食产品，包括马铃薯馒头、面条等传统大众型主食，马铃薯米线、热干面、馕、拉面等地域特色主食，以及马铃薯面包、糕点、冲调羹等休闲食品。对其中的近30种产品进行了开放式

首站体验活动吸引了很多市民

消费体验，并让前来体验的居民现场观摩学做马铃薯食品。活动举办方成员向居民分发了马铃薯主食产业化战略及产品营养相关资料，讲解了马铃薯主食产品的营养成分，普及了相关知识。

来自社区的300余位居民参加了马铃薯主食产品的消费体验活动，品尝了230千克马铃薯食品，分享了赠品120千克马铃薯馒头、200余袋马铃薯冲调羹（每袋30克）等。此次消费体验活动受到了社区居民的一致好评。

2016年6月，消费体验活动第二站选在北京市海淀区清景园小区。现场专家、营养师对马铃薯营养知识、产品种类等进行介绍，对部分产品的制作原料、营养成分和功效向消费者做了讲解。马铃薯主食产品现场制作、品尝体验将活动推向高潮，来自本小区以及附近的居民有序参与，亲手体验马铃薯蛋糕、面条等食品的制作，场面温馨热烈。现场共展示原粉、蒸煮、烘焙、休闲等四大类马铃薯食品，得到广大消费者一致点赞，取得了很好的科普宣传与消费引导效果。

继"均衡营养、健康生活"马铃薯主食产品消费体验活动进社区之后，2016年10月，农业部食物与营养发展研究所在中国农业科学院职工食堂举办了第三站马铃薯主食消费体验活动。之所以选择午餐时间在职工食堂内举办马铃薯馒头消费体验活动，是为了让大家即领即食，品尝马铃薯馒头的本原风味口感，并及时收集消费者食用后的反馈信息。来自中国农业科学院20多个单位的职工参与了本次马铃薯主食消费体验活动。

在活动现场，专家、营养师对本次体验的马铃薯馒头的制作原料与制作过程向消费者做了简单介绍；讲解了马铃薯主食产品的营养成分，普及了相关知识，并就消费者提出的问题进行现场答疑，并向消费者分发了马铃薯主食产业化战略及产品营养相关宣传资料。

马铃薯馒头在中国农业科学院职工食堂的首秀受到了消费者的一致好评。一位职工在微信中写道："为了搭配马铃薯馒头特意打了两个硬菜，好菜配马铃薯馒头，都是高大上，健康营养看得见。"有的职工吃过马铃薯馒头后特意过来反馈说太好吃了，希望以后能天天吃到。马铃薯馒头受到职工和专家的普遍好评，取得了很好的科普引导与消费宣传效果。

东北人的马铃薯吃法——马铃薯大列巴和发糕

2018年11月，黑龙江省哈尔滨市开展了马铃薯主食化战略宣传暨马铃薯主食产品展示与消费体验活动。

活动主要展示了马铃薯大列巴和马铃薯发糕两种地域特色型马铃薯主食产品。这些产品是由黑龙江省农垦科学院经作所依托国家马铃薯主粮化行业专项，在农业农村部食物与营养发展研究所的指导下，着眼于当地旅游经济高速增长、旅游餐饮发展前景喜人的发展趋势，突出边境省份俄罗斯风情特点，结合黑龙江马铃薯的优势开发打造的具有地域特色和营养健康时代特征的马铃薯主食产品。

在活动现场，对全部展出产品进行了开放式免费品尝体验。工作人员向前来观看和品尝的消费者介绍了马铃薯主粮化战略内涵、我国马铃薯种植现状、东北地区马铃薯机械化种植效益、适宜品种及其性状特征等情况；发放了马铃薯主食产业开发、马铃薯主食产品营养成分及功效等相关宣传资料；对所展示的马铃薯主食产品的原料与制作过程向消费者做了说明；并就消费者提出的问题进行了现场答疑。在宣传推广活动中，马铃薯大列巴鲜明的地方特色引来周边市民和游客纷纷前往尝鲜，美食品尝和消费引导将活动气氛推向高潮。

前来品尝的消费者一致认为，与市面出售的大列巴相比，马铃薯大列巴入口酥脆松软，咸味适中，细品略带马铃薯的甜味，非常好吃。同时还纷纷

　　表示，通过参观展示和产品品尝，更深刻地理解了国家马铃薯主粮化战略的重要意义，对马铃薯主食产品的营养价值有了更多的了解，对展示的马铃薯大列巴、马铃薯发糕等产品表现出极大的兴趣，希望能在市场上经常购买食用。相信马铃薯大列巴等地域特色马铃薯主食产品将为当地旅游业注入新的活力，撬动更庞大的市场。

马铃薯馕太神奇，口感好，营养高

　　2018年10月，新疆农业科学院加工所选择在午餐时间，在乌鲁木齐居民社区举行了马铃薯馕等主食产品宣传展示暨消费体验活动。活动展示了研发的马铃薯馕、马铃薯饼干、马铃薯面包、马铃薯蛋糕等地域特色马铃薯主食和马铃薯休闲功能型主食两大类产品。在活动现场举办了产品品鉴活动，诚意随机邀请过往的消费者莅临活动现场，品尝马铃薯主食产品。并由研究人员向消费者介绍了马铃薯主食产品种类、原料配比、制作工艺、营养功效及膳食搭配等知识，回答了消费者提出的问题。同时收集了消费者对马铃薯主食的品尝感受、消费意愿与购买溢价接受程度等方面的反馈信息。大家在品尝马铃薯主食产品后，一致认为马铃薯主食产品口感比想象的要好，并纷纷表示，马铃薯做馕太神奇了，不仅口感酥脆，而且营养价值高，可以在不知不觉中多摄入了一些营养，健康又惊喜，希望能经常吃到马铃薯主食。

主食之乡——河南的乡亲爱小麦粉烩面，也爱马铃薯主食

2018年5月，为进一步扩大马铃薯主食产品在农村地区的宣传，农业农村部食物与营养研究所在河南启动了以"均衡营养 健康生活"为主题的马铃薯主食产品进村入户活动，将马铃薯主食产品推向中原地区的农村居民。

该活动旨在向农村居民宣传马铃薯种植效益和马铃薯主食营养知识，让农民了解和体验马铃薯主食的产品形式和烹制工艺，展示马铃薯主粮化项目推进成效，树立马铃薯主食产品营养均衡、健康环保的良好形象，营造全国居民知晓马铃薯主食、乐食马铃薯主食产品的良好舆论和社会氛围，探索在农村社区引导马铃薯主食消费的模式，进一步推动马铃薯主食产业化发展。

本次消费体验活动共展出2大类10余种马铃薯主食产品，包括马铃薯面条等传统大众型主食与马铃薯糕点等休闲食品，并对所有展示食品进行了开放消费体验。活动中，宣传员向居民讲解了马铃薯种植效益、马铃薯主食产品的营养成分、原料配比与制作工艺，普及了相关知识，并就消费者提出的问题进行了现场答疑，引导农村居民制作并食用马铃薯主食。

此次科普宣传暨消费体验活动受到了农村居民的一致好评，一位村民一边细细品尝马铃薯主食产品，一边不住地夸赞"可酥可脆，味儿不赖"，旁边的大妈也一边品尝一边说："真是大开眼界，马铃薯还能做面条、做饼干，要不是今天吃到，还真不敢相信。"并表示会在家里试着做。

马铃薯主食产品亮相河南农村，达到了预期的宣传推广和消费引导效果，拉开了马铃薯主食走进农村的帷幕，为构建马铃薯主食产品全面推广的消费引导模式进行了有益探索。

广西农民丰收节，用最美食材马铃薯做广西人最爱的米线

2018年10月，在首届广西农民丰收节活动举办之际，项目组组织了中国最美食材品牌马铃薯推介，开展马铃薯主食化战略科普宣传暨马铃薯米线系列地域特色主食产品展示与消费体验活动。在产品推介现场，研究人员向前来参观的消费者和商家介绍了马铃薯主粮化战略的内涵、马铃薯主食开发现状、马铃薯米线系列产品的营养成分与功效特征，并就马铃薯米线系列产品

的加工工艺和技术进行了沟通交流。在推介活动中，消费者对马铃薯产品表现出极大的兴趣，商家也纷纷表示了生产与销售马铃薯米线系列产品的意愿，进一步提高了马铃薯主粮化战略的影响力，推动了马铃薯米线科研成果在当地的转化。

区域特色马铃薯主食产品做客新疆人民广播电台

为了让新疆地区的广大消费者了解马铃薯主食产品的营养特性及健康功效，宣传马铃薯主食文化，进一步推动马铃薯主食产品在人们膳食生活中发挥作用，2017年7月20日，"马铃薯主粮化项目"新疆地域特色产品开发加工任务组组长、新疆农业科学院农产品加工所副所长张谦研究员及新疆葡萄树食品有限公司董事长李阿坤应邀到新疆人民广播电台"先锋961，FM96.1"《民生零距离》直播间接受采访。

节目中，张谦研究员介绍了马铃薯主粮化项目的背景、意义及新疆马铃薯主食开发课题研究进展及马铃薯的营养特性等情况，李阿坤董事长介绍了公司开发的马铃薯主食新产品情况，并携带马铃薯馕、马铃薯面包、马铃薯甜甜圈，与主播一起边品尝边介绍产品，通过节目，让更多的消费者了解马铃薯产品，从而更加喜爱并消费马铃薯主食。

互联网时代，网络上也应该有马铃薯主粮化宣传的一席之地

马铃薯主粮化项目实施以来，项目组不断探索马铃薯主食知识科普宣传与消费引导形式，目前已经形成传统媒体与新媒体相结合的多种模式。马铃薯主粮化项目组开发的"马铃薯主食营养小喇叭"智能问答系统，经过一年的测试、修改与调整，已经正式上线，"马铃薯主食营养小喇叭"可在电脑与微信两个终端访问，可以同时实现有关马铃薯主食产业化相关知识的语音和文字双系统互动应答。小喇叭语音文字双系统互动应答平台有效实现了不同传播形式的联动。在内容上，小喇叭系统整合了马铃薯主粮化项目在马铃薯主粮化适宜品种筛选、专用品种培育、种植配套技术、马铃薯主粮种植布局、马铃薯主食产品开发、加工技术、马铃薯主食营养成分及功能功效等多方面知识信息，而且还通过用户提出的问题继续补充丰富内容。目前系统包

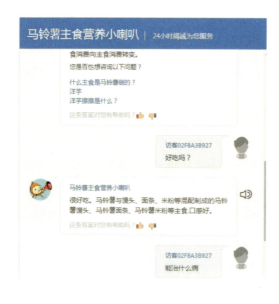

含3000多条问题、20多万字的语料信息，经过半年的试运行，2018年12月上线开播，回答用户提出的相关问题，且随着互动的增加，小喇叭还将不断更新、修正、完善。

语音与文字双系统的小喇叭同时在万维网和微信平台开播，提供了消费者和专家的统一互动平台，这一新颖的科普形式通过语音方式进行，将不受用户知识水平、文字阅读能力、地点场域等的限制，拓宽了宣传渠道，扩大了马铃薯知识科普宣传的受众群体与范围。下一步，马铃薯主食营养小喇叭还将开发讲解员仿真模拟机器人，推动马铃薯主食科普宣传接受形式无障碍、传播途径多渠道、受众群体全覆盖，引导广大消费者认识马铃薯主食，消费马铃薯产品。

通过线上线下的全方位宣传推广，马铃薯主食正在全国范围内受到关注和喜爱。

③ 多渠道促进马铃薯走进寻常百姓生活

市场调研显示，消费者对马铃薯主食产品的选择仍然受限于"找不到、买不着、吃不上"。所以在积极宣传的同时，还要进行多渠道、多模式的消费推广，这才是让马铃薯主食走进千家万户，摆上餐桌，吃进老百姓口里的关键！

马铃薯主食厨房启动仪式现场

马铃薯主食厨房落户超市——把马铃薯主食送到百姓身边

为了进一步推动马铃薯主食产业化的纵深发展，科学引导马铃薯主食消费，响应农业农村部主食厨房建设行动，在农业农村部食物与营养发展研究所的指导支持下，依托马铃薯主食产业化国家公益性行业（农业）科研专项，北京薯乐康马铃薯主食厨房消费体验连锁店在北京顺天府超市的多家面店揭牌亮相，为北京市百姓的健康饮食提供了更加安全可靠、营养均衡、经济便捷的新选择。

马铃薯主食厨房售卖的产品多达上百种，其中现场制作的即食品种有70多种，预制与外购分装的有30余种，丰富多样的产品与"马铃薯主食"的标识吸引了众多消费者驻足询问与踊跃品尝，并获得一致好评。

马铃薯主食厨房落户超市，揭开了马铃薯主食的神秘面纱，使得传说中高大上的马铃薯主食真正走进百姓的生活。马铃薯大饼、馒头与面条是最受百姓喜爱的三种主食，当日销售量达700千克以上。

马铃薯主食产品体验店——实现了马铃薯主食进社区

为解决百姓见不到、无处买、吃不上马铃薯主食产品的三难问题，马铃薯主粮化行业专项指导相关企业开发了集"便利体验+营养宣传+引导消费"于一体的马铃薯主食推广模式，以解决马铃薯主食进入社区消费者餐桌"最后一米"的瓶颈。

马铃薯主食产品消费体验店可以让居民就近体验马铃薯主食产品，解决了市场上马铃薯主食产品遥不可及的现实瓶颈，与百姓传统的一日三餐完成了无缝对接和完美融合。

目前，马铃薯主食产品消费体验店提供的产品有通用型、专用型薯麦混合粉，如面包粉、蛋糕粉、面条粉系列（已获得发明专利），以及马铃薯挂面、马铃薯馒头、马铃薯花卷、马铃薯丸子、马铃薯油条、马铃薯烧饼、马铃薯煎饼等。囊括了马铃薯主食加工原料、半成品、预制品、即食食品等多种类型的产品，方便各种需求消费人群的选择与购买。

马铃薯主食产品消费体验店的马铃薯主食产品都是在保持传统做法的基础上，按科学的比例加入马铃薯粉，既保证了传统面食的本色又发挥了马铃薯

马铃薯主食

的营养价值，而且口感好，价位合理，普通老百姓都吃得起。此外，该体验店还重视引导消费者改变膳食结构，改善膳食营养，推进了马铃薯主食化进程，形成了"便利选择+营养引导+消费体验"三位一体的创新模式。

马铃薯主食宣传示范与消费引导工作将以马铃薯主食厨房与马铃薯主食产品体验店为主要形式，以膳食营养均衡为原则，系统整合马铃薯主食产品与家常菜肴的合理搭配，为广大居民的健康科学饮食服务，并分步骤加紧研发分人群、分季节、分产品的系列马铃薯主食厨房膳食食谱，指导消费者合理饮食，使马铃薯主食真正进入百姓的家中，为消费者的健康加分。

马铃薯主食主题餐厅——城市白领"马铃薯主义"的新实践

对于吃什么这个问题，不仅要靠经济实力、营养知识，想象力也是不可或缺的，很多人都是看着菜单而非凭借自己的想法点餐，这并非是因为厨师手艺的局限，而是离开引导，人们对食材和食物的认知有限，因而消费引导就显得特别重要。

应城市白领的饮食偏好和营养需求而开设的马铃薯主食主题餐厅，引领了城市青年的马铃薯主食高端消费，进一步推动了马铃薯主食产业化的纵深发展。

马铃薯主食主题餐厅结合国人营养习惯，倡导鲜食，参考马铃薯的国际化制作方式，研发出了具有中国本土化特色的主食和轻食近百种，包括马铃薯浓汤、马铃薯焗饭、马铃薯主食沙拉、焗马铃薯等。马铃薯主食主题餐厅的菜品因薯类含量多、菜品品相好、文化氛围浓以及价格低廉，深受青年消费者喜爱。

马铃薯主食主题餐厅的菜品中，90%以上以马铃薯为主要食材，在售的主菜、焗饭、汤、饮品、沙拉、小吃、甜品等7类食物中都有马铃薯的身影。但各个菜品根据营养、品相、口味、制作工艺等，马铃薯占比也不相同，除3款甜品薯类占比为10%以外，大部分均在30%以上，有几款食物马铃薯占比高达100%。在所有食物中，马铃薯平均占比为45%左右，接近一半。

精致是马铃薯主食主题餐厅菜品的又一大特色，无论是焗饭的色彩、甜品的造型还是汤类、饮品上的印纹，都充分利用马铃薯色彩的多样性和形状的可塑性，倾注匠心，雕琢配搭得如同一件件精美的艺术品，把马铃薯的优越性发挥到了极致。

马铃薯主食主题餐厅的每一道菜品都经过专业厨师的精心研制，力求达到营养、口感与品相的完美组合。低廉的价格更是吸引了年轻的白领族，一份味道让人留恋的马铃薯浓汤，其价格仅相当于同款西式餐厅汤类的一半。

食物营养所的研究人员表示，想让城市的白领青年爱上马铃薯，必须考虑消费主体的口味需求，要更加注重饮食的营养和健康，要把好吃、好玩相结合，加入创意的元素，把马铃薯做出"中国味道"，让世界爱上中国的马铃薯。

马铃薯主食主题餐厅正在静悄悄地引导城市白领青年的饮食转向，一个由马铃薯主食打造的"美好新世界"正在我们的城市中诞生！

④ "四进"马铃薯主食消费引导模式

为引导消费者科学食用马铃薯主食，项目组有步骤、有重点、分地区、分产品、分人群地组织开展了以"膳食平衡 营养健康"为主题的马铃薯主食消费引导系列活动。在活动中，逐渐探索总结出了一些行之有效的马铃薯主食消费引导模式。

现场烹饪多维互动"进社区"

为了让居民了解和体验马铃薯主食产品的形式、营养价值和烹制工艺，农业农村部食物与营养发展研究所在北京西三旗育新花园、清景园、复兴路、中国农业科学院、苏家坨，河南洛阳，新疆乌鲁木齐，黑龙江哈尔滨，广西南宁，河北衡水等地的社区举办了以"均衡营养　健康生活"为主题的马铃薯主食产品消费体验活动。

负责人指出马铃薯主食产品消费体验活动旨在通过组织广大消费者以看宣传手册、听专家介绍、品尝产品等形式，增进对马铃薯主食产品的了解和认识，借此向居民传递马铃薯主食营养知识，引导消费者科学消费马铃薯主食产品。

消费体验活动累计展出的马铃薯主食产品，囊括了马铃薯馒头、面条等传统大众型主食，马铃薯米线、热干面、馕、拉面等地域特色主食，以及马铃薯面包、糕点、冲调羹等休闲食品，对其中的60种进行了开放式消费体验，并让前来体验的居民现场观摩学做马铃薯食品。在活动现场，专家、营养师对马铃薯营养知识、产品种类等进行了介绍，对部分产品的制作原料、营养成分和功效向居民消费者做了讲解答疑，并向居民分发马铃薯主食产业化战略及产品营养相关资料，普及相关知识。活动得到广大消费者的一致好评，取得了很好的消费引导效果。

固定人群定期品尝"进食堂"

为落实《农业部关于推进马铃薯产业开发的指导意见》精神，向公众普及马铃薯营养知识，推广马铃薯主食产品，引导消费者健康、科学、环保的膳食生活，农业农村部食物与营养发展研究所在中国农业科学院职工食堂开展了定期的"均衡营养　健康生活"马铃薯主食产品消费体验活动。

食堂定期品尝活动采取了固定人群长期体验与所有人群定期集中品尝的模式。一方面，按照课题组马铃薯主食产品开发设计理念，分步骤、有侧重地开展了马铃薯馒头、马铃薯糕饼与马铃薯点心展示与消费体验系列活动。另一方面，征募部分志愿者持续消费马铃薯馒头一段时期，通过生理指标检验与主观反馈信息等方法，评价马铃薯主食的健康功效以及食用者的主观感受。

在马铃薯主食产品定期集中展示与体验活动中，共展出马铃薯馒头、烙饼、发面饼、蛋糕、泡芙、桃酥、甜甜圈等9种4000多份产品，来自中国农业科学院多个部门的职工及部分家属参与了消费体验活动。在活动中，向消费者分发了马铃薯主食产业化战略及产品营养相关宣传资料，现场专家、营养师对所展示的马铃薯食品的原料与制作过程向消费者做了介绍，讲解了马铃薯主食产品的营养成分，普及了相关知识，并就消费者提出的问题进行了现场答疑。

马铃薯主食系列产品在中国农业科学院职工食堂的展示与消费体验活动受到了消费者的好评，同时所有展出的马铃薯主食产品都得到消费者的肯定，大家纷纷表示还想吃，想经常吃。同时通过活动以及为本次活动开设的微信群、QQ群等信息渠道，项目组也收集到了消费者对马铃薯主食的一些疑虑，如转基因问题、主食产品及原料的购买渠道等，这也将是下一步宣传的着力点。

马铃薯主食产品消费体验暨健康功效评估活动展示了多种马铃薯主食产品，提高了消费者对马铃薯主食产品的知晓率，达到了预期的宣传推广和消费引导效果，同时也为下一步建立马铃薯主食产品消费体验站的长效工作机制进行了有益探索。

饮食文化深入挖掘"进校园"

良好的饮食习惯对人的一生都有着积极的影响，要想拥有健康的人生，就首先要养成良好的饮食习惯。学生时期是一个人良好的饮食习惯养成的关键时期，中学以后的饮食习惯基本已经成型，因而帮助学生养成健康的饮食习惯，使其习惯并喜欢食用健康食物意义重大。

为培养我国未来消费主力对马铃薯主食的食用习惯，项目组在中学生中开展了马铃薯主食消费引导活动。不仅定期让学生食用马铃薯主食，宣讲马铃薯主食的营养知识、科学食用方法、制作加工工艺等，而且引导学生注意收集当地和家庭中的有关马铃薯的故事，开展"我与马铃薯"主题作文比赛，引导学生挖掘马铃薯文化，形成偏好马铃薯主食的饮食习惯。

品牌形象塑造提升"进展会"

马铃薯主食开发成果多次参加国际农产品交易会、国际薯业博览会、农洽会、扶贫活动、食品安全宣传周等大型展览，精彩亮相，影响范围扩大。马铃薯主食开发成果展在中央电视台一套《新闻联播》直播，有效扩大了马铃薯主食产业化的社会影响力。

⑤ 选择了马铃薯主食，健康便唾手可得

每个人该吃多少食物，与年龄、性别、身高、体重和生理状况有关。一般来讲，健康的膳食模式对人们摄取食物的数量和结构有要求，应该在维持正常人活动所需热量的前提下，力求食物多样化，满足身体需求的不同营养素之间的结构比例。科学合理的膳食结构要求根据不同年龄阶段来调配食物结构，既要保证能够摄入充足的营养成分，同时也要迎合人们的食物喜好，体现个人的风格，在保障生理健康的基础上，兼顾饮食的社会性。

按照生理成长发育和饮食营养需求状况，医学专家常常将人的一生划分为四个时期：儿童期、青少年期、成年期和老年期。不同时期因生理特点不同，对食物的需求也不同，而个人的食物摄取又受地域环境、家庭习惯、生理需求以及不同年龄阶段的生活理念等多种因素的影响，在内容和形式上都呈现出不同的需求和表现。比如，青春期的孩子喜好具有强烈刺激与重口味的食物，如麻辣、烧烤等；老年人则会觉得清淡的饮食会比较好消化，有利于健康。

马铃薯还会"看人下菜碟"，让每个人的嘴和胃都得到满足！

马铃薯泥营养全面，婴幼儿都爱吃，是很好的辅食。

谢谢！马铃薯泥还能给宝宝补铁、补钙、补胡萝卜素呢！

真香呀！

马铃薯披萨来啦！

你多吃点儿马铃薯主食，能让你不那么胖。

嗯，马铃薯馒头就是好，一吃就饱，还不容易饿！

对，它们还能防治心血管病、糖尿病、肿瘤、便秘等疾病呢。

老年人应该多吃点儿马铃薯。

对，马铃薯富含钙、钾、锰、硒、锌、铁等多种矿物质，很适合老年人。

马铃薯是一种集粮食、蔬菜、水果等多重营养成分于一身的优良作物，它的块茎中含有丰富的淀粉和对人体极为重要的营养物质。除了丰富多样的营养成分这一自然属性之外，马铃薯的普适广适性、无限可塑性以及和顺友善的百搭性等特性，使其具有广泛的"客户"基础，是大众普遍接受且喜好的食材。同时，马铃薯又能发挥人类对食物的无穷想象力，可粗制简作以寻常的形象亮相，也可精雕细琢以华丽的姿态登场，可制作成异彩纷呈、变化多端的形状和品类，满足人类对食物色、香、味、形的追求。马铃薯是一种百搭食材，可与不同食材进行组合，而且在营养上互不相克，也不会致敏。马铃薯主食产品不仅口感好，营养价值更值得推荐。

面对不同群体对于主食的不同需求，马铃薯可以"看人下菜碟"，让不同人群的嘴和胃都得到满足！

营养全面，利于婴幼儿吸收消化

婴幼儿期的主要生理特点是生长发育。早期合理的膳食喂养，不仅能够满足孩子生长发育的需要，更为一生的饮食习惯、身体健康奠定基础。为此，要合理安排婴幼儿的膳食，需要注意以下几个问题：

在食物选取上，要富有营养和易于消化，要根据婴幼儿的生理需要，对各类食品进行调配，营养过度与不足都不可取；在形式上，不宜硬粗或油炸，可选用末、羹、泥等；在营养方面，骨骼和牙齿主要靠钙生长，所以特别需要钙，孩子再大一点，粗纤维食物更利于健康成长；在口感味觉方面，婴幼儿期由于个体还未经受社会化影响，对食物口感味觉并无偏好，只有生理上能否接受的制约，因而这一时期的食物摄取主要取决于社会与监护人对该时期生理发展的营养需求的认知水平，以及经济能力的供给程度。

婴幼儿期间容易发生维生素A、维生素D、铁和钙等的缺乏，多给孩子吃富含这些营养素的食物，可以改善营养状况。与三大主粮相比，马铃薯钙、铁含量高，又含有其他主食不含的可以转化成维生素A的胡萝卜素，营养全面，可根据营养需求搭配各种蔬菜、肉类、蛋类等，制作成羹、泥、汤等多种食物，符合婴幼儿的食物需求特征。

蔬菜汁马铃薯泥

原料：

马铃薯、黄瓜、洋葱、胡萝卜、鱼子、黄油、盐、牛奶

烹饪方法：

1. 备好马铃薯全粉，胡萝卜、黄瓜切薄片；

2. 调和马铃薯粉，此过程中可加入少许盐；

3. 将马铃薯全粉调制成泥，中间放入一块黄油一起继续挤压；

4. 将洋葱切碎，放入马铃薯泥中搅拌，在此过程中可适量加入少许牛奶；

5. 加入胡萝卜片、黄瓜片和鱼子，慢慢搅拌均匀；

6. 稍事冷却后，再配上一点鱼子就可享用了。

公爵夫人马铃薯泥

备料：

马铃薯全粉、蛋黄、黄油、盐、黑胡椒、肉豆蔻、奶油、鸡蛋

制作方法：

1. 备好马铃薯全粉；

2. 添加蛋黄、奶油、盐、胡椒、肉豆蔻和少许奶油，用橡皮刀充分搅拌；

3. 将马铃薯泥装进蛋糕装入裱花袋中，用一个全蛋和鲜奶油制作一杯润滑剂，轻轻刷在装裱袋中，然后将马铃薯泥挤出漂亮的形状在烤盘上，放进冰箱放置30分钟左右；

4. 充分混合奶油和一个全蛋，然后用刷子刷在冷藏过的马铃薯泥上；

5. 190℃左右烘烤20～25分钟，至马铃薯泥边缘呈金黄色。

由于马铃薯全粉易于消化吸收，且可与多种食物相互搭配，因而可根据婴幼儿的营养需求共性与不同孩子的个性差异，选择搭配不同的食物，制作各种吸引小朋友的食物，如奶酪薯泥、牛奶布丁、薯泥水果冻、马铃薯肉末浓汤等。在提供丰富营养的基础上，使孩子接纳多样的食物，从而从小培养其膳食均衡的饮食习惯。

充足的养分，有助青少年健康成长

青少年期正处于生命力最旺盛的阶段，他们正值发育期，爱好运动且课业繁重。这个时期的活动量大大增加，能量的消耗也很惊人，非常需要充足的食物来供给营养。青少年开始学会买自己喜欢的食物，餐食更多随心情而自由决定，或受同辈群体与媒体导向的影响。青少年期的正常生长发育与健康科学的食物摄入有着十分密切的关系。维生素A和B族维生素能促进生长发育；维生素C可以保持牙齿、血管和肌肉的正常功能；由于牙齿、骨骼的快速发育，需要大量钙、磷等矿物质作为骨骼钙化的材料；微量元素铁、锌、铜、碘、硒也不可缺少。青少年期的饮食要保证能够提供足量的蛋白质、脂肪、糖类、维生素及矿物质等。

目前外国食品非常普遍，加上速食店的流行，导致青少年对于蔬果的摄取非常缺乏，维生素C摄入容易不足；运动中大量出汗，钾和钠也会跟着排出，所以运动后要补充水分、钾和钠。青少年正处于生长发育时期，需要充足的营养，特别是要多食富含维生素C、钾、钠等营养素的食物。

青少年期由于快速的生长发育以及活动量增多，因此这一时期对食物营养均衡与多样有较高的要求，但同时求新求变的心理特征又使得他们追求新异、刺激与重口味的食物，加之这一时期的孩子在饮食偏好上不喜欢蔬菜，因此只有选择多样食物，合理搭配，才能满足青少年对能量及各种营养素的需求。

马铃薯集蔬菜、水果与谷物的营养于一体，富含多种维生素，特别是维生素C，还有各种矿物质与植物化学成分，在日常膳食结构中增加马铃薯主食对青少年的成长发育非常有益。马铃薯的可塑性极高，又能够与多种食材相互搭配，很适合作为青少年所需食物的食材。

三色马铃薯烧麦

材料：马铃薯全粉（黄色、红色、紫色）

配料：面粉、花椒、大葱、姜、蒜、小葱、洋葱、夏波蒂马铃薯、牛瓜条、十三香、黑椒酱、蚝油、料酒、盐

制作步骤：

1. 分别将黄色、红色、紫色马铃薯粉和面粉按1:5的比例混合，加水和面，然后加盖醒面；

2. 洋葱切丝，姜、蒜切片，大葱、小葱切段，备用；

3. 将花椒、大葱、姜片、蒜片、小葱、洋葱放入油中熬制料油；

4. 夏波蒂马铃薯切成大片，放入锅中蒸5分钟左右；

5. 牛瓜条切成丁，加入十三香、黑椒酱、蚝油、料酒、盐搅拌均匀，制成馅料；

6. 将蒸好的马铃薯切丁，放入馅料中；

7. 洋葱切碎，放入肉馅中，再加入熬制好的料油搅拌均匀；

8. 把面分成大小均匀的剂子，然后擀成薄皮，包入馅料，制成烧麦坯；

9. 放入锅中蒸8分钟左右即可。

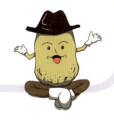

洋葱马铃薯饼

主料：马铃薯全粉

配料：洋葱、胡萝卜、青椒、鸡蛋、香肠、胡椒粉、盐

制作步骤：

1. 将马铃薯全粉调制成薯泥；

2. 青椒、胡萝卜、香肠切丁，洋葱一部分切丁、一部分切成圈；

3. 洋葱圈内圈蘸上一层薄薄的生粉备用；

4. 鸡蛋打成蛋液；

5. 取一个大点的碗，将青椒、胡萝卜、香肠、洋葱丁与蛋液和薯泥搅拌成糊状，并放入一点盐和胡椒粉调味；

6. 锅里放油，烧热后放入洋葱圈；

7. 随后用勺子舀一勺薯泥蛋糊，放入洋葱圈内，用小火煎至定型，翻转另外一面，至两面都煎至金黄就可以了。

另外，能够提供人体生长发育所需的多种营养素与矿物质的马铃薯食品，如马铃薯披萨、马铃薯饼干、马铃薯曲奇、马铃薯蛋挞等食物，也是青少年的零食与快餐的好选择。

饱足时尚，提高中年人生活质量

一般来说，中年人虽然对蛋白质的需要量比正处于生长发育期的青少年要少，但因其面临工作、家庭、社会的很多压力，摄入丰富、优质的蛋白质是十分必要的；中年人的生理机能开始减退，体内负责脂肪代谢的酶和胆酸逐渐减少，对脂肪消化吸收和分解的能力随年龄的增长逐渐降低，因而限制脂肪的摄入是必要的，特别要控制动物脂肪的摄入量，同时应增加食物中既可饱腹又可防治心血管病、肿瘤、便秘的纤维素；中年人由于消化吸收功能减退，对各种维生素的利用率低，常出现出血、伤口不易愈合、眼花、溃疡、皮皱、衰老等各种缺乏维生素的症状，因而每日必须有充足的维生素摄入量；另外，中年是人的机体步入衰退老化的开始，这一阶段的养生保健对于延缓衰老，保持较高的生命质量十分重要。除了坚持运动锻炼，纠正不良生活习惯之外，保证均衡膳食、讲究健康饮食非常重要。人生的这个时期，也是一个人饮食习惯与生活

土豆丝饼

格调已定基的时期，对食物除追求内在的营养之外，品质与品味也有讲究。

马铃薯主食含有人体所需的多种氨基酸，且优质蛋白很利于人体吸收，与米饭、馒头等主食相比，还有较高的纤维素以及多种维生素和矿物质，适量食用马铃薯主食产品能够补充体内所需的必要维生素、矿物质，有利于维持健康的生理机能。同时马铃薯主食风味新异、时尚独特，又富于个性，在风格上能分野出不同群体，体现出不同社会群体所特有的内敛、时尚、质朴等各有区别的生活风格。

马铃薯面包

原料：高筋面粉、马铃薯全粉、鸡蛋、砂糖、清水、奶粉、盐、酵母粉、黄油

做法：

1. 将所需材料（除黄油）称量后放入盆里；

2. 面包机启动甜面团程序，将面团揉成光滑面团（大概20分钟）；

3. 加入黄油，继续揉40分钟左右，中途断电一次；

马铃薯面包

4. 将面团盖上保鲜膜发酵，发酵至2～3倍大小，用手指按下不会弹起即可；

5. 将发好的面团分成大小合适的份儿，排气后滚圆放在油纸上，放在温暖的地方发酵，面团发酵至2倍大；

6. 将卡仕达酱放入容器内，用汤勺搅拌均匀，再用小火加热，边煮边搅成糊状，放凉后盖上保鲜膜，冷藏1小时；

7. 面团刷蛋液，用裱花袋把卡仕达酱挤在面包表面，烤箱170℃，上下火，中层18～20分钟出炉。

家常马铃薯饼

原料：马铃薯300克、水300克、面粉200克、盐3克

做法：

1. 马铃薯去皮，直接擦成丝放到水里；

2. 在马铃薯丝里加1茶匙孜然、1茶匙咖喱粉、3克盐；

3. 加入面粉，拌成均匀的糊状，加些香葱拌匀；

4. 热锅加一小勺油，摊入适量的面糊晃匀，中火加热3分钟；

5. 翻转一面，继续加热3分钟，至马铃薯饼金黄熟透就可以了。

马铃薯饼

和中养生，延展老年人生命长度

进入老年时期，人的各种生理机能逐渐衰退、耳聋眼花、皱纹增加、腰酸背痛、步履蹒跚、抵抗力下降、疾病频频，这是生命的必然过程。世上绝无灵丹妙药可以使人长生不老，但科学饮食，特别是保持膳食健康、饮食均衡，却能够推迟衰老的到来，达到延年益寿的目的。

老年人因为基础代谢功能下降，体力活动明显减少，每日所需的能量低于中年人，但并不意味着老年人对营养的需求降低，相反，老年人的均衡膳食更为重要。俗话说"药补不如食补"，饮食营养对延缓衰老起着极其重要的作用。中老年人要注意调节热量摄入，以保持理想体重，防止过胖引发的高血压、高血脂、冠心病和中风，以及体重过轻造成的营养不良与免疫力低下等。此外，中老年人的饮食应注意多样化，多吃富含维生素E、维生素C、β-胡萝卜素及硒、锌等具有延缓衰老作用成分的食物。人到老年，应早期补充微量元素，多食适宜四时进补的食品。

马铃薯富含钙、钾、锰、硒、锌、铁等多种矿物质，能够降低心血管病患病率；研究证明，常食马铃薯食品能够减低糖尿病患病风险；与大米、小麦相比，马铃薯中丰富的维生素C与纤维素，对延缓衰老、促进老年机体的新陈代谢有很大的帮助。马铃薯性平温和，可与豆类、肉类、水产品、菌藻等多种食物搭配，是适于四季通食的食物，马铃薯主食产品是适合中老年人经常食用的食物。

马铃薯馒头

原料：马铃薯馒头专用粉

做法：

1. 加入总量40%的水，和面；

2. 发酵1小时，再次和面；

3. 成型，再次发酵15分钟；

4. 中火蒸30分钟即可。

马铃薯面条

原料：马铃薯面条复配粉

做法：

1. 加水和面；

2. 成型；

3. 取适量马铃薯面条，加入足量（5倍以上）沸水中，搅散；

4. 旺火煮3、4分钟，煮至面条软硬适中即可捞出。

马铃薯汁

功效：和胃温中，健脾益气，润燥通便，对表现为脾胃虚弱、十二指肠溃疡及习惯性便秘有辅助疗效。

马铃薯全粉

可制成全营养、多品种、多风味的方便食品，如雪花片类早餐粥、肉卷、饼干、牛奶马铃薯粉、肉饼、丸子、饺子等。具有和胃健中、解毒消肿的作用。

马铃薯莜面

可以预防和治疗糖尿病、冠心病、动脉硬化、高血压等多种疾病，同时对于人体新陈代谢具有明显的功效。是一种很好的健康食品，有助于减肥和美容。

热量低、营养全，助爱美之人塑形与美体

马铃薯的淀粉含量低于米饭、馒头，而且其淀粉多为抗性淀粉，这种淀粉在体内消化缓慢，有助于延缓血糖上升速度，增加饱腹感。与吃等量的米饭、馒头相比，马铃薯更容易让人产生饱腹感，而且消化更慢不易饿。因此，吃马铃薯有助于减少食量，进而有助于减肥，对瘦身有一定作用。马铃薯作为薯类，含有丰富的膳食纤维，非常适合便秘患者。另外，马铃薯本身的营养价值高，富含维生素和矿物质，特别是富含国人容易缺乏的维生素B$_1$。另外，马铃薯中的马铃薯黄酮还有保健功效，有抗氧化、抗癌的功效。常食马铃薯主食，不仅能够维持身体健康，而且能够塑形、抗衰、美颜。许多女性担心马铃薯中的淀粉质会让体重增加，其实马铃薯只含0.1%的脂肪，不需担心脂肪过剩的问题。奇妙的是，胖的人吃马铃薯会变瘦，瘦的人吃了又能长胖。要注意的是，减重者马铃薯是作为主食，不是当菜吃。马铃薯里面丰富的维生素C、矿物质和营养元素能改善精神状态，缓解抑郁情绪。另外，马铃薯的皮富含绿原酸，具有抗氧化和抗癌的功效，硫辛酸可淡

斑、防止皮肤老化。长期坚持进食马铃薯主食食品，对摆脱抑郁情绪、塑形养颜、抗衰健体很有助益。

总之，如果将马铃薯作为主食，其营养价值和功能不会令人失望，非常有利于控制体重，塑身抗衰，而且还能预防高血压、高胆固醇以及糖尿病等"三高"疾病。《营养学进展》杂志将马铃薯和花椰菜、洋葱、蘑菇、萝卜等食材并列为"白色蔬菜"。马铃薯营养价值相当丰富，又有多种膳食纤维，能减肥、改善精神状态以及调整虚弱的体质，是天然的塑形美容佳品。

⑥ 食用马铃薯主食四大误区释疑

常食马铃薯主食可能导致肥胖?

一种食物是否能导致肥胖，主要看这种食物含有的热量，以及它的饱腹感指数。

与传统主食相比，马铃薯主食具有热量低、营养全面的特点。而且作为马铃薯主食的主要原料——马铃薯，含水量大、膳食纤维高，是典型的能量低密度食物。按照营养学家的研究结论：食用水分、膳食纤维含量高的食物容易引起饱腹感。这是因为水分增加了体积，但不含热量，从而使食物的整体热量含量降低，用科学的方式称为"水分减低了食物的能量密度"，食用能量密度低的食物是保持健康体重的明智之举。纤维质的热量非常低，但它会增加体积。另外，吃高纤维食品通常要花多一点时间咀嚼，所以吃东西的过程就满足了食欲，同时也减慢了吃的速度。最后，因为纤维难消化，在胃和小肠停留的时间会较长，所以食用膳食纤维含量高的食物能够持久保持饱腹感。

马铃薯水分含量高，平均可达70%以上，而脂肪、碳水化合物与蛋白质三大宏量营养素含量显著较低，这完美对应了高饱腹指数食物的特征。在食物饱腹指数中，马铃薯分数高达323，雄踞第一，是油炸面包圈（68）的4.75倍，白面包（100）的3.23倍，也高出燕麦（209）114分。因而常吃马铃薯主食不会导致肥胖，反而会对形体进行管理。

也许你要反问：常吃薯条不是导致人长胖吗？是的，研究的确得出过这样的结论，但使你长胖的，是薯条上附着的油脂，而非马铃薯条本身。所以，正确的食用方式很重要。

多吃马铃薯会增高血脂、血压，因而不适合高血压、高血脂人群食用？

传统上我们把马铃薯当菜，常常与肉类一起炖煮或煎炸，这样马铃薯会吸收肉中的油脂，从而提高其能量供给。而马铃薯主食是以传统的蒸煮方式加工，性平味淡，营养密度高而热量较低，不但不会增高血压、血脂，而且正确食用有助于控制高血压和高血脂。

糖尿病人不能食用马铃薯主食？

很多人以为吃马铃薯会引起血糖快速升高，这是一种误区。实际上，与传统主食相比，马铃薯主食对血糖的影响要小，如果在日常生活中用马铃薯主食替换一些传统主食，反而有利于降低血糖。因此，糖尿病人可以吃马铃薯主食，而且会有较好的血糖控制效果。

马铃薯的血糖指数与它的烹饪方式有关，马铃薯泥的血糖指数最高，其次是炖马铃薯块、马铃薯丝等。研究发现，在烹饪马铃薯时加一点醋，可以降低马铃薯的血糖指数。因此，糖尿病患者如果吃马铃薯，不建议吃马铃薯泥和炖马铃薯块，更不建议吃炸薯条。可以吃炒马铃薯丝，但是，需要注意的是在炒马铃薯丝之前应先将马铃薯丝在水里浸泡15分钟，使其变脆。炒马铃薯丝时加一些醋，可以降低马铃薯丝的血糖指数。

糖尿病患者可以多吃点马铃薯加莜麦面，好吃面食的晋北人就喜欢把马铃薯和莜麦面做成各式主食。可以把马铃薯蒸熟、剥皮、捣成薯泥后，加入少量的莜麦面，搓成小鱼，把重蒸过的马铃薯莜麦面放在碗里，吃的时候加入酸菜、陈醋、少量辣椒等调味，味道非常不错；也可以在蒸熟后的薯泥中掺入适量的莜麦面粉和少量淀粉，和匀做成面皮，包上肉馅或菜馅，上笼蒸成各种蒸饺；还可以把马铃薯切成丝，然后和上一些莜麦面粉（少量掺点白面粉），让面粉基本把马铃薯丝包裹起来，上笼蒸熟，吃的时候加入点辣椒、葱、蒜、麻油等调味；或者直接把薯泥和莜麦面混合后做成馒头、团子等新型面食，也是简单营养的烹饪方式。

需要说明的是，马铃薯和莜麦面最好都是蒸着吃，一来可以控制油的摄入量，二来莜麦面纤维较粗，蒸食能让莜麦面更易被肠胃消化。

如果将马铃薯煮熟后放入冰箱中冷藏12小时之后，有一部分糊化的淀粉会回生，变得难以消化，抗性淀粉含量会上升，马铃薯的血糖指数会下降。

由此看来，只要方法得当，糖尿病人是可以吃马铃薯的。喜欢马铃薯的糖尿病人不妨将其加入你的菜谱中。

常食马铃薯主食会导致营养不良？

从营养上来看，与以小麦粉、大米为主料的传统主食相比，马铃薯主食营养更加丰富，不仅具备传统主食的供热功能，同时还能提供传统主食含量较少或缺乏的维生素C、胡萝卜素、钾、叶酸等营养素，以彩色马铃薯为原料的主食还能提供花青素、多酚等植物化学素。美国的研究早已证明马铃薯与牛奶便可以提供人体所需的全部养分。而且马铃薯作为主食，只是人们的食物之一，并非全部。作为主食，马铃薯主食产品多样，不必担心饮食单一带来的厌食症。就营养来看，马铃薯主食营养成分丰富且全面，不必顾虑营养失衡。

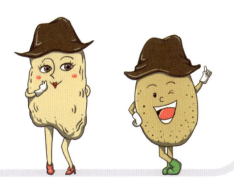

参考文献

百度文库,2014.中国耕地现状及污染情况[EB/OL].https://wenku.baidu.com/view/e3974989195f312b3169a5ee.html.

百度文库,2016.中国马铃薯优势区域布局规划(2008-2015)[EB/OL].https://wenku.baidu.com/view/be7d2400aeaad1f347933f99.html.

百度文库,2015.中国马铃薯淀粉产业发展报告[EB/OL].https://wenku.baidu.com/view/90ebb9ca65ce05087732130a.html.

百度文库,2012.马铃薯淀粉和玉米淀粉的特性及其应用比较[EB/OL].https://wenku.baidu.com/view/0fa2442ab4daa58da0114a83.html.

陈舜,逯非,王效科,2016.中国主要农作物种植农药施用温室气体排放估算[J],生态学报,36(9):2560-2569.

豆丁网,2004.马铃薯栽培技术[EB/OL].https://www.docin.com/p-690032129.html.

郭志乾等,2009.马铃薯优良品种及配套栽培技术[M],西宁:宁夏人民出版社.

周清贞,2010.马铃薯全粉的制备及其应用的研究[D].天津科技大学.

马铃薯主粮化项目,马铃薯主粮化项目研究简报6、42、43、45、47期(内部资料).

农业部,2016.农业部关于推进马铃薯产业开发的指导意见[EB/OL],《中华人民共和国农业部公报》,http://www.moa.gov.cn/nybgb/2016/disanqi/201711/t20171126_5919565.htm.

王秀丽,2016.揭开马铃薯减肥的秘密[EB/OL].科普中国,https://tech.qq.com/original/kpzg/kp645.html.

席利莎,2014.甘薯茎叶营养成分及其多酚抗氧化活性的研究[D].北京:中国农业科学院.

徐芬,2016.马铃薯全粉及其主要组分对面条品质影响机理研究[D].北京：中国农业科学院.

徐海泉等，2019.马铃薯馒头摄入对女性青少年肠道菌群结构影响分析[J]，中国食物与营养，(4).

徐海泉,郭燕枝,马云倩,等,2019.马铃薯馒头摄入对女性青少年肠道菌群结构影响分析[J].中国食物与营养,25(004):5-12.

宋国安,2004.马铃薯的营养价值及开发利用前景[J].河北工业科技,(04):55-58.

孙君茂,徐海泉,王小虎,2016.马铃薯与稻米,小麦,玉米营养当量折算研究[J].营养学报,(5):448-450.

余欣荣,2015.以科技创新引领马铃薯主粮化发展[J].农村工作通讯,(2):12-15.

中国政府网，2012.马铃薯加工业"十二五"发展规划[EB/OL],http://www.gov.cn/gzdt/2012-01/19/content_2049044.htm.

Arthur Young, 1972.A Tour in Ireland (1776-1779)[M]. Cambridge: Cambridge University Press:25-27.

Berthold Laufer, 1939. The American plant Migration Part I:The Potato [J]. A Journal of the History of Science Society,30(3):551.

Larry Zuckerman, 1999.The Potato: How the Humble Spud Rescued the Western World [M]. New York :North Point Press:92-98.

Mary Stocks. 1916.German Potato Policy[J].The Economic Journal, 26(101):57-6.

Michael Pollan, 2002.The Botany of Desire:A Plants- Eye View of the World [M].Random House Trade Paperbacks,176-202.

Salaman R N, 1970.The History and Social Influence of the Potato [M]. Cambridge: Cambridge University Press,441-444,563-571.

Mcneill W H,1999. How the potato changed the world's history[J]. Social Research,66(1):67-83.

 EPILOGUE **后记**

2015年1月，农业部从保障国家未来粮食安全、生态环境永续发展、居民膳食营养均衡健康的高度，提出了马铃薯主粮化的宏观构想。作为马铃薯主粮化战略的路径探寻研究和产业推进引领，国家公益性行业（农业）科研专项"马铃薯主粮化关键技术体系研究与示范"项目（以下简称"马铃薯主粮化项目"），在执行之初，首席科学家陈萌山研究员就召集沉浸项目之中、深刻理解项目背景及推进节奏的研究者，精心编撰一套科普书籍，即《马铃薯简史 中国主粮》和《马铃薯简史 全球食物》，梳理马铃薯的传播轨迹，记述马铃薯的发展演变历史，阐释马铃薯主粮化战略的背景、路径、使命与前景，记载马铃薯主食产业开发中的关键问题和重要成果等，既深入浅出地呈现马铃薯这一全球食物的发展简史，又系统生动地凸显马铃薯成为中国主粮的探索推进历程，同时彰显主粮化项目执行中，科学家们的创新思维、科学精神与科研成果，作为一份特别的礼物，献给所有关心食物、健康与发展的人们。

随着国家马铃薯主粮化战略的顺势循次推进，中国马铃薯主食产业开发受到海内外的广泛关注，马铃薯这一埋藏在地下的宝物，再度成功吸引人们的注意力。五年来，在农业农村部的坚强领导和大力推动下，马铃薯主粮化战略在论证中不断反思调整，在研究中不断凝聚共识发展前行。中国农业科学院组织全国数十家相关科研机构的60多位科学家，组成项目组，勠力同心，刮摩淬励，钻坚研微，充分发挥了科技创新的引领作用，取得了斐然成效。"马铃薯简史"这套图书呈现的事实、观点、结论，即是对这一项目五年来研究推进、引领产业发展、探索发展道路和取得成果的再现、总结和思考。

作为本项目的研究成果之一，本套图书记载了马铃薯主粮化项目的实施过程，全景式地呈现这一项目执行的始末，上册《马铃薯简史 全球食物》追溯了马铃薯世界之旅中的奇闻轶事以及数据记载，客观刻画了马铃薯的性状特征与营养内涵，在此基础上揭示出马铃薯这一作物对所到之处作物结构、人口分布、发展格局的作用，乃至世界政治经济样貌的影响，为中国启动马铃薯主粮化战略留下伏笔。下册《马铃薯简史 中国主粮》回望马铃薯来华四百余年对我国土地开发、养丁惠民的贡献，马铃薯主粮化战略的来踪去迹，科学描摹马铃薯主食性状，客观记述马铃薯的营养特征与健康功效，恰如其分地展现出马铃薯主粮化战略对农业结构调整、环境永续发展和人民膳食升级的作为。这套图书从起笔到定稿，已历五年。时光荏苒，流年悄逝。在感叹之余，回顾本书写作过程中的种种艰辛，当中停停改改，难度重重，种种不满意与放弃的念头，项目首席科学家与领导既体谅稿件进度的缓慢，也不时下"通牒"督促，勉励我们坚持。反复修改过程中，陈萌山研究员带领我们就方向、内容和语言风格不断优化、调整，并一再告诫我们，不要偷懒简单地罗列陈旧的数据和使用过去的材料，项目发展活生生的现状不应该被忽视，必须不断跟踪马铃薯主食产业的推进，浸淫于如火如荼的马铃薯主食产业开发实践中，抓住项目推进的主线与重点，深化并提炼材料，用文字如实呈现于书中。

的确，这五年间，在马铃薯主粮化项目边研发边转化的推动下，马铃薯主食产业化发展风生水起，在实践中推陈出新，探索出一条条卓有成效的路子，涌现出因地区环境制宜、因品种制宜、因加工方向不同而有别的模式，不一而足。规划布局五大马铃薯功能区域；集成各区域品质提升与高效种植技术模式多套；开展试验示范，辐射带动种植面积日益扩大；筛选培育出适宜不同主食加工的马铃薯主粮化品种品系；测算马铃薯主粮化种植的经济、生态与社会效益，提出2.5∶1的马铃薯营养当量系数；设计出传统大众型、地域特色型与休闲功能型三大类马铃薯主食产品；攻克马铃薯主食加工过程中黏度大、成型难、发酵难、易开裂等技术瓶颈，研制出以马铃薯全粉、马铃薯泥、浆、渣、鲜马铃薯等为原料，35%～60%不同马铃薯占比的马铃薯主食产品60余种、300多款；在马铃薯优势产区和主食产品消费潜力区九省（区）七市开展马铃薯主食产业开发试点，在试点区的百余家企业建立生产线，实现马铃薯主食产品开发成果应用转化，生产出马铃薯馒头、面条、米线、馕、点心、方便食品等马铃薯主食产品，已进入市场，深受消费者喜爱；对马铃薯馒头、面条、米线等产品进行了多人群、多地区的食用功效评估试验，科学验证了马铃薯主食产品对血压、血糖、血脂等具有控制作用的健康功效。在舆论指引、科普宣传与消费引导方面，以马铃薯主粮化种植、马铃薯主食产品加工、营养、典型案例等为主题，策划"舌尖上的马铃薯""马铃薯主粮化战略专家谈""专家谈马铃薯主食营养""马铃薯主食开发成果展"等系列活动，进行多角度、全方位立体宣传报道，强化正确的宣传导向，普及相关知识，营造马铃薯主食产业开发的良好氛围。组织开展有步骤、有重点，分地区、分产品、分人群的"膳食平衡营养健康"马铃薯营养知识宣传暨主食消费引导系列活动，形成现场烹饪互动"进社区"，固定人群定期品尝"进食堂"，饮食文化挖掘"进校园"，品牌推广提升"进展会"等系列消费引导模式；设立马铃薯主食厨房、马铃薯主食专购店，打造了马铃薯主食"营养、安全、健康"的食物形象，引导广大消费者科学食用马铃薯主食，推动马铃薯主食登上百姓餐桌。

马铃薯主粮化项目的执行在反复研讨中解放思想，打开视野，在科学研究中凝聚共识，强化实践，着力提升马铃薯主食产业开发的理论与技术支撑。马铃薯主粮化路径的探索，不同种植模式的规划和试验，多种产品的开发与健康功效循证，分人群有重点的科普宣传与消费引导活动……五年来的工作，像一幅幅画卷，透视出马铃薯主食产业推进的实践与成就，展现了本项目上承农业结构调整、产业发展，下接农民脱贫致富、人民膳食升级的顶天立地与本土发展相融共促的特征，为中国农业结构调整探索了途径，为粮食安全贡献了力量，同时也丰富了居民的膳食生活。产业发展推进实践探索过程中的曲折，也像摸石头过河一样引人入胜，以至于"马铃薯简史"书稿内容、体例不断颠覆重构，几易其稿，体量也从最初的近10万字丰富到现在的30余万字。

《马铃薯简史 全球食物》与《马铃薯简史 中国主粮》这套书的成书与出版，一如马铃薯主粮化项目的研究推进，其间饱含了劳动的汗水、复杂的体验与深刻的思考，更重要的是，包含了我们对农业科研项目科普研究工作的挚爱与深情。本书的出版宣告这一项目的研究告一段落，但本研究仅仅奏响了马铃薯主食产业发展历程波澜壮阔乐章的序曲，此领域尚有许多亟待深入探索的问题。无论是马铃薯主食产业的推进，还是农业科研项目的科普工作均任重道远，交叉学科的综合性和复杂性让我们深刻感受到，前途是光明的，道路是曲折的。不过，通过对马铃薯作为全球食物和中国主粮的研究，我们实践着农业科研项目科普工作的理想，并且在尚不清晰的道路上摸索向前，在艰难中有着沉甸甸的收获。

这段书写工作自有不断突破自我认知的欣喜，但更多的是长时间全身心的投入、坚持与苦熬，团队成员服田力稿，付出极大努力。从方向擘画、结构安排、资料采集，到审读、修改，项目首席科学家陈萌山倾注了很多时间和心力，一遍又一遍地调整书稿框架，多次召开审稿会修正书稿中的问题，书名、文字、插图与形式，所有细节均一丝不苟，严格把关，点点滴滴，难以忘怀，激励我们笃定初心，踏实精进。

本书有关马铃薯主食产业开发的产品、技术、工艺、设备等来自国家公益性行业（农业）科研专项"马铃薯主粮化关键技术体系研究与示范"项目组的科学家提供，他们是王小虎、熊兴耀、张泓、木泰华、庞昭进、胡新元、黄天荣、郑虚、游向荣、赵丽云等，中国农业科学院科技管理局及陆建中、熊明民等给予大力指导支持，谨致谢忱。农业农村部食物与营养发展研究所领导班子的重视，是本书完美出版的重要保障。

最后，感谢中国农业出版社在"马铃薯简史"出版过程中给予的倾情支持和大力帮助！中国农业出版社副社长刘爱芳亲自督战，配备最强的编辑、审校、设计队伍，部署推进图书的出版与宣传工作，百忙中抽暇悉心审读稿件，提出很多金玉之见。分社社长王庆宁倾分社之力确保图书高质量付梓的同时，有序启动宣传工作。责任编辑李梅慎行敬终，严谨对待每次易稿，精心打磨每处细节，封面设计更稿20余次，仍兢兢业业不厌其烦。他们的努力使得本书实现了毛虫向蝴蝶的蜕变。

马铃薯主粮化项目的结题宣告它作为一项研究工作告一阶段，但马铃薯主食产业开发与马铃薯主粮化战略推进仍在路上。我们坚信，在党和国家领导人的关心与重视下，在相关科学家攻坚克难的科技引领下，在马铃薯主食生产企业的市场带动下，马铃薯主粮化战略必定在中国乡村振兴、农业结构调整、人民膳食升级、健康中国建设的进程中发挥越来越大的作用，做出更新更大的贡献。

本书作者

2020年6月